Hienerth/Huber/Süssenbacher (Hrsg.)

•

Wissenschaftliches Arbeiten kompakt

W0174070

+9

Wissenschaftliches Arbeiten kompakt

Bachelor- und Masterarbeiten erfolgreich erstellen

herausgegeben von

Claudia Hienerth
Beate Huber
Daniela Süssenbacher

Bibliografische Information der Deutschen Bibliothek

Die Deutsche Bibliothek verzeichnet diese Publikation in der Deutschen National-
bibliografie; detaillierte bibliografische Daten sind im Internet über http://dnb.ddb.de
abrufbar.

ISBN 978-3-7143-0162-5

© LINDE VERLAG WIEN Ges.m.b.H., Wien 2009
1210 Wien, Scheydgasse 24, Tel.: 0043/1/24 630
www.lindeverlag.at

Druck: Hans Jentzsch & Co. GmbH.
1210 Wien, Scheydgasse 31

Vorwort

„Wissenschaftliches Arbeiten kompakt" richtet sich an Studierende und Betreuer von wissenschaftlichen Arbeiten der Sozial- und Wirtschaftswissenschaften aller Hochschuleinrichtungen sowie an Wissenschaftsinteressierte. Dieses Buch resultiert aus der langjährigen Betreuung von wissenschaftlichen Arbeiten, Fragen von Studierenden, vielen Diskussionen mit Kollegen und den Erfahrungen aus der Erstellung eigener wissenschaftlicher Arbeiten. Die Darstellung komplexer wissenschaftstheoretischer Zusammenhänge in einer einfachen und verständlichen Weise ist zentraler Anspruch des Buches. Dazu werden die Grundlagen wissenschaftlichen Arbeitens in verständlicher Form beschrieben und viele Tipps und Beispiele angeführt.

Das Buch ist in neun Kapitel eingeteilt. Kapitel 1 beschreibt das Fundament des wissenschaftlichen Arbeitens und wissenschaftliche Aussagesysteme und Theorien. Kapitel 2 stellt die Anforderungen und Bewertungskriterien von wissenschaftlichen Arbeiten dar und geht dabei besonders auf die Bewertungskriterien von Bachelor- und Masterarbeiten ein. Im Kapitel 3 wird der Entstehungsprozess einer wissenschaftlichen Arbeit erklärt. Darauf aufbauend werden im Kapitel 4 der Umgang mit und die Arten wissenschaftlicher Literatur und im Kapitel 5 der Aufbau und die Bestandteile einer wissenschaftlichen Arbeit beschrieben. Im Kapitel 6 sind die wichtigsten wissenschaftlichen Erhebungs- und Auswertungsmethoden dargelegt. Die Kapitel 7 und 8 erläutern die Regeln des Schreibens und Argumentierens und die formalen Kriterien wissenschaftlicher Arbeiten. Abschließend werden in Kapitel 9 Tipps und Tricks zur Erstellung einer wissenschaftlichen Arbeit und die Möglichkeiten zur Veröffentlichung vorgestellt.

An dieser Stelle gilt großer Dank dem Autorenteam, das mit seinen Erfahrungen, Ideen und Texten zu diesem Buch beigetragen hat. Wir danken Priska Bobolik, Erwin Graf, Julia Halwax, Patrick Hainzl, Anna Humenberger, Gerald Janous, Monika Kovarova-Simecek, Bernhard Kozljanic, Georg Pejrimovsky, Martin Pittner, Carina Pusemann, Helmut Siller und Wolfgang Wagner für die gute und inhaltsreiche Zusammenarbeit. Gleichfalls möchten wir uns bei Gudrun Gaedke für die wertvollen Hinweise und Anmerkungen im Zuge der Endkorrektur bedanken.

Ein besonderer Dank richtet sich an Herrn Michael Heritsch, Geschäftsführer der FHWien-Studiengänge der Wirtschaftskammer Wien, für die Möglichkeit, dieses Buch zu verfassen. Unser weiterer Dank richtet sich an den Linde Verlag, speziell an Herrn Roman Kriszt für die Unterstützung und die guten Anregungen im Zuge der Erstellung des Buches.

Abschließend wünschen wir den Lesern des Buches viel Freude und Erkenntnisgewinn und hoffen, dass wir mit diesem Buch die oftmals übertriebene Ehrfurcht vor der Wissenschaft nehmen können. In diesem Sinne: Der Weg ist das Ziel – Via finis est, denn die Wissenschaft ist keine Autobahn.

Claudia Hienerth
Beate Huber
Daniela Süssenbacher

Um die Lesbarkeit des Textes flüssig zu halten, wurde auf die Nennung der weiblichen Formen verzichtet. Die Herausgeberinnen weisen darauf hin, dass im Sinne des Gender Mainstreaming Frauen und Männer in gleicher Weise angesprochen werden.

Inhaltsverzeichnis

Abkürzungsverzeichnis

a.a.O.	am angegebenen Ort
Abs.	Absatz
AktG	Aktiengesetz
Aufl.	Auflage
BGBl.	Bundesgesetzblatt
bzw.	beziehungsweise
ca.	circa
d.h.	das heißt
d.s.	das sind
ed.	edition
engl.	englisch
et al.	und andere
etc.	und so weiter
ev.	eventuell
f.	Folgeseite
ggf.	gegebenenfalls
Hrsg.	Herausgeber
inkl.	inklusive
i.d.F.	in der Fassung
Jg.	Jahrgang
Mio.	Millionen
MwSt	Mehrwertsteuer
No.	Number
Nr.	Nummer
o.J.	ohne Jahr
o.S.	ohne Seitenangabe
o.V.	ohne Verfasser
pp	pages
publ.	published
S.	Seite
u.a.	unter anderem
u.U.	unter Umständen
usw.	und so weiter
Verl.	Verlag
vgl.	vergleiche
vol.	volume
vs.	versus
WEG	Wohnungseigentumsgesetz
z.B.	zum Beispiel

Abbildungsverzeichnis

1. Kapitel: Fundament des wissenschaftlichen Arbeitens

*Claudia Hienerth, Beate Huber, Monika Kovarova-Simecek, Helmut Siller,
Daniela Süssenbacher*

Lernziele

- Sie können die verschiedenen Arten von Wissenschaft, Wissen und Forschung voneinander abgrenzen und diese für Ihre Arbeit anwenden.

- Sie können wissenschafts- und erkenntnistheoretische Denk- und Forschungsansätze unterscheiden und diese für Ihre Arbeit einsetzen.

- Sie können Ihre Arbeit erkenntnistheoretisch einordnen und daraus die Vorgehensweise für Ihre Arbeit ableiten.

- Sie können zwischen den verschiedenen Arten von wissenschaftlichen Hypothesen differenzieren und diese eigenständig für Ihre Arbeit bilden.

- Sie können zwischen den wissenschaftlichen Aussagearten unterscheiden und deren Anwendungsmöglichkeiten für Ihre Arbeit erkennen.

- Sie sind in der Lage, entsprechende Definitionen für Ihre Arbeit zu formulieren.

- Sie können das Zusammenspiel aus Theorie und Praxis für Ihre Arbeit klären und darstellen.

1. Fundament des wissenschaftlichen Arbeitens

Die Auseinandersetzung mit den Grundlagen der Wissenschaft ist Voraussetzung für die Erstellung einer wissenschaftlichen Arbeit. Diese Grundlagen sind Handwerkszeug eines jeden Wissenschaftlers und umfassen ein Basiswissen über wissenschaftstheoretische Zusammenhänge. Darüber hinaus befähigt dieses Handwerkszeug zu einer effizienten und unbefangenen Umgangsweise mit der Wissenschaft.

1.1. Definition von Wissenschaft

1.1.1. Bedeutung von Wissenschaft

Zu Beginn jeder wissenschaftlichen Arbeit stellt sich die Frage nach dem Sinn und der Bedeutung von Wissenschaft. Die Beantwortung dieser Frage ist grundlegend, um zu verstehen, wie Forschung zu erfolgen hat, welche Arten von Wissenschaft existieren, wie sich Wissenschaftswissen vom Alltagswissen abgrenzt und nach welchen Kriterien Wissenschaft bewertet wird. Die Auseinandersetzung mit diesen Fragen verdeutlicht, wie schwierig Wissenschaft und dessen Bedeutung zu definieren sind.

Wie Abbildung 1 zeigt, kann Wissenschaft unterschiedlich verstanden werden.

Wissenschaft kann grundsätzlich als eine **Tätigkeit** verstanden werden, die dazu dienen soll, systematisch neue Erkenntnisse hervorzubringen, die den Fortschritt unterstützen, das menschliche Leben verbessern und das Wissen vergrößern. Um dies zu erreichen, ist es notwendig, die eingesetzten Erkenntnismethoden kritisch zu hinterfragen, zu modifizieren oder neue zu entwickeln. Im Zuge dieses Tätigkeitsprozesses erfolgen daher einerseits die Erkenntnisgewinnung und andererseits die Weiter(Entwicklung) von Forschungsmethoden.

Abbildung 1: Bedeutung von Wissenschaft

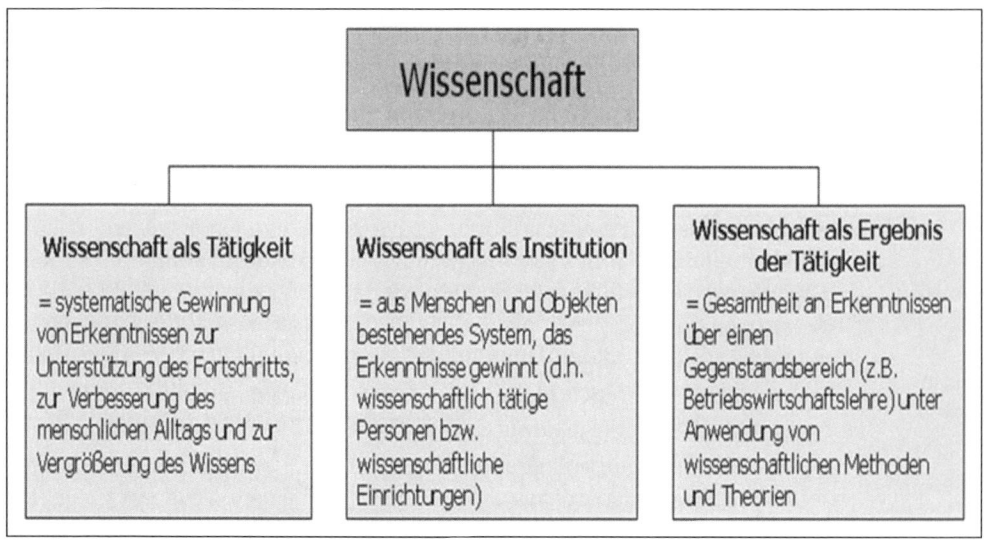

Quelle: In Anlehnung an *Kornmeier* 2007, S. 5

Wissenschaft kann sich auch als **Institution** darstellen. Als Institution wird in diesem Zusammenhang das System aus Personen und Objekten verstanden, die zur Gewinnung der Erkenntnisse beitragen, z.B. Hochschule.

Aufbauend auf der Bedeutung der Wissenschaft als Tätigkeit kann Wissenschaft auch als das **Ergebnis der Tätigkeit** an sich bezeichnet werden. Dieses Ergebnis manifestiert sich in der Gesamtheit der Erkenntnisse zu einem inhaltlich zusammengehörigen Wissensbereich unter Anwendung wissenschaftlicher Methoden und Theorien (vgl. *Raffée* 1974, S. 13 f.; *Kornmeier* 2007, S. 4–10).

1.1.2. Arten von Wissenschaften

Wissenschaft kann differenziert werden in die Formalwissenschaften und die Realwissenschaften. Zu den **Formalwissenschaften**, auch Idealwissenschaften genannt, gehören die Logik und die Mathematik. Die Wissenschaft der Logik behandelt das folgerichtige Denken und Schließen von Aussagen und die daraus resultierende konsistente Argumentation. Die Mathematik umfasst formale Aussagesysteme in Form von abstrakten Strukturen und Zeichen. Die **Realwissenschaften** beschäftigen sich im Wesentlichen mit den Phänomenen der realen Welt (z.B. Personen, Unternehmen). In diesem Zusammenhang können die Realwissenschaften in die Naturwissenschaften und die Kultur- und Geisteswissenschaften unterschieden werden. Während die Naturwissenschaften Erscheinungen der anorganischen und organischen Natur erforschen, befassen sich die Kultur- und Geisteswissenschaften mit den Handlungen und Entscheidungen von Personen und Gruppen.

Abbildung 2: Arten von Wissenschaften

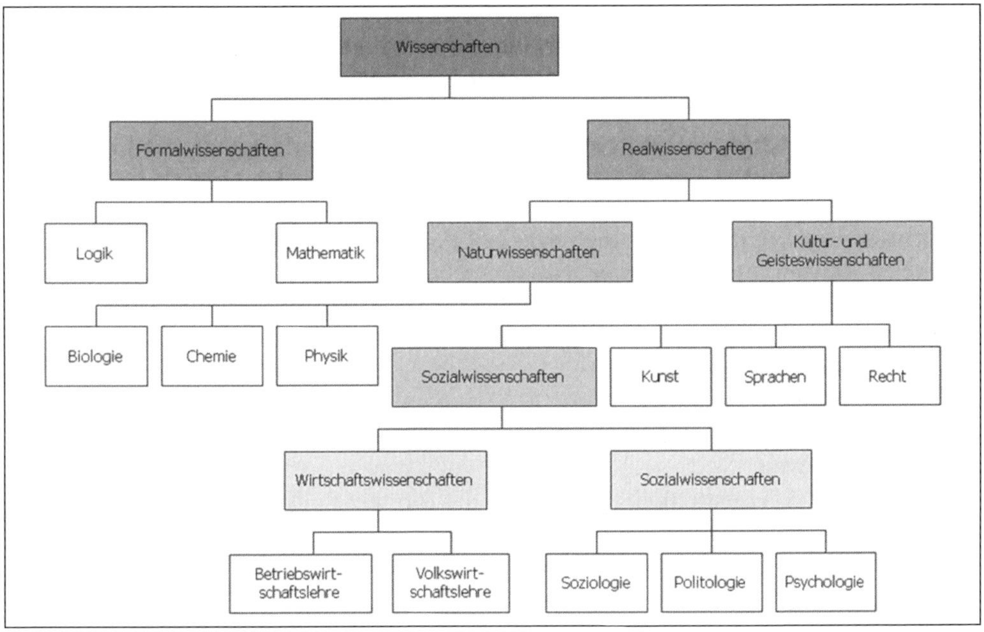

Quelle: In Anlehnung an *Kornmeier* 2007, S. 14

Ein besonderer Stellenwert bei der Erkenntnisgewinnung kommt der Wissenschafts-theorie zu. Die **Wissenschaftstheorie** kann als eine Metawissenschaft verstanden wer-den, sozusagen als die Wissenschaft über die Wissenschaft, d.h. als die Lehre der Wis-senschaft. Im Rahmen dieser Funktion gibt sie Vorschläge, Ideen und Rahmenbedingun-gen vor, wie Wissenschaftler vorgehen können, um die Ziele und Aufgaben der Wissen-schaft zu erreichen.[1]

In der Wissenschaft geht es nicht darum, die endgültige oder absolute Wahrheit zu finden, sondern zu begreifen, dass Wissenschaft und wissenschaftliches Arbeiten ein fortwährender Prozess in Richtung der ewigen Wahrheit ist. Gemäß dem Motto „Der Weg ist das Ziel." stellen die Erkenntnisse und Möglichkeiten, die sich auf dem Weg da-hin offenbaren, den wahren Wert dar. Aber, was heißt dies jetzt genau? Was bedeutet das für das wissenschaftliche Arbeiten? Gibt es eine fehlerfreie Wissenschaft? Sind Fehler erlaubt und erwünscht? Fehler sind erlaubt, denn ohne Fehler keine Erkenntnis. Fehler-bereitschaft im Sinne von Erkenntnisgewinn ist die Grundvoraussetzung, um die Angst vor dem „Gebäude Wissenschaft" zu verlieren und diese nicht als eine unüberwindbare Hürde zu betrachten. Wissenschaft kann daher als eine Möglichkeit und Chance verstan-den werden, sich inhaltlich und persönlich weiterzuentwickeln.

1.1.2. Qualitätskriterien der Wissenschaft

Wissenschaft unterliegt – im Sinne der Qualitätssicherung, Transparenz und Abgren-zung zum Alltagswissen – **Gütekriterien**. Aus diesen Kriterien leiten sich auch im We-sentlichen die Bewertungskriterien von wissenschaftlichen Arbeiten ab. In Abhängigkeit vom Forschungsverständnis und der Wissenschaftsdisziplin liegt eine Vielzahl an Krite-rien zur Qualitätsbewertung von wissenschaftlichen Arbeiten vor. Neben den generellen Kriterien wie Neuigkeitswert, Informationsgehalt und Wahrheit gelten vor allem in den Sozial- und Wirtschaftswissenschaften Objektivität, Validität und Reliabilität als die zentralen Qualitätskriterien.

Objektivität ist eine Grundvoraussetzung zur Erstellung einer wissenschaftlichen Arbeit und beschreibt die sachlich richtige und kritische Bearbeitung eines Forschungs-themas. Im Zusammenhang mit der Objektivität wird oft die Intersubjektivität ange-führt. **Intersubjektivität** beinhaltet, dass die Erkenntnisse direkt aus der Untersuchung resultieren müssen und unabhängig vom Forschenden sein sollten. Dies setzt entspre-chend voraus, dass die eingesetzte Forschungsmethode und der Forschungsprozess aus-führlich beschrieben und dokumentiert werden.

Unter **Validität (Gültigkeit)** wird die Anwendung von problembezogenen und ge-eigneten Forschungsmethoden verstanden. Verdeutlicht an einem einfachen Beispiel heißt dies, dass ein Thermometer zur Temperatur- und nicht zur Geschwindigkeitsmes-sung eingesetzt wird.

Reliabilität (Verlässlichkeit) bezeichnet die formale Exaktheit von wissenschaftli-chen Untersuchungen und beschreibt demzufolge die Replizierbarkeit von Forschungs-ergebnissen. So sollte beispielsweise die exakte Wiederholung eines Experiments zu den

---

[1]   Siehe dazu Kapitel 1.2.

gleichen Forschungsergebnissen führen. Dies wiederum setzt voraus, dass nach wissenschaftlichen Regeln und Normen vorgegangen und auf bereits vorhandene Erkenntnisse Bezug genommen wird (vgl. *Bortz/Döring* 1995, S. 181–186).

1.1.4. Alltagswissen und Wissenschaftswissen

Es existieren viele Arten von Wissen, dessen sich der Mensch bedient bzw. die der Mensch einsetzt. Oftmals stellen sich viele Studierende und Vortragende die Frage, wie sich Alltagswissen, auch Routine- und Erfahrungswissen genannt, vom Wissenschaftswissen unterscheidet. Eine genaue Abgrenzung beider Wissensformen ist eine Grundvoraussetzung für die Erstellung einer wissenschaftlichen Arbeit und verdeutlicht deren Ansprüche.

Alltagswissen resultiert aus eingelernten Routinen und erworbenen Fähigkeiten und Kenntnissen und unterstützt den Menschen, sich in der komplexen Umwelt und deren Beziehungen zurechtzufinden. In diesem Zusammenhang orientiert sich Alltagswissen an bewährten Kategorien und Regeln. Alltagswissen ist demzufolge situations- und personenabhängig und wird hauptsächlich mündlich weitergegeben.

Wissenschaftswissen sucht hingegen systematisch und methodisch nach neuen und objektiven Erkenntnissen und versucht diese kritisch zu hinterfragen und weiterzuentwickeln. Das Wissenschaftswissen ist daher bestrebt, allgemeingültige Erkenntnisse hervorzubringen und diese schriftlich festzuhalten, um den Erkenntnisprozess für Dritte nachvollziehbar und transparent zu machen (vgl. *Kruse* 2007, S. 61–70).

1.1.5. Grundlagenforschung und Angewandte Forschung

Prinzipiell kann Forschung in Grundlagenforschung und Angewandte Forschung unterschieden werden. Beide Forschungsrichtungen sind nicht als konträr und unvereinbar zu betrachten, sondern bilden vielmehr eine fruchtbare Symbiose und sinnvolle Ergänzung zueinander.

Die **Grundlagenforschung** hat sich zum Ziel gesetzt, neue allgemeingültige Erkenntnisgrundlagen und Theorien zu entwickeln. Besonders in den naturwissenschaftlichen Wissenschaftsdisziplinen wie der Physik, der Biologie und der Chemie wird viel Grundlagenforschung betrieben.

Im Gegensatz dazu nutzt die **Angewandte Forschung** die Erkenntnisse und Theorien der Grundlagenforschung und entwickelt darauf aufbauend Lösungsansätze, die sich auf Einzelproblemstellungen beziehen und eine starke Praxisorientierung aufweisen. Die Ergebnisse der Betriebswirtschaft können hier beispielhaft genannt werden (vgl. *Rieder* 2002, S. 5).

1.2. Wissenschaftstheorien

Wissenschaftstheorien sind grundlegende Blickwinkel, die Forschende einnehmen können. Sie beeinflussen durch grundsätzliche Annahmen die Herangehensweise der Forschenden an die wissenschaftliche Arbeit.

1.2.1. Definition und Aufgabe der Wissenschaftstheorie

Ziel der Forschung und der Wissenschaft ist es, Erkenntnisse über die Welt zu erlangen. Im Rahmen der sozial- und wirtschaftswissenschaftlichen Forschung und Wissenschaft sind dies Erkenntnisse über Zusammenhänge des menschlichen Handelns in sozialen Gemeinschaften und der Wirtschaft. Eine der Grundfragen des Forschens ist es, wie diese Erkenntnisse erlangt werden können. Die Forschung befasst sich dabei mit der Frage, wie Daten und Theorien zusammenhängen. Daten sind Informationen, die die Forschenden über die Welt erheben. Theorien sind daraus folgende Behauptungen über die Welt (vgl. *Fisher* 2004, S. 12; *Easterby-Smith et al.* 2008, S. 56).

Jede Theorie ist mit einem Anspruch auf objektive Erkenntnis verbunden. Sie muss sich logisch begründet präsentieren. Das erfordert auch den Anspruch, dass die Theorie auf eine Art und Weise erstellt wird, die von der Wissenschaftsgemeinschaft als folgerichtig erkannt wird. Damit verbunden ist eine Metatheorie der Theorieerstellung (vgl. *Schülein/Reitze* 2005, S. 23). Die Beschäftigung mit dieser Frage nennt man Erkenntnistheorie oder Epistemologie. Die **Erkenntnistheorie** befasst sich mit dem Prozess der Generierung von Erkenntnis und den Rahmenbedingungen dieses Prozesses (vgl. *Kunzmann et al.* 2003, S. 13). Der Unterschied zwischen Erkenntnistheorie und Wissenschaftstheorie liegt darin, dass sich die Erkenntnistheorie generell mit der Frage der Erkenntnis befasst, die Wissenschaftstheorie jedoch auf den speziellen Blickwinkel der Generierung von Erkenntnis innerhalb des Wissenschaftsbetriebs fokussiert ist (vgl. *Schülein/Reitze* 2005, S. 25–26).

Die Erkenntnistheorie ist die notwendige Voraussetzung für die Wissenschaftstheorie. Sie wird auch als die Theorie des Wissens bezeichnet, weil sie sich damit befasst, wie Wissen über die Welt erzeugt werden kann (vgl. *Abercrombie et al.* 2000, S. 120). Die zentrale Frage dabei ist die Beziehung zwischen dem Wissen, das ein Mensch über die Welt außerhalb von sich selbst hat und der Welt selbst (vgl. *Fisher* 2004, S. 12). Die verschiedenen erkenntnistheoretischen Positionen unterscheiden sich genau dadurch, wie sie Beziehung zwischen Welt und Wissen darüber definieren.

Die Entscheidung für eine der wissenschaftstheoretischen Ansätze hat weiterführende Folgen für die Erstellung einer wissenschaftlichen Arbeit, da innerhalb einer bestimmten Richtung nur bestimmte Forschungsmethoden und deren Kombination (Methodologie) sinnvoll ist. Die Kenntnis darüber ist notwendig, um am Beginn des Forschungsprozesses klären zu können, welches Forschungsdesign sinnvoll und zielführend ist (vgl. *Easterby-Smith et al.* 2008, S. 57).

Eine grundlegende Herangehensweise zur Erzeugung von Erkenntnis in den Sozial- und Wirtschaftswissenschaften ist die Empirie. Bei der empirischen Arbeitsweise werden direkt oder indirekt Sachverhalte erfasst, z.B. indem Menschen befragt oder beobachtet, und auf diese Weise Daten erhoben werden, welche die Basis für Schlussfolgerungen und Theorien bilden. Empirische Forschungsmethoden sind die Beobachtung, die Befragung, das Experiment und die Inhaltsanalyse.[2]

Eine andere Herangehensweise, die vor allem in den Geisteswissenschaften, wie z.B. der Literaturwissenschaft, verwendet wird, ist die Hermeneutik. In der **Hermeneutik**

---

[2]   Siehe dazu Kapitel 6.

versucht man aus der Bedeutung von Zeichen auf die Bedeutung eines Textes zu schließen. Dabei kann der Text einerseits sehr eng interpretiert werden oder sehr weit, indem sein Umfeld und seine Entstehungsbedingungen miteinbezogen werden (vgl. *Stary/Kretschmer* 2004, S. 70). Die Hermeneutik ist jedoch auch in den Sozial- und Wirtschaftswissenschaften notwendig, da sie die grundlegende Herangehensweise zur Erarbeitung theoretischer Kenntnisse zu einem Thema darstellt. Jede wissenschaftliche Arbeit besteht aus einem theoretischen Teil, in dem die leitende Forschungsfrage auf Basis der bereits vorhandenen wissenschaftlichen Forschungsergebnisse untersucht wird. Dazu ist es notwendig, die zum Thema vorhandene Literatur mit Hilfe hermeneutischer Methoden auszuwerten.[3]

Ein Text kann aus sich selbst verstanden oder im Rahmen seines Umfelds interpretiert werden. Je mehr Vorkenntnisse über das Umfeld vorhanden sind, desto tiefgehender ist das Verständnis des Textes. Dieses Vorverständnis kann jedoch nur durch das Lesen von vielen einzelnen Texten erreicht werden, die wiederum nur dann tiefgehend verstanden werden können, wenn eine entsprechende Vorkenntnis vorhanden ist. Diesen Zusammenhang nennt man **hermeneutischen Zirkel**. Ein Ausweg aus diesem Dilemma ist nicht möglich. Der richtige Einstieg in den Zirkel erleichtert jedoch das Verständnis (vgl. *Stary/Kretschmer* 2004, S. 70).[4] Die Hermeneutik wird jedoch auch auf andere schriftliche Dokumente angewandt wie alle Äußerungen individuellen und sozialen Handelns und ist eine Grundlage der Auswertung und Interpretation von Protokollen und Transkripten von Beobachtungen und Befragungen (vgl. *Kunzmann et al.* 2003, S. 183).

1.2.2. Wissenschaftstheoretische Forschungsansätze

Die verschiedenen wissenschaftstheoretischen Ansätze sind entstanden, da die Forschenden unterschiedliche Positionen vertreten, wie die Beziehung zwischen der Welt und dem Wissen über die Welt gestaltet sein kann. Die Vorstellung über diese Beziehung entspricht einem breiten Spektrum. Es kann objektives Wissen über die externe Welt erzeugt werden (Positivismus). Es kann systematisches Wissen über die Welt erzeugt werden, dieses wird jedoch von Subjektivität beeinflusst (Realismus). Es kann Wissen über die Prozesse, mittels deren die Menschen in Gruppen und Gesellschaften Sinn in ihrer Welt bewirken, erzeugt werden. Die reale Welt kann dabei nur als etwas aufgefasst werden, das immer nur durch die Sinne des Menschen erfasst wird (Konstruktivismus) (vgl. *Fisher* 2004, S. 13).

Der **Positivismus** basiert auf dem Gedanken, dass die soziale Welt extern existiert und ihre Eigenschaften von den Forschenden mit Hilfe objektiver Methoden gemessen werden können. Damit baut der Positivismus auf der Annahme auf, dass nur solches Wissen relevant ist, welches aus der Beobachtung der externen Welt resultiert (vgl. *Easterby-Smith et al.* 2008, S. 57). Der Positivismus geht damit auch davon aus, dass ein wertfreies Wissen über die soziale Welt möglich ist, wie es in den Naturwissenschaften der Fall ist. Das Ziel des Positivismus ist es, generell gültige Aussagen über die Welt

---

[3] Siehe dazu Kapitel 4.3.
[4] Siehe dazu Kapitel 4.3.

zu treffen und Verhalten vorauszusagen, zumindest in Begriffen der Wahrscheinlichkeit (vgl. *Fisher* 2004, S. 15).

Im Bereich der Sozial- und Wirtschaftswissenschaften ist der positivistische Ansatz dort sinnvoll, wo zum Beispiel mit Hilfe mathematischer Modelle menschliches Verhalten beschrieben werden kann. Die Einschränkung des Positivismus liegt darin, dass damit nur die Norm dargestellt werden soll, nicht jedoch das individuelle Verhalten. Auch bleibt die Frage offen, ob die soziale Welt tatsächlich wertfrei beschrieben werden kann (vgl. *Fisher* 2004, S. 15).

Ein Beispiel für positivistische Forschung ist die Arbeit von *Hofstede* (1984, 1991). *Hofstede* untersuchte die Unternehmenskultur von IBM weltweit mit Hilfe eines standardisierten Fragebogens. Er ging dabei von einem rein quantitativen Verfahren aus. Dieses basierte auf vier Kategorien, welche die Eigenschaften der Unternehmenskultur beschreiben und deren Ausprägungen gemessen wurden (vgl. *Easterby-Smith et al.* 2008, S. 65).

Der **Realismus** vertritt eine in vielen Ansatzpunkten ähnliche Position wie der Positivismus, erkennt jedoch die subjektive Natur der Forschung und die essenzielle Rolle von Werten darin an. Im realistischen Ansatz wird Wissen nicht als hundertprozentige Wiedergabe von Realität gesehen. Vielmehr wird versucht, die soziale Welt zu kategorisieren und zu benennen, wobei über die Auswahl der richtigen Kategorien diskutiert werden kann. Das Ziel ist es, Theorien zu überprüfen und eine Verallgemeinerbarkeit zu erreichen. Vorhersagen sind eher selten (vgl. *Fisher* 2004, S. 15–16).

Ein Beispiel für ein realistisches Forschungsprojekt ist die Arbeit von *Teagarden* u.a. (vgl. 1995). Das Forscherteam versuchte herauszufinden, welche Personalmanagement-Praktiken üblicherweise in Unternehmen verschiedener Länder und Branchen angewandt werden. Auch diese Untersuchung wurde wie die von *Hofstede* per Fragebogen durchgeführt. Im Gegensatz zu *Hofstede*, der seine Kategorien schon vor der Befragung festgelegt hatte, zeigte sich bei dieser Studie, dass die lokalen Rahmenbedingungen oftmals Adaptionen erforderten, die eine rein positivistische Herangehensweise nicht möglich machten (vgl. *Fisher* 2004, S. 16).

Im **Konstruktivismus** gehen die Forschenden von einer grundsätzlich anderen Position aus. Sie nehmen an, dass die Realität sozial konstruiert ist (vgl. *Fisher* 2004, S. 17). Dieser Forschungsansatz wird daher oft „sozialer Konstruktivismus" genannt. Realität ist nicht objektiv und extern existierend, sondern ist sozial konstruiert. Die Bedeutung, die Realität hat, wird durch die Menschen selbst gegeben. Ziel der konstruktivistischen Forschung sind daher auch jene Mechanismen, mit denen Menschen ihrer Umwelt Bedeutung geben, insbesondere indem sie ihre Erfahrungen durch Sprache miteinander teilen (vgl. *Easterby-Smith et al.* 2008, S. 59).

Ein wesentlicher Gedanke bei der konstruktivistischen Forschung ist die Reflexion der Forschenden. Denn nur, wenn die Forschenden selbst wissen, wie sie Sinn und Bedeutung erzeugen, können sie dies auch bei ihren Untersuchungsobjekten verstehen (vgl. *Fisher* 2004, S. 18).

Die Grundüberzeugungen des Konstruktivismus sind, dass die erlebte Wirklichkeit nicht ein passives Abbild der Realität ist, sondern ein Ergebnis aktiver Erkenntnisleistung. Es gibt keine Möglichkeit, die Gültigkeit von Erkenntnis zu überprüfen und daher kann die Übereinstimmung zwischen subjektiver Wirklichkeit und objektiver Realität nicht festgestellt werden. Hier ist insbesondere auch darauf hinzuweisen, dass im Konstruktivismus ein Unterschied zwischen den Begriffen Realität und Wirklichkeit gemacht wird. Realität ist jene externe und objektive Welt, die laut Konstruktivismus nicht zugänglich ist, sondern in einer hypothetischen Form vorliegt. Die Wirklichkeit ist jenes Produkt der Erkenntnis, welches erforscht wird (vgl. *von Ameln* 2004, S. 3).

Als Beispiel für konstruktivistische Forschung kann die Arbeit von *Dalton* (vgl. 1964) genannt werden. Er untersuchte die Arbeit von Managern in einem Unternehmen, in dem er selbst arbeitete, indem er Beobachtungen der Vorgänge und Handlungen vornahm und mit anderen Mitarbeitern sprach. Seine Rollen als Mitarbeiter und Forscher überschnitten sich dabei und waren auch nicht für alle anderen Mitarbeiter klar (vgl. *Easterby-Smith et al.* 2008, S. 68).

1.2.3. Vom wissenschaftstheoretischen Ansatz zum Forschungsdesign

Aus den Darstellungen der wissenschaftstheoretischen Ansätze ergibt sich in weiterer Folge, dass die Methodologie und die anwendbaren Forschungsmethoden bestimmte Anforderungen erfüllen müssen. Folgende Gegenüberstellung des Positivismus und des sozialen Konstruktivismus zeigt die wesentlichen Eigenschaften dieser beiden Ansätze und der Schlussfolgerungen für die Forschungsmethoden.

Abbildung 3: Gegenüberstellung Positivismus und Konstruktivismus

	Positivismus	**Sozialer Konstruktivismus**
Der Beobachter	muss unabhängig sein	ist Teil dessen, was beobachtet wird
Menschliche Interessen	sollten irrelevant sein	sind die wichtigsten Treiber von Forschung
Erklärungen	müssen Kausalität demonstrieren	versuchen ein generelles Verständnis der Situation zu steigern
Forschungsfortschritt durch	Hypothesen und Deduktionen	Erhebung reichhaltiger Daten, von denen Ideen hergeleitet werden
Konzepte	müssen definiert werden, damit sie gemessen werden können	sollten die Perspektiven der Betroffenen beinhalten
Einheiten der Analyse	sollten auf die einfachsten Begriffe reduziert werden	können die Komplexität vollständiger Situationen beinhalten
Generalisierung durch	statistische Wahrscheinlichkeit	theoretische Abstraktion
Stichproben erfordern	große Anzahlen, die zufällig gewählt werden	kleine Anzahl von Fällen, die aus spezifischen Gründen gewählt werden

Quelle: *Easterby-Smith et al.* 2008, S. 59, Übersetzung durch die Autorin

Forschende, die von einem positivistischen Ansatz ausgehen, werden daher eine quantitative Methodologie anwenden, da sie Hypothesen statistisch bestätigen möchten. Währenddessen werden Forschende, die von einem konstruktivistischen Ansatz ausgehen, eine qualitative Methodologie wählen, um von den empirischen Daten zu abstrakten Aussagen zu gelangen. Ist eine methodologische Vorgehensweise festgelegt, können in einem nächsten Schritt die empirischen Forschungsmethoden bestimmt werden, die für die Datenerhebung verwendet werden. Das kann eine Forschungsmethode oder eine Kombination mehrerer Forschungsmethoden[5] sein.

Wenn beispielsweise das Thema „Stress unter Managern" untersucht wird, legt die positivistische Forschung jene Messgrößen fest, mit denen Stress, seine Ursachen und Folgewirkungen gemessen werden können. Konstruktivistische Forschung beschäftigt sich mit Fragen, wie Manager darüber denken und fühlen oder welche Strategien sie zur Stressbewältigung entwickeln (vgl. *Easterby-Smith et al.* 2008, S. 60). Gehen die Forschenden von einem realistischen Ansatz aus, können sie als Methodologie eine Kombination von verschiedenen Forschungsmethoden verwenden, innerhalb derer sowohl quantitative als auch qualitative Methoden gemeinsam angewandt werden können.

1.2.4. Phasen des Forschungsprozesses

Unabhängig vom qualitativen oder quantitativen Forschungsansatz ist der Forschungsprozess in verschiedene Phasen gegliedert, die durch drei wissenschaftliche Zusammenhänge gekennzeichnet und dadurch voneinander abgrenzbar sind. Der **Entdeckungszusammenhang** ist der Beweggrund, der zum Forschungsvorhaben geführt hat. Die Beweggründe können ein soziales Problem, ein Problem bei der Theoriebildung oder ein Forschungsauftrag sein. Der **Begründungszusammenhang** beschreibt die methodische Vorgehensweise, mit der das Problem untersucht werden soll. Im Zuge des Begründungszusammenhangs ist eine möglichst exakte, nachprüfbare und objektive Prüfung der Hypothesen die zentrale Zielsetzung. Der **Verwertungszusammenhang** steht in enger Beziehung zum Entdeckungszusammenhang und beinhaltet den Lösungsbeitrag des Forschungsproblems und die Veröffentlichung der Forschungsergebnisse (vgl. *Friedrichs* 1985, S. 53).

Abbildung 4: Forschungsprozess

Phase	Inhaltliche Charakterisierung
Entdeckungszusammenhang	• Formulierung der Problemstellung, der Forschungsfrage, der Zielsetzung • Konzeptualisierung
Begründungszusammenhang	• Erhebung der Daten • Eingabe und Verwaltung der Daten • Analyse der Daten
Verwertungszusammenhang	• Interpretation und Veröffentlichung der Forschungsergebnisse

Quelle: *Friedrichs* 1985, S. 51–55

1.3. Arten von wissenschaftlichen Aussagen

Bei der wissenschaftlichen Forschung geht es um die Annäherung an die objektive Wahrheit zum Zweck der Erfassung und Analyse der Realität. Die Wissenschaftstheorie unterscheidet im Wesentlichen auf der Grundlage des Wahrheitsgehaltes nach logischen, nicht wahrheitsfähigen und zusammengesetzten Aussagen.

---

[5]   Siehe dazu Kapitel 6.

1.3.1. Logische Aussagen

Logische Aussagen sind wahrheitsfähige Aussagen. Die Prüfinstanz für den Wahrheitsgehalt bildet die logische Konsistenz. Dabei wird geprüft, ob sie den Regeln der Logik entsprechen. Man spricht in Zusammenhang von der logischen Wahrheit oder der „L-Wahrheit" (*Raffée* 1974, S. 29; *Kornmeier* 2007, S. 46).

Beispiel

Wird am Umsatz gemessen behauptet, Unternehmen 1 sei größer als Unternehmen 2 und Unternehmen 2 größer als Unternehmen 3, folgt daraus logisch, dass Unternehmen 1 auch größer ist als Unternehmen 3.

1.3.2. Empirische Aussagen

Bei **empirischen Aussagen** handelt es sich um Aussagen über einen realen Sachverhalt. Eine empirische Aussage ist informativ, intersubjektiv überprüfbar und wahrheitsfähig. Der Wahrheitsgehalt (faktische Wahrheit oder „F-Wahrheit") von empirischen Aussagen kann durch den Vergleich zwischen der Aussage und der beobachtbaren Realität beurteilt werden (vgl. *Raffée* 1974, S. 29; *Kornmeier* 2007, S. 46). Je nach Betrachtungsgegenstand können empirische Aussagen in deskriptive oder explikative Aussagen unterschieden werden.

Beispiel

Aus der Insolvenzstatistik des KSV 1870 geht hervor, dass rund 65% der 2008 eröffneten Insolvenzen in Österreich direkt auf Managementfehler zurückzuführen sind (vgl. *www.ksv.at* 2006).

Bei **deskriptiven Aussagen** handelt es sich um beschreibende Aussagen, die durch den Vergleich mit der Realität auf ihren Wahrheitsgehalt überprüft werden. Sie beschreiben singuläre Ereignisse oder Prozesse mit einem speziellen Raum-Zeit-Bezug, die bestimmte Annahmen oder vorher geäußerte Prognosen bestätigen (verifizieren) oder zurückweisen (falsifizieren). Sie bilden die Grundlage empirischer Erkenntnis und werden daher auch Basis- oder Protokollsätze genannt. Deskriptive Aussagen sollen Antworten auf die Fragen „Was ist der Fall?" oder „Was war der Fall?" beantworten (vgl. *Raffée* 1974, S. 30; *Kornmeier* 2007, S. 47 f.).

Beispiel

Das Gesamtvermögen der Schoeller-Bleckmann Oilfield Equipment AG per 31.12.2006 betrug 285,3 Mio. Euro (vgl. *o.V. 2006*, S. 36).

Explikative Aussagen sind generelle Sätze, die einen Sachverhalt begründen. Sie beziehen sich auf einen bestimmten Ausschnitt der Realität und nicht nur auf ein singuläres Phänomen. Die Grundlage für explikative Aussagen sind generelle Sätze, die in ihrer strengen Auslegung einen uneingeschränkten Raum-Zeit-Bezug („Immer-und-überall-wenn …, dann …") aufweisen und die Frage beantworten „Warum ist das der Fall?" (vgl. *Raffée* 1974, S. 30). Weiterführend werden explikative Aussagen in nomologische, deterministische, stochastische, Tendenz- und quasi-stochastische Aussagen unterteilt.

Beispiel

Kein Unternehmen ohne Risiko!

Nomologische Aussagen sind generelle Sätze ohne Raum-Zeit-Bezug, deren Gültigkeit durch bisherige empirische Befunde und Erfahrungen bestätigt wurde. Sie werden auch als Gesetzesaussagen, theoretische Aussagen oder Gesetzeshypothesen bezeichnet (vgl. *Raffée* 1974, S. 30).

Beispiel

Unternehmen, die nicht auf die Schaffung neuer oder die Erhaltung bestehender Erfolgspotenziale achten, werden in absehbarer Zeit Rentabilitätsprobleme und in weiterer Folge Liquiditätsprobleme haben.

Deterministische Aussagen drücken einen eindeutigen Ursache-Wirkungs-Zusammenhang aus und weisen gleichermaßen einen hohen Präzisionsgrad und Informationsgehalt auf. Dabei besteht bei ihnen ein hohes Risiko des Scheiterns an der Realität (vgl. *Raffée* 1974, S. 35). Um deterministische Gesetzesaussagen formulieren zu können, müssen Kausalfaktoren isoliert und dem zu erklärenden Sachverhalt eindeutig zugeordnet werden.

Beispiel

„Je öfter eine Handlung wiederholt wird, umso weniger Fehler werden bei jeder Wiederholung gemacht werden."
„Wenn ein Unternehmen den Preis eines Produkts um 15% senkt, wird die Nachfrage nach diesem Produkt um 5% steigen."
Falls ein einziger Fall gefunden wird, wo keine Lerneffekte eintreten oder die Nachfrage nicht um fünf Prozent steigt, sind diese Aussagen falsifiziert.

Stochastische Aussagen (Wahrscheinlichkeitsaussagen oder probabilistische Aussagen) sind nicht generell gültig, gelten aber nicht nur für einen einzelnen Fall. Der Aussageinhalt gilt nur mit einer gewissen Wahrscheinlichkeit (vgl. *Raffée* 1974, S. 35 f.). Der Großteil der in den Sozial- und Wirtschaftswissenschaften formulierten Aussagen ist stochastisch (vgl. *Kornmeier* 2007, S. 53).

Beispiel

„Wenn ein Unternehmen den Preis eines Produkts um 15% senkt, dann wird die Nachfrage nach diesem Produkt mit 80%iger Wahrscheinlichkeit um 5% steigen."
Der Informationsgehalt und die Reichweite der Aussage sind geringer als bei deterministischen Aussagen. Das Risiko ihrer Falsifizierung anhand der Realität ist jedoch kleiner, weil die Dann-Komponente weniger präzise formuliert ist.

Tendenzaussagen drücken eine Vermutung über eine Ursache-Wirkungs-Beziehung aus. Objektive, nachprüfbare Wahrscheinlichkeiten oder Hinweise über die Wahrscheinlichkeitsverteilung können nicht gegeben werden.

Beispiel

„Wenn ein Unternehmen den Preis eines Produkts senkt, dann wird die Nachfrage nach diesem Produkt oft steigen." Die Dann-Komponente von Tendenzaussagen ist

noch unpräziser als in stochastischen Aussagen, damit ist das Risiko des Scheiterns aufgrund der zahlreichen Ausnahmefälle noch geringer.

Quasi-stochastische Aussagen sind quantifizierbare Tendenzaussagen, die empirisch überprüfbar sind. Im Gegensatz zu den stochastischen Aussagen ist bei quasi-stochastischen Aussagen die Art der Verteilung unbekannt (vgl. *Raffée* 1974, S. 36–38).

Beispiel

„Wenn ein Unternehmen den Preis eines Produkts um 15% senkt, dann wird die Nachfrage nach diesem Produkt mit großer Wahrscheinlichkeit um 5% steigen.“

1.3.3. Nicht wahrheitsfähige Aussagen

Bei nicht wahrheitsfähigen Aussagen ist der Wahrheitsgehalt sehr schwer überprüfbar.

Normative Aussagen legen fest, wie etwas sein soll („Soll-Aussagen“) und verdeutlichen bestimmte Werthaltungen und Einstellungen. Sie können in Form von Appellen (Imperativen) formuliert werden.

Beispiel

Mitarbeiter sollen gerecht entlohnt werden.
Kinderarbeit soll nicht unterstützt werden.
Handle so…, dass…!

In der Unternehmenspraxis finden sich zahlreiche normative Aussagen. Dies wird besonders im Leitbild eines Unternehmens sowie in Verhaltenkodizes (z.B. dem Österreichischen Corporate Governance Kodex) oder organisationsinternen Verhaltensrichtlinien deutlich.

Bei **metaphysischen Aussagen** handelt es sich um Aussagen, die wissenschaftlich (noch) nicht überprüfbar und ohne empirischen Gehalt sind. In der Wissenschaft sind metaphysische Aussage zur (Neu-)Formulierung von Theorien aufgrund ihrer kritischen Funktion bedeutsam (vgl. *Raffée* 1974, S. 29 f.; *Kornmeier* 2007, S. 47).

Beispiel

Es gibt Gott.

1.3.4. Zusammengesetzte Aussagen

Zusammengesetzte Aussagen bestehen aus einer Erklärung und einer Randbedingung oder einer Randbedingung und der entsprechenden Prognose. Zwischen Erklärung und Prognose besteht Strukturgleichheit in dem Sinne, dass, wenn eine wissenschaftliche Erklärung vorliegt, immer auch eine zukünftige Entwicklung prognostiziert werden kann (vgl. *Raffée* 1974, S. 33). Aus dem Zusammenhang von **Erklärung** und **Prognose** wird sichtbar, wie wichtig die Kenntnis von Gesetzesaussagen für unternehmerische Entscheidungen ist.

Beispiel

Kann ein Gesetz formuliert werden, das die quantifizierbare Wirkung von Investitionsentscheidungen auf den Unternehmenserfolg angibt, kann man den Unternehmenserfolg prognostizieren und wird sich für bestimmte Investitionen entscheiden und andere nicht tätigen.

Abbildung 5: Arten von wissenschaftlichen Aussagen

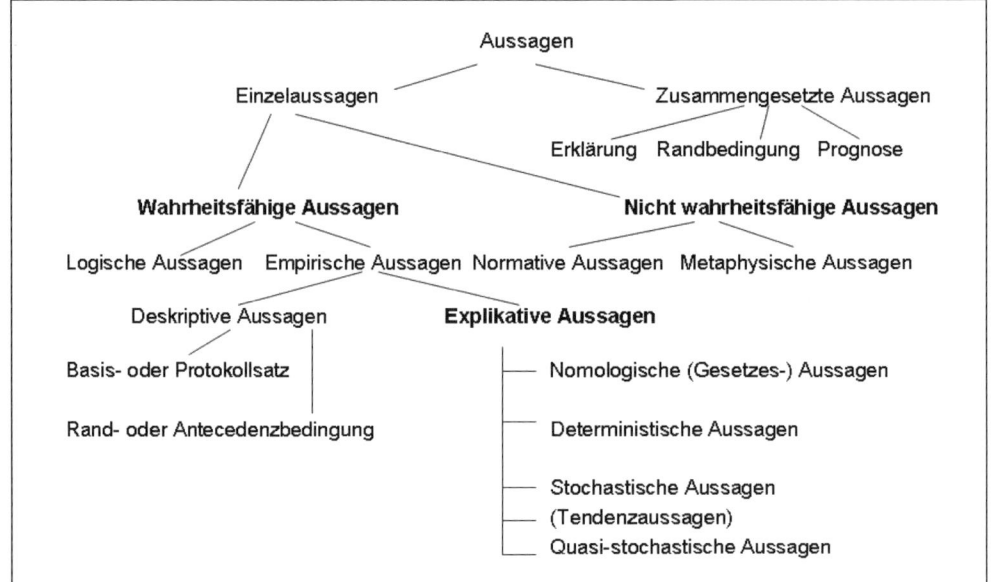

Quelle: In Anlehnung an *Raffée* 1974, S. 37; *Kornmeier* 2007, S. 46

1.4. Hypothesen

1.4.1. Definition und Zweck von Hypothesen

Hypothesen sind Annahmen oder Vermutungen, die einen bestimmten Sachverhalt in deskriptiver oder explikativer Form formulieren. Der kausale Zusammenhang der Hypothese wird durch die unabhängige und die abhängige Variable beschrieben und im Rahmen der wissenschaftlichen Arbeit an der Realität empirisch überprüft (vgl. *Diekmann* 2008, S. 124; *Kornmeier* 2007, S. 75).

Variablen sind Merkmale, die mehrere Ausprägungen haben können. Manche Variablen können so viele Ausprägungen haben, dass eine Zusammenfassung in Kategorien notwendig ist.

Beispiel

Die Variable „Geschlecht" hat die Ausprägungen männlich und weiblich. Die Variable „Bildungsgrad" kann die Ausprägungen Lehre, Matura, Hochschulabschluss haben. Die Variable „Haushaltseinkommen" kann von 1.000 Euro monatlich bis zu 10.000 Euro monatlich reichen. Jeder Betrag auf dieser Skala käme als eine Ausprägung der Variable „Haushaltseinkommen" in Frage. Aus Gründen der Übersichtlichkeit werden einige wenige Kategorien festgelegt: < 1.000 Euro, 1.001 Euro – 2.000 Euro, 2.001 Euro – 3.000 Euro etc.

Die Ausprägungen von Variablen müssen klar und verständlich formuliert werden sowie eindeutig und erschöpfend sein (vgl. *Atteslander* 2008, S. 35; *Diekmann* 2008, S. 117). Darüber hinaus müssen alle Ausprägungsmöglichkeiten angeführt werden, sodass jeder zu beobachtende Fall einer Merkmalsausprägung zugeordnet werden kann. Manchmal ist es nicht möglich oder nicht zweckmäßig, alle denkbaren Ausprägungen inhaltlich zu präzisieren (z.B. alle Berufsfelder, alle Ausbildungsmöglichkeiten, alle Kennzahlen etc.). Für all jene Beobachtungsfälle, die einer Ausprägung nicht zuordenbar sind, kann die Ausprägung „Sonstiges" gebildet werden. Allerdings ist zu beachten: Je unpräziser die einzelnen Ausprägungen sind und je öfter auf die Ausprägung „Sonstiges" zurückgegriffen wird, desto weniger können klare Zusammenhänge zwischen zwei Variablen aufgezeigt werden.

Kategorien müssen einander ausschließen, die Ausprägungen eines Merkmals dürfen sich nicht überlappen.

Beispiel

Es werden die Einkommensstufen A: 1.000 Euro – 2.000 Euro und B: 2.000 Euro – 3.000 Euro definiert. Ein Einkommen von 2.000 Euro könnte demnach sowohl der Stufe A als auch der Stufe B zugeordnet werden. Richtige Kategorisierung ist daher: A: 1.000 Euro – 2.000 Euro und B: 2.001 Euro – 3.000 Euro.

Das Kernstück einer Hypothese ist der Zusammenhang zwischen unabhängiger und abhängiger Variable. Die unabhängige Variable beeinflusst die abhängige. Umgekehrt besteht jedoch keine Beeinflussung.

Beispiel

Es werden die Variablen „Haushaltseinkommen" als wirtschaftlicher Einflussfaktor und „Bildungsgrad der Kinder" als soziale Auswirkung definiert. Es wird angenommen, dass das Haushaltseinkommen ein entscheidender Einflussfaktor für die unterschiedlichen Bildungsgrade der Kinder ist. Das Haushaltseinkommen bildet die unabhängige Variable. Sie wird durch die Variable „Bildungsgrad der Kinder" nicht beeinflusst, beeinflusst die Variable „Bildungsgrad der Kinder" aber selbst. Der Bildungsgrad ist hingegen von der Ausprägung des Haushaltseinkommens abhängig und ist daher die abhängige Variable. Aus dieser Annahme kann folgende Hypothese formuliert werden: „Kinder aus Familien mit einem höheren Haushaltseinkommen haben einen höheren Bildungsgrad.".

Die Variablen können positiv oder negativ aufeinander wirken oder keinen Zusammenhang vorweisen. Ein positiver Zusammenhang bedeutet, dass beide Variablen gleichgerichtet sind. Ein negativer Zusammenhang heißt, dass sich die Variablen in eine gegensätzliche Richtung entwickeln. Kein Zusammenhang bedeutet, dass zwischen den beiden Variablen kein Einfluss besteht.

Beispiel

Positiver Zusammenhang: Höheres Haushaltseinkommen führt zu einem höheren Bildungsgrad von Kindern.
Negativer Zusammenhang: Höheres Haushaltseinkommen geht mit einem niedrigeren Bildungsgrad von Kindern einher.
Kein Zusammenhang: Höheres Haushaltseinkommen hat keinen Einfluss auf den Bildungsgrad der Kinder.

Um die Wissenschaftlichkeit von Hypothesen zu gewährleisten, müssen diese verschiedene Anforderungen erfüllen. Der Gegenstand von Hypothesen muss empirisch und damit an der Realität überprüfbar sein. Hypothesen sollten allgemein gültige Aussagen, d.h. raum- und zeitunabhängig und widerlegbar (falsifizierbar) sein. Man spricht hier vom Popper-Kriterium. Hypothesen müssen einen ausreichenden Informationsgehalt aufweisen und eine eindeutige Aussage treffen. In diesem Zusammenhang müssen Hypothesen einem logischen Aufbau folgen und in sich schlüssig sein. Darüber hinaus müssen Hypothesen klar und verständlich formuliert werden und dürfen keine Vorhersagen über mögliche Ergebnisse tätigen.

Die Anzahl der Hypothesen sollte überschaubar sein. Nur so kann gewährleistet werden, dass die Hypothesen operationalisierbar bleiben.

Bei quantitativen Forschungsdesigns stellt die Hypothesenprüfung einen wesentlichen Teil des Forschungsprozesses dar. Das Prüfen von Hypothesen bedeutet Überprüfung des angenommenen Zusammenhangs zwischen den Variablen. Werden die Vermutungen über einen Sachverhalt durch die Überprüfung nicht widerlegt (falsifiziert), gilt die Hypothese als bestätigt (verifiziert). Wird die Hypothese falsifiziert, muss sie verworfen werden.

Für die empirische Überprüfungen werden zwei Hypothesen für den gleichen Zusammenhang formuliert: die Arbeitshypothese (H_1) und die zugehörige Null-Hypothese (H_0). Die Arbeitshypothese beschreibt die Art des Zusammenhangs zwischen der abhängigen und der unabhängigen Variable. Die Nullhypothese hingegen unterstellt keinen Zusammenhang zwischen den Variablen (vgl. *Diekmann* 2008, S. 124; *Kornmeier* 2008, S. 77; *Atteslander* 2008, S. 29; 37).

Beispiel
Arbeitshypothese (H_1): Höheres Haushaltseinkommen führt zu einem höheren Bildungsgrad bei Kindern.
Nullhypothese (H_0): Höheres Haushaltseinkommen hat keinen Einfluss auf die Höhe des Bildungsgrads bei Kindern.

1.4.2. Arten von Hypothesen

Auch wenn Hypothesen alle wissenschaftlichen Anforderungen erfüllen, können die in Hypothesen formulierten kausalen Zusammenhänge selten als endgültig und absolut wahr bestätigt werden. Der beschriebene Zusammenhang wird mit einer bestimmten Wahrscheinlichkeit zu beobachten sein. Entsprechend der zu beobachtenden Wahrscheinlichkeit unterscheidet man zwischen probabilistischen und deterministischen Hypothesen. Hypothesen, die einen Sachverhalt beschreiben, der mit einer gewissen Wahrscheinlichkeit (z.B. 90 Prozent) zutrifft, sind **probabilistische Hypothesen**. In den Sozial- und Wirtschaftswissenschaften finden hauptsächlich probabilistische Hypothesen Anwendung. Hypothesen mit einer hundertprozentigen Wahrscheinlichkeit sind **deterministische Hypothesen**. Solche immer gültigen Hypothesen finden sich häufig in den Naturwissenschaften (vgl. *Diekmann* 2008, S. 124 f.).

Häufig werden Wenn-Dann-Hypothesen und Je-Desto-Hypothesen (Zusammenhangshypothese, Kausalhypothese, nomologische Hypothese) angewendet, um Ursache-

und Wirkungszusammenhänge aufzuzeigen (vgl. *Diekma*nn 2008, S. 124). Bei **Wenn-Dann-Hypothesen** geht man von der Annahme aus, dass bei Zutreffen des Merkmals A auch Merkmal B zu beobachten sein wird. Bei **Je-Desto-Hypothesen** gilt die Annahme, dass das Ausmaß von B vom Ausmaß von A abhängig ist. Dabei kann der Zusammenhang positiv oder negativ sein.

Beispiel

Wenn-Dann-Hypothesen:
Wenn das Einkommen steigt, dann erhöht sich die Investitionsquote.
Wenn die Produktionsmenge steigt, sinken die Stückkosten (Erfahrungskurve).

Je-Desto-Hypothesen:
Je höher der Bildungsgrad, desto höher das Einkommen.
Je höher der Zinssatz, desto niedriger die Investitionsquote.

Die Variablen einer Hypothese können sich auf einzelne Personen oder Personengruppen beziehen. Je nach Anzahl der Personen in der abhängigen Variable spricht man von **Individualhypothesen** oder **Kollektivhypothesen**.

Beispiel

Individualhypothese: Je niedriger der Bildungsgrad einer Person, desto mehr Kinder wird diese Person haben.
Kollektivhypothese: Je höher der Bildungsgrad einer sozialen Schicht, umso niedriger die Geburtenrate.

Theoretisch kann man annehmen, dass eine verifizierte Kollektivhypothese auch die daraus abgeleitete Individualhypothese bestätigt. **Kontexthypothesen** verbinden Kollektivmerkmale mit Individualmerkmalen, wobei die unabhängige Variable das Kollektivmerkmal und die abhängige Variable das Individualmerkmal beinhaltet (vgl. *Diekmann* 2008, S. 135).

Beispiel

Kontexthypothese: Je höher der Bildungsstand eines Landes, desto geringer ist die persönliche Unzufriedenheit des Einzelnen.

1.4.3. Entwicklung von Hypothesen

Die Entwicklung der Hypothesen stellt einen wesentlichen Schritt im Forschungsprozess dar. In Abhängigkeit von der Forschungsmethodologie[6] stellt die Hypothese bei einem quantitativen Forschungsdesign den Ausgangspunkt, bei einem qualitativen Forschungsdesign das Ergebnis der wissenschaftlichen Arbeit dar. Die Entwicklung von Hypothesen ist ein iterativer Prozess, welcher in Abhängigkeit vom Stand der Forschung und dem Methoden- und Fachwissen des Forschers unterschiedlich lange dauern kann. Zur Entwicklung von Hypothesen gibt es drei verschiedene Methoden: Deduktion, Induktion, Abduktion. Alle drei Methoden sind wissenschaftlich anerkannte Generie-

---

[6] Siehe dazu Kapitel 1.3.

rungsstrategien und können ergänzend angewandt werden (vgl. *Balzert et al.* 2008, S. 48).

Bei der **Deduktion** werden Hypothesen aus vorhandenen Theorien abgeleitet. Es werden neue theoretische Vermutungen über Sachverhalte angestellt. Ob die theoretischen Vermutungen richtig sind, kann erst durch empirische Überprüfung der Hypothesen, d.h. durch viele Einzelbeobachtungen bestätigt werden (vgl. *Kornmeier* 2007, S. 78; *Balzert et al.* 2008, S. 49). Deduktives Vorgehen impliziert die Anwendung quantitativer Forschungsmethoden.

Bei der **Induktion** werden Hypothesen anhand von Einzelbeobachtungen in der Realität abgeleitet. Erst durch die Verallgemeinerung und empirische Bestätigung der Hypothese auf breiter Basis ist es möglich, aus einem beobachteten Phänomen auf eine Theorie zu schließen (vgl. *Kornmeier* 2007, S. 78; *Balzert et al.* 2008, S. 48). Induktives Vorgehen impliziert daher die Anwendung qualitativer Forschungsmethoden.

Bei der **Abduktion** werden Hypothesen aufgrund eines beobachteten Phänomens abgeleitet, indem man einen plausiblen Zusammenhang zwischen einem Indiz und dem – zunächst nicht nachvollziehbaren – Sachverhalt annimmt. Die Logik der Abduktion impliziert eine Gesetzmäßigkeit, die dem Sachverhalt zugrunde liegt. Ist die genaue Gesetzmäßigkeit nicht bekannt, muss ein möglichst plausibler Zusammenhang angenommen werden, um eine Hypothese ableiten zu können. Die plausible und logische Annahme von Zusammenhängen birgt aufgrund von Unwissenheit des Forschers die Gefahr, dass ein falscher Zusammenhang angenommen wird.

Beispiel

Abduktion: Herr Mayer trägt einen Ehering. Aus dieser Beobachtung kann angenommen werden, dass er verheiratet ist, denn dieser Umstand begleitet normalerweise das beobachtete Phänomen. Aufgrund der bekannten Gesetzmäßigkeit, dass Menschen, die verheiratet sind, auch einen Ehering tragen, kann aus dem Indiz „Ehering" plausibel auf die Erklärung „Verheiratet" geschlossen werden.

Abbildung 6: Methoden zur Ableitung von Hypothesen

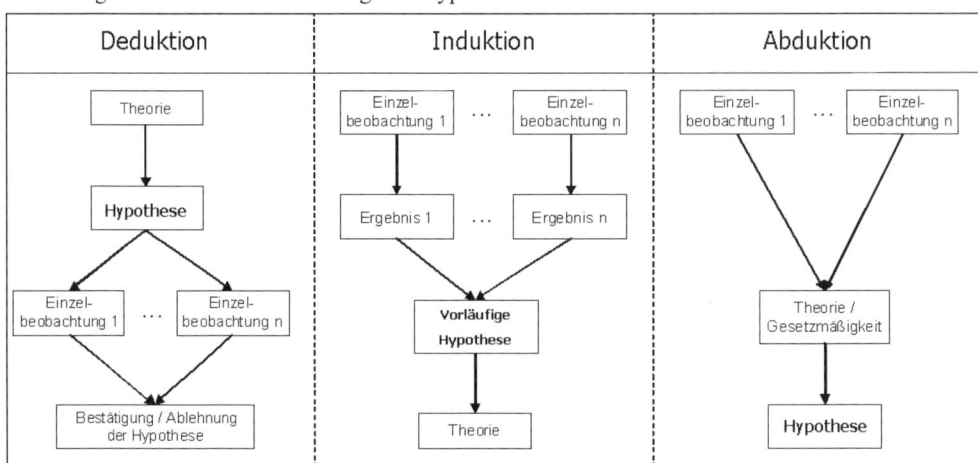

Quelle: In Anlehnung an *Kornmeier* 2007, S. 82 f.; *Balzert et al.* 2008, S. 49

1.5. Definitionen

Wissenschaftliche Untersuchungen setzen immer Definitionen voraus. Die Bedeutung der Sprache als wesentliches Instrument der Forschenden für Präzisierung und Systematisierung wird hierbei besonders deutlich.

1.5.1. Bedeutung und Entwicklung von Definitionen

Definitionen erlauben „Ordnung durch Sprache" (vgl. *Atteslander* 2006, S. 36). Mit dieser Formulierung klingt bereits eine Eigenheit von Definitionen an: Das Fehlen eines empirischen Gehalts. Bei Definitionen handelt es sich um Vereinbarungen über den Gebrauch von Begriffen. Dabei wird die Bedeutung des zu definierenden Begriffs durch eine Aussage festgelegt. Definitionen sind demnach tautologische Aussagen (vgl. *Diekmann* 2005, S. 138 f.). Die Frage, ob eine Definition richtig oder falsch ist, erübrigt sich somit, da es sich um eine Konvention über die Verwendung eines Begriffs handelt. Es interessiert vielmehr, ob eine Definition zweckmäßig ist. So soll durch die Definition von zentralen Begriffen einer Theorie, eines Modells oder einer Hypothese der Wahrheits- und Informationsgehalt erhöht werden. Die aufkommende Anhäufung von Definitionen neuer Begriffe ist keinesfalls mit Theorieentwicklung gleichzusetzen.

Häufig haben die für die wissenschaftliche Auseinandersetzung brauchbaren Begriffe im allgemeinen Sprachgebrauch nicht den Bedeutungsgehalt, der für die wissenschaftliche Verwendung zweckmäßig erscheint. Es werden daher „präzisierende und/oder einschränkende Definitionen" (*Kromrey* 2002, S. 114; 152) notwendig. Dabei sollte der Definition eine erste dimensionale Analyse des Gegenstandbereichs vorangehen. Dies kann durch Diagnose der relevanten Aspekte, die mit Begriffen bezeichnet werden, oder durch semantische Analyse der in der Hypothese zentralen Begriffe erfolgen. Wichtig sind die Abklärung und die intersubjektive Vermittlung der Wortbedeutung sowie die daran geknüpften Rahmenbedingungen und logischen Konsequenzen.

Ziel ist eine intersubjektive Abklärung durch Einschränkung und Präzisierung der zentralen Bedeutungsinhalte. Womit bereits ein wesentlicher Schritt der Forschungsplanung und -gestaltung angesprochen wird: die Operationalisierung. Dabei geht es um die regelgeleitete Verknüpfung von Begriffen. Wichtig ist dabei, zu berücksichtigen, dass Definitionen keine Verknüpfungen zwischen Zeichen und Sachverhalten darstellen. Definitionen und die Verwendung von Begriffen können nicht eindeutig aus Theorie oder Realität abgeleitet werden. Die entscheidenden Bedeutungsdimensionen müssen immer vom Forschenden entsprechend bestimmter Systematisierungsregeln ausverhandelt oder gesetzt werden, wie nachfolgende Abbildung veranschaulicht.

Abbildung 7: Definitionen und ihr Verhältnis zum Gegenstand

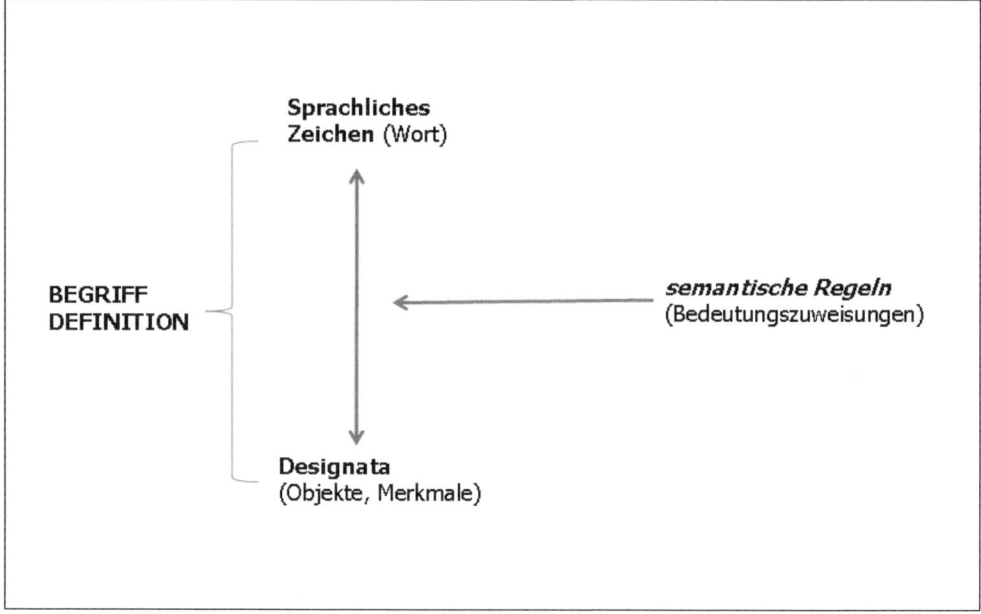

Quelle: *Kromrey* 2002, S. 150

1.5.2. Arten von Definitionen

Nominaldefinitionen stellen Worterklärungen dar. Sie gelten als die herkömmliche Form des Definierens. Die Nominaldefinition ist rein formal betrachtet eine tautologische Umformung. Der festzulegende Begriff ist inhaltlich ident mit dem benutzten Begriff. Es handelt sich daher um eine rein logische Relation zwischen Zeichen und Begriffen, nicht aber um einen empirischen Beziehungszusammenhang.

    Realdefinitionen müssen auch Wesenseigenheiten beinhalten und übernehmen die Funktion von Postulaten. Es handelt sich um Behauptungen über die Beschaffenheit eines Phänomens (vgl. *Mittelstraß* 2004, S. 440; *Kromrey* 2002, S. 163–166).

Beispiel

Nominaldefinition: Als gebildet wird verstanden werden, wer über die Schulreife hinaus über ein das Allgemeinwissen übersteigendes Wissen, einen guten Wortschatz und einen regen Wissensdurst verfügt.

Realdefinition: Das Besondere einer politischen Partei sind die folgenden Merkmale...

Beschäftigt sich eine Definition mit einer unendlichen und damit nicht eingrenzbaren Menge von Objekten, spricht man von einer **intensionalen Definition**. Bei einer Definition, die sich auf eine endliche Menge von Objekten bezieht, kann die Definition auch durch Aufzählung erfolgen. Es handelt sich dann um eine **extensionale Definition** (vgl. *Diekmann* 2005, S. 142).

Beispiel

Intensionale Definition: Zur Gruppe der jungen mündigen Rezipienten zählen alle Medienkonsumenten unter 19 Jahren, deren Fernsehverhalten durch die Lektüre des Fernsehmagazins mitbestimmt wird.

Extensionale Definition: Zur Gruppe der jungen mündigen Rezipienten zählen Schüler der Oberstufe ... (Hans Müller,...), die sich im Rahmen des Schulversuchs ... kritisch mit den Auswirkungen des Medienverhaltens auseinandergesetzt haben.

Wenn eine empirische Untersuchung durchgeführt werden soll, müssen die in der Hypothese befindlichen Begriffe operationalisiert werden. Bei der Übersetzungsarbeit von Begriffen in beobachtbare Ereignisse (Indikatoren) spricht man von einer **operationalen Definition** (vgl. *Opp* 2005, S. 122–131).

1.6. Modelle und Theorien

Die Verwendung der Begriffe Theorie und Modell erfolgt in den Sozial- und Wirtschaftswissenschaften uneinheitlich und bedingt dadurch viele Verständnisprobleme. Bei genauerem Hinsehen wird deutlich, dass im Zusammenhang mit empirischem Arbeiten Theorien unterschiedlichster Komplexität und Reichweite zum Einsatz kommen. Ebenso verhält es sich mit wissenschaftlichen Modellen. Bei der Einhaltung einiger Grundregeln kann nicht mehr von richtigen oder falschen Theorien und Modellen gesprochen werden, sondern ihre Brauchbarkeit ist zu klären.

1.6.1. Die Bedeutung von Theorie und Modell

Unter einer **Theorie** ist im weitesten Sinn eine Menge verknüpfter Aussagen zu verstehen, von welchen sich zumindest einige auf empirisch prüfbare Zusammenhänge zwischen Variablen beziehen. Sie besteht im engeren Sinn aus Grundannahmen, die Annahmen über Zusammenhänge ebenso beinhalten wie Definitionen der grundlegenden Begriffe. Diese Grundannahmen werden auch als Kern der Theorie oder auch „**interne Prinzipien**" bezeichnet, welche nicht empirisch prüfbar sein muss. Ferner beinhalten Theorien eine prüfbare Peripherie oder auch „**Brückenprinzipien**" (*Mittelstraß* 2004, S. 267): Aus den Grundannahmen abgeleitete Hypothesen und Regeln zur Messung der Variablen (vgl. *Diekmann* 2005, S. 122 f.).

In der empirischen Sozialforschung müssen Theorien sich auf empirisch überprüfbare Aussagen beschränken. Da diese Aussagen über singuläre Erscheinungen hinausgehen müssen (sonst wären es bloße Beschreibungen), sind sie von der Wirklichkeit abstrahierte Formulierungen. In letzter Konsequenz stellen Theorien immer Entscheidungen über die Bedeutung und Bedingungen von erfassbaren Erscheinungen der sozialen Wirklichkeit dar. Jede Theorie hat eine Entstehungsgeschichte und hängt mit Zurechnungen, Verfahren und Gewohnheiten in einem weit höheren Maße zusammen, als dies meist angenommen wird. Sie stellen daher keinesfalls Entitäten (Ausgangs- und/oder Endpunkte) dar, sondern sind durch den Forschungsprozess selbst Veränderungen ausgesetzt.

Demgegenüber kann es sich bei einem **Modell** um ein konkretes oder gedankliches Abbild oder um ein solches Vorbild für ein noch zu entwickelndes Gebilde handeln. Meist wird darunter das „Abbild einer definierten Ausgangsstruktur unter bestimmten

Gesichtspunkten" (*Kromrey* 2002, S. 204) verstanden. Dabei „tritt die Darstellung der objekthaften Bestandteile hinter der Darstellung ihrer relational-funktionalen Beziehungen (Struktur) zurück" (*Mittelstraß* 2004, S. 911). Es wird für einen vordefinierten Zweck, somit für bestimmte Frage- oder Problemstellungen, konzipiert und durch diese hinsichtlich seiner Brauchbarkeit geprägt.

Modelle können auch bei derselben Ausgangsstruktur unterschiedliche Informationen verarbeiten. Ein Modell kann daher weder wertneutral sein (es folgt einem bestimmten Zweck) noch muss das Modell mit dem Original in der Realität in allen Eigenschaften ident sein. Größtmögliche Ähnlichkeit zwischen Original und Modell ist kein Ziel der Modellbildung. Vielmehr gilt es, als relevant erachtete Eigenschaften und somit nur einen Ausschnitt der Realität festzuhalten und bewusst zu abstrahieren (vgl. *Opp* 2005, S. 92–105).

1.6.2. Arten von Theorien

Erklärung und Prognose sind Ziele der Aufstellung von Theorien. Die Differenzen betreffen vor allem Mittel, mit denen Ziele am besten erreicht werden können, unter anderem die Struktur von Theorien und das erforderliche Spektrum verschiedener Theorietypen. Hierbei zeigt sich besonders die zunehmende Differenzierung der Problemstellungen und Problembehandlungen.

Es ist wichtig, bei der Betrachtung der Grundstruktur von Theorien zwischen den internen Prinzipien und den Brückenprinzipien zu unterscheiden. **Interne Prinzipien** „(…) charakterisieren die Grundentitäten und -prozesse, die durch die Theorie angeführt werden, und die Gesetze, denen sie – wie vorausgesetzt wird – genügen" (*Mittelstraß* 2004, S. 267). **Brückenprinzipien** „(…) geben an, wie die durch die Theorie ins Auge gefassten Prozesse mit empirischen Phänomenen verknüpft sind, mit denen wir schon vertraut sind, und die die Theorien dann erklären, vorhersagen oder nachträglich bestätigen" (*Mittelstraß* 2004, S. 267). Diese Gesetze gelten nicht ohne Ausnahme und sind immer auf einen zu definierenden Anwendungsbereich beschränkt.

Jede Theorie verfügt über drei Grundfunktionen. Die **Hypothesenerzeugungsfunktion** besagt, dass jede Theorie einen unendlichen Hypothesen- bzw. Thesengenerator darstellt. Eine Theorie ist immer eine Quelle für ein potenziell unendliches Forschungsprogramm. Man spricht in diesem Zusammenhang auch von **Forschungserzeugungsfunktion**. Schließlich gibt es noch die **Datenerzeugungsfunktion**, die bedeutet, dass widerlegte Annahmen einen interessanten Zusammenhang darstellen können und eine Fülle an neuen Erkenntnissen liefern, die wiederum zu einer progressiven Theorienentwicklung führen können (vgl. *Atteslander* 2006, S. 23 f.).

Als weitere Besonderheit von Theorien ist die **Immunisierungsfunktion** zu nennen. Diese ergibt sich aus dem Umstand, dass keine noch so sorgfältige empirische Erhebung einer Theorie etwas anhaben kann – selbst wenn die Theorie ein Ammenmärchen darstellt. Das Einzige das hilft, ist eine andere Theorie. Dem entgegen können Tatsachen Theorien bestätigen oder widerlegen wie in vielen Fällen auch Theorien Tatsachen bestätigen oder widerlegen. Man spricht in diesem Zusammenhang von der **Tatsachenerzeugungs-** und **Tatsachenstabilisierungsfunktion** bzw. der **Tatsachen-Destruktionsfunktion** von Theorien.

Ferner gibt es bestimmte Kriterien, die von einer Theorie erfüllt werden müssen. Eine Theorie muss eine logische Form besitzen, die sie als empirische Theorie kennzeichnet. Da erfahrungswissenschaftliche Theorien Aussagen über die Wirklichkeit darstellen, müssen diese mit der Wirklichkeit konfrontiert werden, d.h. sie müssen empirisch überprüfbar sein. Darüber hinaus muss sich eine Theorie gegenüber bereits bestehenden Theorien auf neue Problemaspekte beziehen und diese (er-)klären (vgl. *Atteslander* 2006, S. 29).

Mit Orientierung an *König* lässt sich entsprechend dem Anstieg von Abstraktionsniveau und Komplexität eine Einteilung in vier Qualitäten von Theorien vornehmen (vgl. *König* 1973, S. 4, zitiert nach: *Atteslander* 2006, S. 29 f.), die in der folgenden Abbildung dargestellt werden.

Abbildung 8: Die Wertigkeit von Theorien

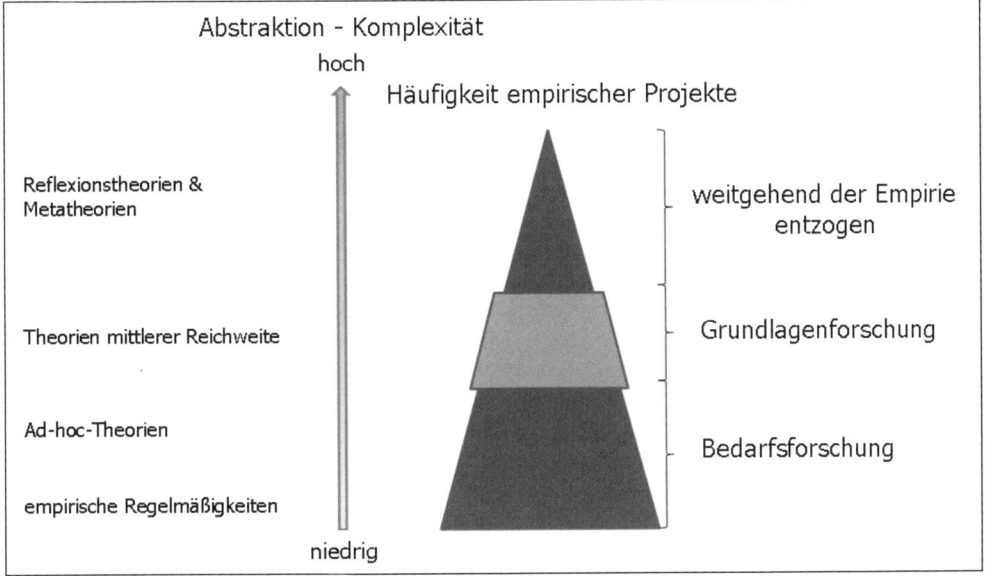

Quelle: vgl. *Atteslander* 2006, S. 30

Auf der untersten Ebene spricht man von einer „**Beobachtung empirischer Regelmäßigkeiten**". Diese ist meist nur eine beschreibende Darstellung von Erscheinungen, die eine theoretische Erklärung über das Entstehen von Regelmäßigkeiten vermissen lässt.

Den nächsten Komplexitätsschritt stellen „**Ad-hoc-Theorien**" dar. Diese erlauben eingeschränkte, zeit-räumliche Aussagen. Allgemein gültige Erkenntnisse sind daraus aber nicht ableitbar. Sowohl Beobachtungen empirischer Regelmäßigkeiten als auch Ad-hoc-Theorien finden in der Bedarfsforschung Anwendung. Erkenntnisse aus der Markt- und Meinungsforschung zählen beispielsweise dazu.

Eine Abstraktionsebene weiter spricht man von „**Theorien mittlerer Reichweite**". Sie zählen meist zur Grundlagenforschung und sind dementsprechend seltener als die bereits beschriebenen Theorienqualitäten. Hier geht es darum, mittels einer Theorie Verhaltensweisen, Handlungsabläufe und Arbeitsroutinen über eine Gruppe oder einen Betrieb hinaus zu erklären. Die überwiegende Anzahl der im Studium gelernten Basistheorien gehört hierzu.

Schließlich gibt es noch die Theorien von hoher Komplexität. Erkenntnistheorie und Wissenschaftstheorie stellen Theorien über Theorien dar und werden als **Metatheorien** bezeichnet. Ihr Abstraktionsniveau ist dementsprechend hoch und eine einfache Anwendung für gegenständliche Erklärungsmodelle mehr als fragwürdig. Sie werden eher im Sinne von **Reflexionstheorien** verstanden und finden in der anwendungsbezogenen Sozialforschung seltener Anwendung.

1.6.3. Arten von Modellen

Modellbildung beschreibt den Prozess des Abbildens von Ausschnitten der Realität, um diese verstehen und Schlüsse für die Zukunft zu ziehen. Da ein Modell einen Ausschnitt der Realität aus einer bestimmten Sicht darstellt, kann es damit immer auch die Wahrnehmung des Originals verändern. Die grundlegenden Zielsetzungen eines Modells sind die Beschreibung, Analyse oder Prognose eines Sachverhalts. Im Wesentlichen wird die Modellbildung durch drei Merkmale geprägt. Das **Abbildungsmerkmal** geht davon aus, dass jedes Modell eine Abbildung oder ein Vorbild der Realität darstellt. Jedes Modell ist eine Abstraktion der Realität (**Verkürzungsmerkmal**). Das **pragmatische Merkmal** besagt, dass jedes Modell im Hinblick auf einen bestimmten Verwendungszweck geschaffen wird (vgl. *Stachowiak* 1973).

In der Anwendung in der empirischen Sozialforschung finden in erster Linie Modelle zur Beschreibung von Gegenständen und/oder Prozessen eines realen Problembereichs Verwendung. Modellbildung ist ein iterativer Prozess und bedeutet auch immer ein Reflektieren über das Original (den Sachverhalt in der Realität) unabhängig, ob dieses bereits existiert oder erst zu schaffen ist. Schließlich ist Modellbildung immer auch ein Verstehens- und Konsensbildungsprozess, wie die Abbildung 9 veranschaulicht.

Abbildung 9: Der zirkuläre Prozess der Modellbildung

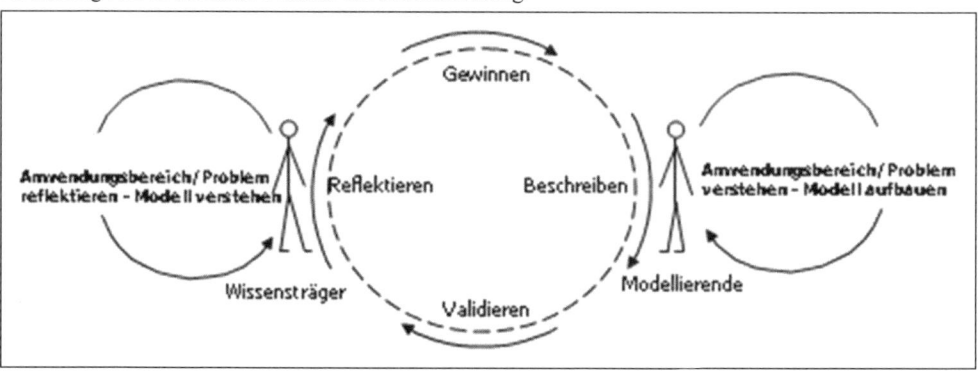

Quelle: *Gänz* 2003, S. 40

Wissensträger und Modellbildender sind letztlich Teil eines zirkulären Schöpfungsprozesses. Den Beginn desselbigen festzuschreiben, ist kaum befriedigend möglich. Die vom interessierenden Sachverhalt Betroffenen bzw. die späteren Anwender fungieren als Wissensträger. Sie sind in einen Reflexionsprozess eingebunden, in dem die Modellierer überlegen und zu verstehen versuchen, was modelliert werden soll oder was ein bereits existierendes Modell beinhaltet. Informationen über das Original werden in diesem Prozess der Auseinandersetzung von Wissensträgern und Modellierenden gewonnen. Die Modellierenden versuchen, die gewonnenen Informationen zu verstehen, zu ordnen, zu strukturieren, zu bewerten und letztlich mit geeigneten Mitteln zu beschreiben. Das daraus entstandene Modell, ob Zwischenergebnis oder fertiges Modell, wird den Wissensträgern vorgestellt bzw. mit dem Sachverhalt in der Realität konfrontiert (vgl. *Gänz* 2003, S. 40 f.).

Es gibt eine Vielzahl an Modellarten. Dies wird umso deutlicher, wenn man bedenkt, dass jedes Modell einen anderen Zweck erfüllt. Dabei ist die Perspektive von Forschendem (Modellbilder) und Anwendendem (Wissensträger) prägend, wie die Ausführungen gezeigt haben. Auch Modelle mit derselben Ausgangsstruktur verarbeiten und gewichten Informationen spezifisch und geben daher unterschiedliche Antworten. Das Ergebnis ist somit immer vom verwendeten Modell geprägt (vgl. *Kromrey* 2002, S. 205). So gibt es Funktions- und Prozessmodelle, Verhaltens- und Interaktionsmodelle, Prüf- und Anforderungsmodelle und Qualitätsmodelle. Im Wesentlichen ist zwischen mathematischen und deskriptiven Modellen zu unterscheiden.

Mathematische Modelle versuchen eine Klärung der Forschungshypothese durch den Einsatz von Formeln und Zahlen. Im Bereich der empirischen Sozialforschung finden mathematische Modelle im Zusammenhang mit quantitativer Methodenausrichtung besondere Bedeutung. So gibt es zahlreiche Modelle zur Messung der Beziehung zwischen Variablen. Die gesamte Statistik baut auf diesem Modellbegriff auf (vgl. *Diekmann* 2005, S. 122–128).

Deskriptive Modelle bauen auf der verbalen Beschreibung auf. Dabei geht es um die Zusammenführung typischer Muster, beispielsweise von Handlungsabläufen, die auf einen personalen Typ oder einen Organisationstyp angewendet werden. In der empirischen Sozialforschung findet diese Modellkonstruktion im Zusammenhang mit qualitativer Methodenausrichtung besondere Anwendung (vgl. *Schütz* 2004, S. 191).

1.6.4. Wechselspiel von Theorie und Praxis

Modelle und Theorien stellen Versuche der Welterfassung dar. Während Modelle als Ordnungs- und Verständigungshilfen dienen, erheben Theorien den Anspruch der Klärung der Realität. Keine Beschreibung kann den Sachverhalt der Realität in seiner gesamten Komplexität und Tragweite erfassen. Es muss immer eine bestimmte Perspektive eingenommen werden, mittels welcher ein Ausschnitt der Wirklichkeit umrissen werden kann. Durch den Einsatz von Theorien und Modellen entscheidet sich der Forschende für eine bestimmte Selektion. Um sicherzugehen, dass die angewendete Theorie das anzuwendende Modell ist, gilt es daher zu prüfen, ob diese hinsichtlich Anspruch und Zielsetzung auch den Notwendigkeiten des angestrebten Analyseobjekts entspricht und durch ihren Einsatz einen Mehrwert an Erkenntnis bringt.

Weiterführende und zitierte Literatur

Abercrombie, Nichola/Hill, Stephen/Turner, Bryan S. (2000): The Penguin dictionary of sociology. 4th ed., London.

Ameln, Falko von (2004): Konstruktivismus. Die Grundlagen systemischer Therapie, Beratung und Bildungsarbeit, Tübingen.

Atteslander, Peter (2006): Methoden der empirischen Sozialforschung, 11. neu bearbeitete und erweiterte Auflage, Berlin.

Atteslander, Peter (2008): Methoden der empirischen Sozialforschung, 12. Auflage, Berlin.

Balzert, Helmut/Schäffer, Christian/Schröder, Marion/Kern, Uwe (2008): Wissenschaftliches Arbeiten. Wissenschaft, Quellen, Artefakte, Organisation, Präsentation, Herdecke/Witten.

Bortz, Jürgen/Döring, Nicola (1995): Forschungsmethoden und Evaluation für Sozialwissenschaftler, 2. vollständig überarbeitete und aktualisierte Auflage, Berlin.

Bass, Frank M./Wind, Jerry (1995): Introduction to the Special Issue: Empirical Generalizations in Marketing, Marketing Science, Vol. 14, No. 3, Part 2/2, pp. G1–G5.

Diekmann, Andreas (2005): Empirische Sozialforschung, Grundlagen, Methoden, Anwendungen, 14. Auflage, Reinbek/Hamburg.

Diekmann, Andreas (2008): Empirische Sozialforschung. Grundlagen, Methoden, Anwendung, 19. Auflage, Reinbek/Hamburg.

Easterby-Smith, Mark/Thorpe, Richard/Jackson, Paul R. (2008): Management research, 3rd ed., Los Angeles.

Ebster, Claus/Stalzer, Lieselotte (2008): Wissenschaftliches Arbeiten für Wirtschafts- und Sozialwissenschaften, 3. überarbeitete Auflage, Wien.

Fisher, Colin (2004): Researching and writing a dissertation for business students, Harlow.

Friedrichs, Jürgen (1990): Methoden empirischer Sozialforschung, 14. Auflage, Opladen.

König, René (1973): Handbuch der empirischen Sozialforschung. Grundlegende Methoden und Techniken empirischer Sozialforschung. Erster Teil, Band 2, 3. Auflage, Stuttgart, zitiert nach *Atteslander, Peter* (2006): Methoden der empirischen Sozialforschung, 11. Auflage, Berlin.

Kornmeier, Martin (2007): Wissenschaftstheorie und wissenschaftliches Arbeiten. Eine Einführung für Wirtschaftswissenschaftler, Heidelberg.

Kromrey, Helmut (2002): Empirische Sozialforschung, 10. Auflage, Opladen.

Kruse, Otto (2007): Keine Angst vor dem leeren Blatt – Ohne Schreibblockaden durchs Studium, 12. völlig neue bearbeitete Auflage, Frankfurt/New York.

Kunzmann, Peter/Burkard, Franz-Peter/Wiedmann, Franz/Weiss, Axel (2003): dtv-Atlas Philosophie, 11. durchgeschaute und korrigierte Auflage, München.

Lamnek, Siegfried (2005): Qualitative Sozialforschung, 4. Auflage, Weinheim/Basel.

Lingnau, Volker (1995): Kritischer Rationalismus und Betriebswirtschaftslehre. In: Wirtschaftswissenschaftliches Studium. Zeitschrift für Ausbildung und Hochschulkontakt, 24. Jg., Nr. 3, S. 124–129.

Mittelstraß, Jürgen (Hrsg. 2004): Enzyklopädie, Philosophie und Wissenschaftstheorie, Stuttgart.

Mugler, Josef (2008): Sichtweisen (in) der Betriebswirtschaftslehre – Wissenschaft aus der Perspektive der Betriebswirtschaftslehre. In: *Rößl, Dietmar* (Hrsg.): Die Diplomarbeit in der Betriebswirtschaftslehre, 4. Auflage, Wien, S. 19–55.

Opp, Karl-Dieter (2005): Methodologie der Sozialwissenschaften, Einführung in Probleme ihrer Theorienbildung und praktischen Anwendungen, 6. Auflage, Wiesbaden.

Popper, Karl Raimund (1994): Logik der Forschung, 10. Auflage, Tübingen.

Raffée, Hans (1974): Grundprobleme der Betriebswirtschaftslehre, Göttingen.

Rieder, Karl (2002): Wissenschaftliches Arbeiten – Eine Einführung, Wien.

Schütz, Alfred (2004): Common-Sense und wissenschaftliche Interpretation menschlichen Handelns, In: *Stübinger, Jörg/Schnettler, Berndt* (Hrsg.): Methodologie interpretativer Sozialforschung, Klassische Grundlagentexte, Konstanz, S. 155–200.

Schülein, Johann August/Reitze, Simon (2005): Wissenschaftstheorie für Einsteiger, 2. Auflage, Wien.

Spoun, Sascha/Domnik, Battiste Dominik (2004): Erfolgreich studieren – Ein Handbuch für Wirtschafts- und Sozialwissenschaftler, München.

Stachowiak, Herbert (1973): Allgemeine Modelltheorie, Wien.

Staehle, Wolfgang (1999): Management, 8. Auflage, München.

Stary, Joachim/Kretschmer, Horst (2004): Umgang mit wissenschaftlicher Literatur. Eine Arbeitshilfe für das sozial- und geisteswissenschaftliche Studium, 3. Auflage, Berlin.

Wöhe, Günte/Döring, Ulrich (2008): Einführung in die Allgemeine Betriebswirtschaftslehre, 23. Auflage, München.

o.V. (2006): Geschäftsbericht 2006 der Schoeller-Bleckmann Oilfield Equipment AG.

http://www.ksv.at/KSV/1870/de/5presse/3statistiken/1insolvenzen/2008.03/Insolvenz; Zugriff 28.5.2008

2. Kapitel: Arten und Bewertungskriterien von wissenschaftlichen Arbeiten

Bernhard Kozljanic, Georg Pejrimovsky, Wolfgang Wagner

Lernziele

- Sie kennen die wesentlichen Arten von wissenschaftlichen Arbeiten und sind in der Lage, Ihre Arbeit den unterschiedlichen Ansprüchen entsprechend zu erstellen.
- Sie kennen die Anforderungen und Bewertungskriterien von wissenschaftlichen Arbeiten und sind in der Lage, diese für Ihre Arbeit anzuwenden.

2. Arten und Bewertungskriterien von wissenschaftlichen Arbeiten

2.1. Arten von wissenschaftlichen Arbeiten

Während eines Hochschulstudiums sind neben den Prüfungen auch schriftliche Leistungen in Form von wissenschaftlichen Arbeiten zu erbringen. Das Erstellen von wissenschaftlichen Arbeiten gehört zum grundlegenden Handwerkszeug eines Hochschulabsolventen (vgl. *Stickel-Wolf* 2002, S. 79; *Balzert et al.* 2008, S. 157). Die erworbenen Fähigkeiten des wissenschaftlichen Arbeitens lassen sich in der späteren beruflichen Praxis vielseitig anwenden. Die Anforderungen an wissenschaftliche Arbeiten hinsichtlich Inhalt, Aufbau und Umfang sowie wissenschaftlicher Vorgangsweise hängen vom Anspruchsniveau ab. Allen Arbeiten ist jedoch gemeinsam, dass es sich dabei um systematisch gegliederte Ausarbeitungen handelt, welche mit den gleichen wissenschaftlichen Techniken und formalen Vorgangsweisen bearbeitet sowie nach den (fast) gleichen Qualitätskriterien bewertet werden. Man kann prinzipiell zwischen Seminararbeit, Bachelor- und Masterarbeit, Dissertation und weiterführende wissenschaftliche Arbeiten unterscheiden.

2.1.1. Seminararbeit

Seminararbeiten stellen die Einstiegsstufe in das wissenschaftliche Arbeiten dar und dienen zum Erlernen der wissenschaftlichen Grundtechniken sowie als Vorbereitung auf die im weiteren Verlauf abzufassenden Bachelor- und Masterarbeiten. Anders als bei Lehrveranstaltungen stehen Studierende während eines Seminars vor der Herausforderung, eine vorgegebene Themenstellung selbständig zu bearbeiten. Der Seitenumfang und der wissenschaftliche Anspruch einer Seminararbeit variieren stark, wobei der Textteil zumeist 15 bis 30 Seiten umfasst. Die Benotung der Arbeit bildet zugleich auch die Basis für die Benotung der Lehrveranstaltung.

2.1.2. Bachelorarbeit und Masterarbeit

Bei **Bachelorarbeiten** sind die Anforderungen betreffend Anzahl, Zeitpunkt, Umfang und Anspruchsniveau im europäischen Vergleich unterschiedlich, während sich bei Masterarbeiten ein allgemein gültiger Standard etabliert hat und der Charakter als Abschlussarbeit und damit als schriftlicher Teil der Abschlussprüfung im Vordergrund steht. Das Anspruchsniveau und die Anforderungen an eine **Masterarbeit** sind derzeit hochschulweit noch nicht einheitlich geregelt. Am ehesten sind diese nach Ansicht vieler Hochschulen mit einer Diplomarbeit zu vergleichen.

2.1.3. Dissertation

Anders als bei den zuvor genannten Bachelor- und Masterarbeiten, welche die Grundlage für den Abschluss eines theorie- und praxisbezogenen Studiums und damit zugleich einer beruflichen Qualifikation nachweisen, stellt eine **Dissertation** den ersten Schritt einer wissenschaftlichen Laufbahn dar und bildet zugleich mit dem Rigorosum die Voraussetzung für die Promotion. Von einer Dissertation werden neue, originäre und substanzielle wissenschaftliche Erkenntnisse erwartet, welche eigenständig zu erarbeiten sind (vgl. *Balzert et al.* 2008, S. 167).

2.1.4. Weiterführende wissenschaftliche Arbeiten

Die Fortführung einer wissenschaftlichen Laufbahn setzt unabdingbar die Fortführung der wissenschaftlichen Publikationstätigkeit voraus. Das Spektrum der Arbeiten reicht in diesem Fall von Konferenzbeiträgen und Posterpräsentationen über die Publikation von Artikeln in facheinschlägigen wissenschaftlichen Zeitschriften bis hin zur Verfassung einer Habilitationsschrift, welche zugleich die Grundlage für die Verleihung einer Lehrbefugnis darstellt (vgl. *Brauner* 2007, S. 23).

2.2. Bachelorarbeit – Erster Schritt zur Entwicklung wissenschaftlicher Fähigkeiten und Kompetenzen

2.2.1. Gestaltungsmöglichkeiten von Bachelorarbeiten

Die **Bachelorarbeit** stellt in der Studienlandschaft eine neue Art von wissenschaftlichem Arbeiten dar, welche mit der Umstellung auf das Bachelor-Mastersystem eingeführt wurde. Die positive Approbation der Bachelorarbeit ist für den Abschluss eines Bachelorstudiums erforderlich.

Im Zuge eines Bachelorstudiums sind ein bis zwei Bachelorarbeiten von den Studierenden zu verfassen. Der Erstellungszeitraum liegt meist in den späteren Semestern.

Wenn zwei Bachelorarbeiten geschrieben werden müssen, ist es oft üblich, dass die erste Bachelorarbeit in Form einer Literaturarbeit erstellt wird. Dabei stehen die Auseinandersetzung und die vergleichende Diskussion mit der bestehenden Literatur zu einem bestimmten Thema im Vordergrund. Die Aufgabe ist, unterschiedliche Sichtweisen darzulegen und mögliche Forschungsfelder aufzudecken (vgl. *Rößl* 2008, S. 85). Die zweite Bachelorarbeit wird meist um einen empirischen Teil erweitert, in dem eigene Erhebungen durchgeführt werden.

Die Themen für die Bachelorarbeiten werden entweder von der Hochschule in Form von Themenlisten vorgegeben oder durch die Studierenden selbst vorgeschlagen. Dabei ist darauf zu achten, dass das Thema einen Bezug zum Forschungsschwerpunkt herstellt.

Der Umfang der ersten Bachelorarbeit beträgt bis ca. 30 Seiten und die zweite Bachelorarbeit umfasst zwischen 30 und 60 Seiten.

2.2.2. Anforderungen und Bewertungskriterien an Bachelorarbeiten

Im Zuge der Bachelorarbeit sollen sich Studierende selbständig unter Anwendung von wissenschaftlichen Arbeitsweisen mit einem Thema kritisch und fundiert auseinandersetzen. Diese Arbeitsweisen sind weit gefasst und subsumieren die verschiedene Aspekte wie korrektes Zitieren, formal angemessenes Gestalten der Arbeit, das Heranziehen von geeigneter Literatur, eine nachvollziehbare Argumentation oder bei empirischen Arbeiten die richtige Anwendung von Erhebungsmethoden und die Analyse der Forschungsergebnisse. Im Vordergrund stehen somit das Erlernen von Selbständigkeit, Reflexionsfähigkeit und wissenschaftlichem Schreiben und Argumentieren. Auch der logische Aufbau der Arbeit und die Strukturierung der Arbeit sind maßgebliche Anforderungskriterien der Bachelorarbeit. Die Anforderung, neues Wissen zu genieren, wie diese in Ansätzen bei der Masterarbeit besteht, tritt bei den Bachelorarbeiten in den Hintergrund.

Die Bewertungskriterien werden häufig von den Hochschulen in Form von Checklisten erstellt, wobei für jedes Kriterium eine gewisse Anzahl von Punkten erreichbar ist. In Abbildung 10 wird eine überblicksmäßige Liste an Bewertungskriterien vorgestellt, die keinen Anspruch auf Vollständigkeit und Akzeptanz erhebt.

Abbildung 10: Bewertungskriterien von Bachelorarbeiten

Problemstellung
Klarheit und Abgrenzung der Problemstellung
Klarheit der Zielsetzung
Klar formulierte Forschungsfrage
Logischer Aufbau und Gliederung
Ist die Gliederung sinnvoll und nachvollziehbar?
Dienen die Abschnitte und Aussagen der Beantwortung der Forschungsfrage?
Bauen die Aussagen aufeinander auf?
Sind alle Aussagen und Erkenntnisse aus der Arbeit ableitbar?
Werden die erarbeiteten Grundlagen und Begriffe durchgängig in der Arbeit verwendet?
Sind alle Teile der Arbeit sinnvoll in den Argumentationsgang eingebunden?
Ist das Verhältnis der einzelnen Abschnitte zueinander sinnvoll?
Literatur
Ist die Qualität der Literatur entsprechend (Aktualität der Literatur, Verwendung von wissenschaftlichen Fachzeitschriften, Vermeidung von Praktikerliteratur, Vermeidung von Internetquellen, ...)?
Ist die Quantität der verwendeten Literatur entsprechend?
Erfolgt eine kritische Auseinandersetzung bzw. ein Dialog mit der Literatur (keine unreflektierte Aneinanderreihung von einzelnen Zitaten)?
Methodik und Vorgehensweise
Wird die Art der Vorgehensweise begründet?
Erfolgt eine ausführliche Darstellung der verwendeten Forschungsmethoden?
Ist die Methode zur Beantwortung der Forschungsfrage sinnvoll?
Ergebnisse
Analyse, Darstellung und Interpretation der Ergebnisse
Grad der Zielerreichung (inwieweit konnte die Forschungsfrage beantwortet werden)
Aussagekraft der Schlussfolgerungen und Empfehlungen
Formale Korrektheit
Einhaltung der Zitiervorschriften
Durchgängiges und leserfreundliches Layout bzw. Einhaltung eines vorgegebenen Layouts
Sind alle Bestandteile einer wissenschaftlichen Arbeit vorhanden?
Sprachliche Gestaltung (sind die Formulierungen präzise und aussagekräftig; werden keine unbegründeten Behauptungen aufgestellt; wird keine „Alltagssprache" verwendet, sondern eine einer wissenschaftlichen Arbeit entsprechende Sprache, ...)

Quelle: Eigene Darstellung

2.3. Masterarbeit – Zweiter Schritt zur Entwicklung wissenschaftlicher Fähigkeiten und Kompetenzen

2.3.1. Gestaltungsmöglichkeiten von Masterarbeiten

Die **Masterarbeit**[7] ist der zweite Schritt in der wissenschaftlichen Laufbahn; sie hat die Diplomarbeit als höchsten Abschluss vor der Promotion abgelöst. Die Anforderungen an eine Masterarbeit sind höher als die der Bachelorarbeit. Im Vergleich zur Dissertation wird aber noch keine „hochstehende originäre wissenschaftliche Eigenleistung gefordert" (*Karmasin/Ribing* 2002, S. 11). In einer Masterarbeit werden in der Regel der aktuelle Stand der Forschung wiedergegeben und kleinere Beiträge zur wissenschaftlichen Erkenntnis geliefert (vgl. *Balzert et al.* 2008, S. 167). Dieser Beitrag kann etwa in der Durchführung einer eigenen empirischen Untersuchung oder in der Ableitung neuer Erkenntnisse und Überlegungen auf Basis der Fachliteratur liegen. Die Forschungsfrage bestimmt wesentlich die Ausgestaltung und den Typ der Masterarbeit.

In Anlehnung an *Rößl* (vgl. 2008, S. 74–78) sollen mögliche Typen einer Masterarbeit aufgezeigt werden, die jeweils ein einzelnes Modul oder mehrere Module des klassischen dreiteiligen Forschungsprozesses bearbeiten. Dieser forschungslogische Ablauf empirischer Untersuchungen zeigt einen Entdeckungszusammenhang, einen Begründungszusammenhang und einen Verwertungszusammenhang (vgl. hierzu und zum Folgenden *Friedrichs* 1985, S. 50–55)[8]. Diese drei Zusammenhänge sind als eine Einheit zu betrachten, in der es auch zu Rückkoppelungen kommen kann. Dennoch muss eine Masterarbeit – auch angesichts der Zeitbeschränkungen – stärker auf einzelne Module fokussieren und „klar definieren, welche Module überhaupt angesprochen werden sollen" (*Rößl* 2008, S. 76).

In der folgenden Abbildung werden verschiedene Typen der Masterarbeit in Abhängigkeit der Phasen des Forschungsprozesses dargestellt.

---

[7] An österreichischen Hochschulen werden Masterarbeiten auch Diplomarbeiten genannt.
[8] Siehe dazu Kapitel 1.2.4.

Abbildung 11: Typen der Masterarbeit

3 Phasen des Forschungsprozesses	Module des Forschungsprozesses	Mögliche Typen der Masterarbeit - Fokus auf ... ☑								
		Explorative Vorarbeiten	Thesen- bzw. Hypothesengenerierung	Überprüfung von Aussagen	Generierung von Handlungsempfehlungen					Überprüfung von Handlungsempfehlungen
Entdeckungszusammenhang	Vorarbeiten zur Hypothesengenerierung	☑	☑	☑		☑				
	Thesengenerierung		☑		☑		☑			
	Hypothesengenerierung			☑		☑		☑		
Begründungszusammenhang	Überprüfung von Thesen				☑				☑	
	Plausibilitätsprüfung von Hypothesen					☑			☑	
Verwertungszusammenhang	Formulierung von pragmatisch-normativen Aussagen				☑	☑	☑	☑	☑	☑
	Überprüfung der pragmatisch-normativen Aussagen									☑

Quelle: In Anlehnung an *Rößl* 2008, S. 76–78

Zur Erläuterung der Abbildung werden exemplarisch zwei Typen hervorgehoben: die Überprüfung von Aussagen und die Generierung von Handlungsempfehlungen. Will die Masterarbeit etwa Aussagen oder Thesen überprüfen, muss zuerst das Modul „Thesengenerierung" durchgeführt werden, danach das Modul „Überprüfung von Thesen".

Im Beispiel zur Generierung von Handlungsempfehlungen werden die beiden Module „Hypothesengenerierung" und „Formulierung von pragmatisch-normativen Aussagen" bearbeitet. Es sind auch umfangreichere Modulabfolgen möglich. So kann im bereits erwähnten rechten Beispiel das Modul „Plausibilitätsprüfung von Hypothesen" zusätzlich eingefügt werden (vgl. *Rößl* 2008, S. 76).

2.3.2. Anforderungen und Bewertungskriterien an Masterarbeiten

In die Beurteilung von wissenschaftlichen Masterarbeiten fließen unterschiedliche Aspekte ein, die im folgenden Kriterienkatalog den Hauptkriterien „Problemdefinition", „Konzeption", „Inhalt" und „Formale Kriterien" zugeordnet sind.

Diese Bewertungskriterien sind als Anregung zu verstehen und bieten Anhaltspunkte, worauf bei der Beurteilung Wert gelegt werden kann. Sie erheben keinen Anspruch auf Vollständigkeit und allgemeine Gültigkeit.

Abbildung 12: Anforderungen an Bewertungskriterien von Masterarbeiten

Problemstellung
1. Relevanz und Innovationsgehalt
2. Praxisnutzen
3. Klarheit der Formulierung der Forschungsfrage, Bearbeitbarkeit und Beantwortbarkeit der Forschungsfrage(-n), Schlüssigkeit der Formulierung und Ableitung von Unterfragen
4. Aussagekraft des Titels (Prägnanz, „Versprechen", nicht identisch mit der Forschungsfrage, kein Fragezeichen)

Konzeption
5. Anbindung an relevante Bezugstheorien
6. Ableitung der Hypothesen (bei quantitativer Forschung) bzw. Grundannahmen (bei qualitativer Forschung)
7. Wahl eines adäquaten Forschungsdesigns (im Hinblick auf die Forschungsfrage[-n])
8. Aufbau der Arbeit (schlüssige Kapitelabfolge, „sprechendes" Inhaltsverzeichnis, …)

Inhalt (Umsetzung/Durchführung)
9. Qualität der Literaturverarbeitung
umfassend in Bezug auf die Bezugs-Theorien (Faustregel: circa 60 Quellen bei empirischer Arbeit; ›100 Quellen bei Theoriearbeit)
aktuelle und internationale Literatur (Faustregel: 50 bis 70 Prozent nicht älter als 5 Jahre; englische Literatur; Fachzeitschriften)
Qualität der Literatur (wissenschaftliche Literatur; keine populärwissenschaftlichen Werke; nicht „Wikipedia", Primär-Quellen [Skripten nicht geeignet, Sekundärzitate nur in Ausnahmefällen], Aufwärtsregel, Veröffentlichungen von Firmen nur, wenn es Forschungsfrage erfordert, …)
Integration verschiedener Quellen (passende und abwechslungsreiche Verwendung vieler Quellen vs. Bezug auf eine Quelle über mehrere Seiten)
Kritische Auseinandersetzung mit Literatur (Vergleich, Bewertung, eigene Stellungnahme, …)
10. Qualität der Umsetzung des Forschungsdesigns
Orientierung an den Hypothesen (quantitative Forschung) bzw. an den Grundannahmen (qualitative Forschung)
adäquate Gestaltung von „Sampling", Erhebungsinstrument sowie Erhebungssituation
Qualität der Auswertung
Hypothesenüberprüfung (quantitative Forschung) bzw. Generierung weiterführender Fragestellungen und Hypothesen (qualitative Forschung)
Dokumentation des Ablaufs
11. Verknüpfung: Theorie und Empirie
Rückkoppelung der Empirie an Theorie
adäquate Gewichtung Theorie/Empirie in der Darstellung
12. Qualität der Interpretation der Ergebnisse
Beantwortung von Forschungsfrage und Sub-Forschungsfragen
Interpretation der Ergebnisse (in Bezug auf Hypothesen/Grundannahmen sowie breiterem Relevanzrahmen)
Zusammenfassung und Ausblick auf weitere Forschung

Formale Kriterien
13. Sprache
Schlüssigkeit (Logik) der Argumentation
eindeutige Begriffsverwendung (Definition der Begriffe im Titel, Hypothesen und Forschungsfrage[-n]; durchgängige Verwendung)
keine nicht begründeten Werturteile, keine spekulativen Aussagen
keine unnötigen Wiederholungen
sprachlich korrekt (keine Grammatik-, Rechtschreib- und Tippfehler, sprachliche Richtigkeit, ...)
14. Richtiges Zitieren (einheitlich und mit allen wesentlichen Angaben für gesamte Arbeit)
entweder im Fließtext mit Kurzbelegen in Klammern oder mit Fußnoten und Kurzbeleg
Unterscheidung „wörtliches Zitat" (Anführungszeichen, aber ohne „vgl.") vs. sinngemäßes Zitat (vgl.)
alle erforderlichen Quellenangaben, diese auch an der richtigen Stelle
15. Kein Plagiat[9]
16. Formale Gestaltung einheitlich
Schriftgröße, Art, Seitenränder, Überschriften, ...
Gliederung
• konsequente Gliederungsklassifikation
• wenn Untergliederung, dann mindestens 2 Unterpunkte
• vollständige Untergliederung
• richtige Zuordnung von Ober- und Unterpunkten
• ausgewogene Gliederungstiefe
17. Verzeichnisse
Vorhanden
• Inhaltsverzeichnis
• Abbildungs-/Tabellenverzeichnis
• ev. Abkürzungsverzeichnis
• Literatur- und Quellenverzeichnis
• ev. Anhang
• ev. Glossar
Anhang enthält adäquate Dokumente
• Fragebogen,
• Auswertungstabellen, ...
Transkripte eventuell extra gebunden (Anonymitätssicherung)
Literatur- und Quellenverzeichnis
• vollständige Quellenangaben
• nur Quellen, auf die im Fließtext verwiesen wurde
• Einhaltung der Formvorschriften

Quelle: Eigene Darstellung

---

[9]   Siehe dazu Kapitel 8.3.

Tipp

Maßgeblich sind die von der jeweiligen Hochschule vorgegebenen Bewertungskriterien. Diese sollten vor Beginn der Arbeit unbedingt gelesen werden.

Weiterführende und zitierte Literatur

Bänsch, Axel (2008): Wissenschaftliches Arbeiten, 9. Auflage, München.

Balzert, Helmut/Schäfer, Christian/Schröder, Marion/Kern, Uwe (2008): Wissenschaftliches Arbeiten – Wissenschaft, Quellen, Artefakte, Organisation, Präsentation, Herdecke/Witten.

Brauner, Detlef Jürgen/Vollmer, Hans-Ulrich (2007): Erfolgreiches wissenschaftliches Arbeiten – Seminararbeit, Bachelor-/Masterarbeit (Diplomarbeit), Doktorarbeit, 3. Auflage, Sternenfels.

Esselborn-Krumbiegel, Helga (2004): Von der Idee zum Text – Eine Anleitung zum wissenschaftlichen Schreiben, 2. Auflage, Paderborn.

Faller, Peter (1995): Hinweise zur Anfertigung wissenschaftlicher Arbeiten – Dissertation, Diplomarbeit, Seminararbeit, Wien.

Friedrichs, Jürgen (1985): Methoden empirischer Sozialforschung, 13. Auflage, Opladen.

Karmasin, Matthias/Ribing, Rainer (2002): Die Gestaltung wissenschaftlicher Arbeiten, 3. Auflage, Wien.

Rößl, Dietmar (2008): Was ist eine wissenschaftliche Arbeit?, In: *Rößl, Dietmar* (Hrsg.): Die Diplomarbeit in der Betriebswirtschaftslehre – Ein Leitfaden, 4. Auflage, Wien, S. 59–81.

Stickel-Wolf, Christine/Wolf, Joachim (2005): Wissenschaftliches Arbeiten und Lerntechniken, 3. Auflage, Wiesbaden.

Theisen, Manuel (1997): Wissenschaftliches Arbeiten, 8. Auflage, München.

3. Kapitel: Entstehungsprozess einer wissenschaftlichen Arbeit

Priska Bobolik, Helmut Siller, Martin Pittner

Lernziele

- Sie kennen die Phasen des Entstehungsprozesses einer wissenschaftlichen Arbeit und können Ihre Arbeit entsprechend zeitlich einordnen und mit den Herausforderungen und Aufgabenstellungen in der jeweiligen Phase umgehen.

- Sie kennen Methoden, um eigenständig ein Thema für Ihre Arbeit zu finden und diese zu strukturieren.

3. Entstehungsprozess einer wissenschaftlichen Arbeit

Der Entstehungsprozess einer wissenschaftlichen Arbeit kann in Abhängigkeit von der Art der Arbeit und dem persönlichen Anspruch zeitlich sehr stark differieren. Die jeweiligen Bearbeitungsphasen und deren Reihenfolge sind jedoch weitgehend unabhängig davon. Der Entstehungsprozess einer wissenschaftlichen Arbeit umfasst in Anlehnung an den Prozess der empirischen Forschung die Phasen der Themensuche, der Themeneingrenzung- und -bewertung und -formulierung, der Konzeption und Bearbeitung, der Untersuchungsplanung, der Datenerhebung und Datenauswertung und der Korrektur und Begutachtung.

3.1. Phase der Themensuche

Die Entstehung einer wissenschaftlichen Arbeit beginnt mit der Themensuche. *Rößl* (vgl. 2008, S. 45–48) nennt diese Phase auch Vorselektionsphase, da hier die Auswahl der Forschungsfragestellungen erfolgt. Die Phase der Themensuche ist geprägt von verschiedenen Entscheidungen. Zuerst muss entschieden werden, ob die eigenständige Themensuche (Selbstwahl) oder die Übernahme eines vorgegebenen Themas (Fremdwahl) sinnvoll ist.

3.1.1. Selbstwahl und Fremdwahl

Die **selbständige Wahl** des Themas ist in den Sozial- und Wirtschaftswissenschaften üblich. Bei der Selbstwahl empfiehlt sich zuerst eine umfassende Analyse der eigenen Interessen, Motive, Ressourcen und Rahmenbedingungen, bevor Kreativitätstechniken zur genauen Themenfeststellung angewendet werden.

Eine gute Grundvoraussetzung für das erfolgreiche Gelingen einer wissenschaftlichen Arbeit ist **persönliches Interesse**. Denn je länger die Bearbeitungsphase der wissenschaftlichen Arbeit dauert, desto wichtiger ist das eigene Interesse am Forschungsthema. Das Durchhalten bei Durststrecken gelingt bei einem ausgeprägten Interesse am Thema wesentlich leichter. Die persönlichen inhaltlichen Interessenfelder müssen daher vorab bekannt sein.

Viele Studierende wählen ein Thema auf Grund von **persönlichen Motiven** aus. Das zukünftige berufliche Ziel steht daher oftmals bei der Themensuche im Vordergrund.

Bei der eigenständigen Themensuche können auch **Vorlieben für bestimmte Forschungsgegenstände und Forschungsfelder** unterstützend wirken. Der Forschungsgegenstand kann abstrakt (wie zum Beispiel Material- oder Zahlungsflüsse, Netzwerke von Organisationen etc.) sein oder sich auf bestimmte Personen und Personengruppen (Nachwuchsführungskräfte, Sozialarbeiter, bestimmte Klein- und Mittelunternehmen etc.) beziehen. Auch bei den Forschungsfeldern kann es ausgeprägte Vorlieben geben, die das Interesse erhalten und die Motivation fördern (Soziales, Gesundheit, Nonprofit-Sektor, multinationale Konzerne etc.).

Eigene **fachliche Kenntnisse und Ressourcen** stellen bei Suche nach einem eigenen Forschungsthema einen guten Ausgangspunkt dar. Interessante Themenbereiche während des Studiums, persönliche Stärken (Mathematik, Statistik, Sprache) sowie Vorkenntnisse und Vorarbeiten zu einem bestimmten Themenbereich bieten verschiedene

Möglichkeiten zur Themengenerierung. Darüber hinaus können **unterstützende Ressourcen**, wie beispielsweise persönliche Kontakte zu Experten oder der persönliche Zugang zum Forschungsfeld, den Ansatzpunkt für die Themensuche bilden.

Der **Betreuer** ist ein wichtiger Aspekt, der bei der Themensuche berücksichtigt werden muss. Dieser hat einen wesentlichen Einfluss auf die Suche und Gestaltung des Forschungsthemas sowie die zeitliche Planung der Arbeit. Im Zusammenhang mit der Betreuersuche ist zu überlegen, ob der Betreuer fachlich kompetent ist und welchen Bezug dieser zu den präferierten Forschungsthemen hat. Die Forschungsschwerpunkte (Lehrveranstaltungen, Publikationslisten, abgeschlossene oder laufende Forschungs- und Entwicklungsprojekte, Konferenzbeiträge etc.) des Betreuers bieten gute Anknüpfungspunkte für die Betreuerauswahl.

Schlussendlich sind die **Vorgaben der Hochschule** bei der Themensuche zu bedenken. Definierte Forschungsfelder, Präferenzen für Grundlagenforschung oder Angewandte Forschung sowie die Art der wissenschaftlichen Arbeit bestimmen gleichermaßen die Themensuche.

Sollten die beschriebenen Möglichkeiten zur Themensuche zu keinem Ergebnis führen, kann man sich auf ein ausgeschriebenes Thema melden. An vielen Hochschulen ist es üblich, dass die Studierenden die Themen ihrer wissenschaftlichen Abschlussarbeiten aus vorgegebenen Themenlisten auswählen können oder müssen. Man spricht in diesem Zusammenhang auch von **Fremdwahl**. Es empfiehlt sich, aus der Liste von vorgegebenen Themen nach eigenem Interesse zu wählen und die Leitfragen zur Selbstwahl anzuwenden.

Sowohl die Fremdwahl als auch die Selbstwahl sind mit verschiedenen Vor- und Nachteilen verbunden. Für die Fremdwahl sprechen die bessere fachliche Betreuung sowie die schnellere Einarbeitung in das Forschungsthema. Die Selbstwahl hingegen ermöglicht mehr Freiraum für Kreativität und Eigenleistung. Dies führt zu einer höheren Identifikation mit dem Forschungsthema, was wiederum eine höhere Motivation bedingt. Bei der Selbstwahl ist auf Grund von inhaltlichen Abklärungen und Anpassungen von einem größeren Zeitaufwand als bei der Fremdwahl auszugehen.

Bei der Form der Themenwahl ist die Persönlichkeit zu beachten. Wer ein strukturierter Typ ist, der gern nach Vorgaben arbeitet, sollte sich auf ein ausgeschriebenes Thema melden. Ein kreativer Typ hingegen, der über ausreichend Selbstantrieb verfügt und freies Arbeiten schätzt, sollte sich selbst ein Thema suchen.

Tipp

Die folgenden Fragen sind bei der Themensuche hilfreich:

- Welche persönlichen Interessengebiete liegen vor?
- Wie lauten die persönlichen Motive?
- Welche Vorlieben für bestimmte Forschungsfelder und Forschungsgegenstände liegen vor?
- Wo liegen die eigenen fachlichen Ressourcen?
- Gibt es unterstützende Ressourcen?
- Welcher Betreuer ist verfügbar?
- Welche Vorgaben liegen seitens der Hochschule vor?

Darüber hinaus finden sich Anregungen für Forschungsthemen in:

- Fachvorträge und Kongressvorträge
- Referate und Seminararbeiten
- Besuchte Lehrveranstaltungen
- Erfahrungen aus Praxissemestern oder eigener Berufstätigkeit
- Aktuelle Fernsehdiskussionen
- Praxisorientierte Fachzeitschriften
- Wissenschaftliche Zeitschriften
- Programme von aktuellen Fachtagungen
- Forschungsstrategien und -felder von Universitäts- oder Fachhochschulinstituten oder privaten Forschungseinrichtungen
- Medien generell: Hörfunk, Fernsehen, Internetdokumentationen; speziell zu empfehlen: Wissenschaftssendungen und Diskussionen
- Diplomarbeiten und Dissertationen

Gesprächspartner lassen sich unter den folgenden Personen finden:

- Experten (Hochschullehrer, Berater etc.)
- Praktiker und Tätige im interessierenden Forschungsfeld (z.B. Führungskräfte, Sozialarbeiter, Ärzte, Unternehmer etc.)
- Fachjournalisten
- Branchen- oder Interessenvertreter
- Studienkollegen

3.1.2. Kreativitätstechniken

Kreativität ist die Fähigkeit zum schöpferischen Denken und Handeln. Eine Kreativitätstechnik ist ein Verfahren, um die Fähigkeit zum Schaffen von Neuem anzuregen. Bekannte Kreativitätstechniken, die auch im Rahmen des wissenschaftlichen Arbeitens vor allem bei der Themensuche angewendet werden, sind Brainstorming, Brainwriting, Mind-Mapping, Synektik sowie der morphologische Kasten und die sequentielle Morphologie.

3.1.2.1. Brainstorming

Brainstorming ist eine der ältesten Kreativitätstechniken zur Ideenfindung und Ideensammlung. Das Ziel des Brainstormings ist es, möglichst viele konstruktive Ideen zu einem Gegenstand unabhängig von der Qualität zu generieren. Es geht nicht darum, wissenschaftlich abgesicherte Aspekte zu sammeln, sondern frei von gedanklichen Einschränkungen interessant erscheinende Teilaspekte eines Forschungsthemas zu entdecken (vgl. *Charbel* 2007, S. 36).

Die Brainstorming-Sitzung kann (nach Pausen) mehrmals wiederholt werden, um neue oder geänderte Gedanken zu formulieren oder um Forschungsideen zu klassifizieren und auf ihre Umsetzbarkeit zu bewerten. Das schriftliche Ergebnis des Brainstormings kann mit anderen Studierenden, Praktikern, Wissenschaftlern und vor allem mit dem Betreuer diskutiert werden. Es kann entweder als konstruktives (Welches Forschungsthema kann gewählt werden?) oder als destruktives Brainstorming (Welche Forschungsthemen sind auszuschließen?) gestaltet werden.

Beispiel

Ein Studierender möchte über ein Thema aus dem Themenbereich Controlling schreiben. Ein Brainstorming in den ersten Minuten kann folgende Ideen hervorbringen:

Wesen von Controlling,
Geschichte des Controllings,
Bedarf an Controlling,
Voraussetzungen in Organisationen, damit Controlling wirken kann,
Ziele und Zweck des Controllings,
Arten von Controlling,
Person des Controllers,
Prozess des Controllings,
Entwicklungstendenzen des Controllings,
Verbreitung von Controlling in der Praxis,
Gibt es Controlling nur in gewinnorientierten Organisationen oder auch in NPOs?,
Verhaltensgrundsätze im Controlling,
Funktionen von Controlling,
Methoden im Controlling,
Organisation des Controllings,
Berufschancen im Controlling.

Tipp

Es empfiehlt sich, folgende Regeln bei der Anwendung des Brainstormings zu beachten:

- Quantität und Originalität geht vor Qualität der Ideen.
- Notierung aller Einfälle auf Papier, um die Ideen zu visualisieren und zu dokumentieren („Empty your mind"!, *Greetham* 2001, S. 45).
- Spinnen ist erwünscht, d.h. es können auch anfangs utopisch erscheinende Ideen produziert werden.
- Das Fortführen fremder Ideen und Aussagen ist erwünscht.
- Ist ein Themenbereich oder ein Themenfeld in Teilaspekte zerlegt, lassen sich diese Aspekte weiter auf ein mehr oder weniger abgrenzbares Untersuchungsobjekt reduzieren.
- Während der Brainstorming-Sitzung ist Kritik nicht erlaubt! Dies erfordert das temporäre Ausschalten des inneren Zensors, d.h. das unterbewusste Wirken des logischen, kritischen und rationalen Denkvermögens.
- Eine Brainstorming-Sitzung dauert ca. 15–30 Minuten.

3.1.2.2. Brainwriting

Brainwriting ist eine Gruppenarbeitstechnik. Diese Methode entspricht inhaltlich dem Brainstorming. Die bekannteste Variante ist die „Methode 6-3-5". Dabei geben sechs Teilnehmer mit jeweils drei Forschungsideen ein Blatt Papier fünf Mal weiter. Der Grundgedanke ist, Ideen für Forschungsthemen oder Problemlösungsansätze durch eigene und fremde Assoziationen systematisch zu vertiefen.

Die Forschungsideen werden von jedem der Teilnehmer an einer Brainwriting-Runde schriftlich dokumentiert und dann an den nächsten Teilnehmer weitergegeben. Dieser liest leise die Ansätze seines Ideenlieferanten und kann sich zu weiterführenden oder ergänzenden Gedanken inspirieren lassen oder sich zu Änderungen veranlasst sehen. Der Prozess wird in der Variante „6-3-5" insgesamt fünf Mal durchgeführt. Es können auch vereinfachte Varianten zum Tragen kommen. Falls z.B. drei Studierende über jeweils ein Thema nachdenken, kann Brainwriting als Methode „3-3-2", „3-4-2" oder 3-5-2" eingesetzt werden. Der Brainwriting-Prozess dauert erfahrungsgemäß 45 Minuten. Die Zeitvorgabe zur Ideenfindung kann mit zunehmender Rundenzahl z.B. von fünf Minuten auf acht Minuten steigen.

3.1.2.3. Mind-Mapping

Mind-Mapping ist eine Visualisierungstechnik, die in den 70er Jahren in den USA entwickelt wurde. In Mind-Maps werden Gedanken und Informationen strukturiert und veranschaulicht. Mind-Mapping kann zur Strukturierung von gesammelten Forschungsideen eingesetzt werden.

Mind-Mapping wird in acht Schritten durchgeführt. In einem ersten Schritt wird das Thema der Forschungsarbeit in Form einer Frage oder eines Schlüsselbegriffs in die Mitte eines Blatts Papier (am besten A4 quer oder A3) geschrieben. Im zweiten Schritt werden ausgehend von dieser Frage oder dem Schlüsselbegriff strahlenförmig wegführend Linien (Hauptäste) und von diesen wieder wegführende Linien (Nebenäste) eingezeichnet. Im dritten Schritt werden zu den Ästen wiederum alle Ideen, Stichwörter, Assoziationen, Fragen, die einem spontan zum Schlüsselbegriff oder der Frage einfallen, eingetragen.

Danach sollten im vierten Schritt die spontanen Einfälle durch Bildung von Kategorien geordnet werden. Dazu sollten zusammengehörende Gedanken zu Themengruppen verbunden und wichtige Unterthemen hervorgehoben werden (Farbe, Unterstreichen, Ellipse, Kästchen). Mit der sich so entwickelnden Mind-Map entsteht ansatzweise die spätere Gliederung der Arbeit.

Tipp

Die Haupt- und Nebenäste der Mind-Map können farblich hervorgehoben werden. Es sollte hierbei keine Kritik geübt werden, damit die spontane, assoziative Detailfindung nicht gestört wird.

Beispiel

Abbildung 13: Mind-Map

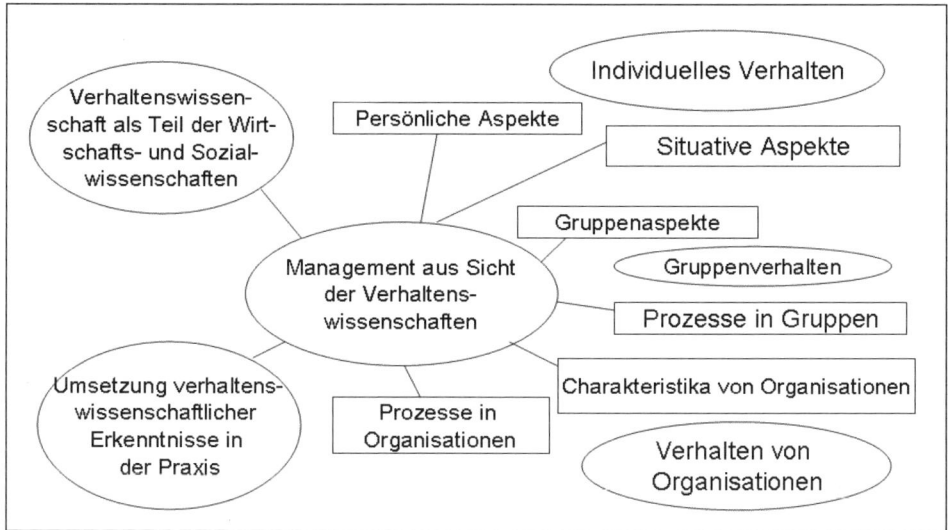

Legende: Ellipsen kennzeichnen die Gemeinsamkeiten mehrerer Kästchen.

Quelle: Eigene Darstellung

Im fünften Schritt werden wichtige Zusammenhänge durch Linien und Pfeile markiert. Die Reihenfolge der Einzelthemen kann durch Nummerierung der Äste oder eine Anordnung im Uhrzeigersinn erfolgen. Aus den vorliegenden Einzelthemen wird im sechsten Schritt das am interessantesten erscheinende für die Weiterbearbeitung ausgewählt. Im siebten Schritt werden die wichtigsten Unterthemen für dieses Einzelthema gesucht und formuliert. Hierfür werden die Einträge in der ersten Mind-Map ergänzt, erweitert und verfeinert.

Tipp

Durch Zeichen (z.B. *) können Verbindungen zu weiteren Mind-Maps mit Detailaspekten angezeigt werden.

Im letzten Schritt wird die Feinanalyse durchgeführt. Dabei wird Schritt sieben so lange wiederholt, bis das Forschungsthema in allen Aspekten eingegrenzt ist (vgl. *Rossig/Prätsch* 2006, S. 44–46; *Balzert et al.* 2008, S. 149 f.).

Tipp

Als Alternative zur Papierform ist Mind-Mapping auch software-unterstützt möglich. Am PC können leichter Änderungen vorgenommen werden. Neben der Erstellung im Word-Format sind auch Mind-Mapping-Programme kostenlos erhältlich, z.B. Freemind http://freemind.sourceforge.net/wiki/index.php/Main_Page.

3.1.2.4. Synektik

Synektik ist eine Kreativitätsmethode, die auf Analogien beruht (vgl. *Werder* 2000, o.S.). Bei der Synektik werden problemfremde Strukturen bzw. sachlich nicht zusammenhängende Wissenselemente verknüpft. Durch die Verknüpfung von unterschiedlichem Wissen sollen neue Muster erkannt werden. Dafür wird das Forschungsthema aus verschiedenen Blickwinkeln betrachtet und Vergleiche und Analogien gewählt, die dem eigenen Forschungsthema am nächsten kommen. Auf Basis der gefundenen Analogien wird dann ein kurzer Text geschrieben. Wie auch für andere Kreativitätstechniken charakteristisch, schafft die Methode der Synektik durch Verfremdung, problemferne Assoziationen und die Rekombination gewonnener Analogien, das Gewöhnliche ungewöhnlich und das Ungewöhnliche gewöhnlich erscheinen zu lassen.

Die Synektik kann allein oder in der Gruppe angewendet werden. Abbildung 14 zeigt einen Synektik-Arbeitsbogen, der zu neuen Analogien führen kann.

Der Ablauf der Synektik gliedert sich in zehn Schritte (vgl. *Schlicksupp* 1999, S. 196–210):

1. Schritt: Formulierung des Problems

2. Schritt: Entwicklung spontaner Lösungsansätze mittels Brainstorming

3. Schritt: Neuformulierung des Problems

4. Schritt: Verfremdung des Problems durch Assoziation mit anderen Themenbereichen

5. Schritt: Verfremdung des Problems aus persönlicher Assoziation und Identifikation mit der Problemstellung

6. Schritt: Beschreibung symbolischer Analogien

7. Schritt: Herstellung direkter Analogien zu anderen Themenbereichen

8. Schritt: Analyse der direkten Analogien

9. Schritt: Erzwungene Übertragung auf das ursprüngliche Problem

10. Schritt: Entwicklung von Lösungsansätzen

Abbildung 14: Synektik-Arbeitsbogen

Mein Thema	**Meine Analogien**
Personale Analogie Welcher Person gleicht Ihr Thema?	
Symbol-Analogie Welcher Idee gleicht Ihr Thema?	
Fantasie-Analogie Welcher Fantasie gleicht Ihr Thema?	

Quelle: *Werder* 2000, S. 46

Die Vorteile der Synektik liegen in der gezielten Aktivierung des kreativen Denkens und in den oft neuartigen Problemlösungsansätzen. Der Nachteil der Synektik ist die anspruchsvolle und zeitaufwendige Methode der Ideenfindung.

3.1.2.5. Morphologischer Kasten

Der **morphologische Kasten** ist eine systematisch analytische Kreativitätstechnik, die weitgehend auf den Schweizer Astrophysiker *Fritz Zwicky* zurückgeht (vgl. *Lepold-Wildburger/Schütze* 2002, S. 19–22). Bei der Methode des morphologischen Kastens wird wie folgt vorgegangen: Zu Beginn wird das Forschungsproblem definiert, analysiert und in seine wesentlichen Teilaspekte zerlegt. Die Teilaspekte können variierbar sein und sollen den Problembereich abdecken. Diesen Teilaspekten werden Merkmale zugeordnet und in die erste Spalte der Matrix übertragen. Die gewählten Merkmale sollen möglichst voneinander unabhängig, auf sämtliche Lösungsvarianten zutreffend und problemrelevant sein. Dieser Schritt kann durch die Verwendung weiterer Kreativitätstechniken unterstützt werden.

Je Merkmal werden mögliche Ausprägungen bestimmt und in die Spalten neben dem zugehörigen Merkmal eingetragen. Mit dieser Matrix können systematisch sämtliche Kombinationsmöglichkeiten geprüft werden.

Um die optimalen Lösungen auszuwählen, werden die gefundenen Alternativen auf Machbarkeit überprüft. Im gesamten Ablauf ist darauf zu achten, dass eine vorzeitige Bewertung der Lösungen unterbleibt. Merkmalsausprägungen können für sich genommen suboptimale Lösungen darstellen, in Kombination mit anderen sehr gute Gesamtlösungen liefern.

Beispiel

Eine Autorin möchte über das Thema „Produktinnovationen im Körperpflegesegment" aus dem Themenbereich Marketing eine Masterarbeit schreiben. Wie kann sie auf der Suche nach neuen Themen die Methode morphologischer Kasten einsetzen? Die Denkmethode kann z.B. folgende Ideen bzw. Fragen hervorbringen:

Abbildung 15: Morphologischer Kasten zum Thema „Hautcreme"

Anwendungszweck	Zielgruppen			
	Babys	**Senioren**	**Autofahrer**	**Sportler**
Make up	I	i		i
Schönheitskorrektur		i	I	
Wundbehandlung	B		I	
Körperreinigung	B		I	
Geruchsbindung	B		I	

Legende: i = interessant; b = bekannt

Quelle: In Anlehnung an *Birker* 1997, S. 162

Die Vorteile des morphologischen Kastens sind eine klare, strukturierte Vorgehensweise, die Erarbeitung komplexer Lösungsstrukturen und die hohe Wiederverwendbarkeit der erarbeiteten Matrizen. Die Nachteile liegen in der subjektiven Einschätzung, im Fehlen von radikalen Innovationen und in den Entscheidungsschwierigkeiten, die auf der großen Anzahl von potentiellen Lösungen beruhen.

3.1.2.6. Sequentielle Morphologie

Die **sequentielle Morphologie** ist eine Weiterentwicklung des morphologischen Kastens. Bei größerer Merkmalsanzahl kann die Erstellung und Auswertung potentieller Lösungsansätze übersichtlich gestaltet werden (vgl. *Koschnik* 1997, S. 713).

Bei der sequentiellen Morphologie werden alle Merkmale und die möglichen Merkmalsausprägungen entsprechend ihrer Bedeutung für das zu lösende Forschungsproblem gewichtet und eine Prioritätsliste erstellt. Für die zwei wichtigsten Merkmale werden zwei bis drei Kombinationen als Kernlösungen ausgewählt. Daraufhin wird das drittwichtigste Merkmal hinzugefügt und die ausgewählten Kernlösungen durch passende Ausprägungen dieses Merkmals ergänzt. Sequentiell wird jeweils das nächstwichtigere Merkmal zugeschaltet. Dadurch erfolgt die weitere Ausgestaltung und Konkretisierung der gebildeten Kernlösungen.

Ein Vorteil gegenüber dem morphologischen Kasten ist, dass die wesentlichen Merkmale sicherer und eindeutiger abgeschätzt werden können. Die beste Alternative wird leichter identifiziert und eignet sich für hochkomplexe Forschungsprobleme. Ein Nachteil gegenüber dem morphologischen Kasten ist der eingeschränkte Gestaltungsspielraum, welcher durch die frühe Festlegung der Merkmale entsteht.

3.1.3. Weitere Techniken zur Themenfindung

3.1.3.1. Methode der W-Fragen

Die **Methode der W-Fragen** ist einfach strukturiert. Mit Hilfe gezielter Fragen, deren Frageworte mit „W" beginnen, wird versucht, die wesentlichen Teilaspekte eines Forschungsthemas zu formulieren (vgl. *Rossig/Prätsch* 2006, S. 49; *Dahinden et al.* 2006, S. 122). Wie viele Fragen und welche Frageworte dafür herangezogen werden, steht dem Autor offen.

Abbildung 16: Methode der W-Fragen

W-Frage	Inhalt der Frage
Was?	Frage nach dem Objekt (Inhalt)
Wer?	Frage nach dem/n Subjekt/en
Warum?	Frage nach Grund bzw. Motiv
Wozu?	Frage nach Ziel und Nutzen
Wie?	Frage nach der Art und Weise
Wann?	Frage nach Zeitpunkten und -räumen
Wo?	Frage nach dem räumlichen Kontext
Wie viel/e, welche?	Frage nach z.B. Wert- oder Mengengrößen, Regeln
Wohin ...?	z.B. Wohin geht die Entwicklung?
Wem ...?	z.B. Wem nützt .../ schadet ...?
Woran ...?	z.B. Woran kann man sich orientieren?

Quelle: Eigene Darstellung

Beispiel

Ein Studierender möchte über ein Thema aus dem Themenbereich Controlling schreiben. Wie kann er auf der Suche nach dem Thema die Methode der W-Fragen einsetzen?

Es können folgende Fragen formuliert werden:
Was ist das Wesen von Controlling?
Wie ist die Geschichte des Controllings?
Welche sind die Voraussetzungen in Organisationen, damit Controlling wirken kann?
Welche Ziele und Zwecke hat Controlling?
Welche Spielarten kann Controlling haben?
Warum braucht man Controlling?
Wozu brauchen Organisationen Controlling?
Wer ist Controller?
Wie ist der Prozess des Controllings?
Welche Entwicklungstendenzen des Controllings sind erkennbar?
Wie ist die Verbreitung von Controlling in der Praxis?
Gibt es Controlling nur in gewinnorientierten Organisationen oder auch in NPOs?
Welche Grundsätze herrschen im Controlling?
Welche Funktionen haben Controller?
Welche Methoden werden im Controlling eingesetzt?
Wie ist die Organisation des Controllings?
Welche Berufschancen haben Controller?

3.1.3.2. Methode der Fragenkaskade

Um ein Forschungsthema auszuloten, bietet sich auch die Methode der **Fragenkaskade** an. Das Prinzip dieser Technik beruht darauf, sich nicht mit der erstbesten Antwort zufrieden zu geben, sondern so lange nach dem „Warum" zu fragen, bis man das Kernproblem enthüllt hat (vgl. *Rossig/Prätsch* 2006, S. 49).

3.1.3.3. Überschlafen

Wenn man sich an einem Problem festbeißt, kommt man manchmal nicht weiter. **Überschlafen** hilft dabei, die Dinge klarer zu sehen und hat sich daher auch bei der Erstellung von wissenschaftlichen Arbeiten bewährt. Während des Schlafens kann das Unterbewusstsein an der Herausforderung arbeiten (vgl. *Rossig/Prätsch* 2006, S. 49). Auch wenn man sich nur von Zeit zu Zeit mit dem Problem auseinandersetzt, sucht der Geist fortwährend nach einer Lösung – unabhängig davon, ob bewusst darüber nachgedacht wird oder nicht. Oft überrascht den Lösungssuchenden die Antwort im Traum oder im Zustand zwischen Wachen und Schlafen. In der bestehenden sehr rationalen Welt wird häufig die Kraft des Unterbewussten unterschätzt. Im Unterbewussten gibt es keine selbst gesetzte Zensur, so dass sich die Ideen dort zu unbekannten Mustern und erstaunlichen neuen Zusammenstellungen verbinden können. Häufig äußert sich das Wissen des Unterbewussten als eine vage Ahnung – man spricht dann von Intuition. Die Intuition bedient sich direkt aus dem Informationsspeicher, der dem Unterbewussten offensteht, sich dem Bewusstsein in weiten Bereichen verschließt. Der Autor und Wissenschaftler *McMahon* führt deswegen auch an, dass Ideen „meist aus dem Nichts kommen" (vgl. *Cioffi* 2005, S. 101).

3.2. Phase der Themeneingrenzung, Themenbewertung und Themenformulierung

In der Phase der **Themeneingrenzung**, **Themenbewertung** und **Themenformulierung** werden für den weiteren Verlauf der wissenschaftlichen Arbeit weitreichende Entscheidungen getroffen. Mit der Entscheidung für ein bestimmtes Forschungsthema werden die zu behandelnden Theorien, die zu verwendenden Forschungsmethoden und der zeitliche Aufwand festgelegt. Werden dieser Phase nicht ausreichend Zeit und tiefer gehende Überlegungen gewidmet, kann es im späteren Verlauf der Arbeit zu erheblichem Mehraufwand kommen. Wenn zum Beispiel in den späteren Phasen festgestellt werden muss, dass das gewählte Forschungsthema nicht realisierbar ist, muss die Phase der Themeneingrenzung, -bewertung und -formulierung für ein neues Thema wiederholt werden und die bereits geleisteten Arbeiten waren umsonst. Die Themeneingrenzung ist somit ein wesentliches Instrument zur Fokussierung der Forschungsfrage und daher sehr zeitintensiv.[10] Ausgehend davon, dass die Forschungsfrage die gesamte Forschungsarbeit steuert und das Ergebnis definiert, geht es bei der Themeneingrenzung um die sorgfältige Formulierung der Forschungsfrage in Hinblick auf die verwendeten Begriffe und den Geltungsbereich der Ergebnisse.

Die Anwendung von Eingrenzungsstrategien ermöglicht sowohl das Auffinden von Themenoptionen als auch das deutliche Abgrenzen der zu untersuchenden Aspekte von jenen, die nicht untersucht werden sollen.

* Betrachtung von Teilaspekten

  Beispiel

  Beim Thema „Qualitätsmanagement in Dienstleistungsorganisationen" kann ein Teilaspekt „Die Bedeutung der Koordination der Schnittstellen" sein.

* Fokussierung auf bestimmte Perspektiven

  Beispiel

  Beim Thema „Barrieren bei der Einführung der integrierten Kommunikation" können verschiedene Perspektiven, wie die Sicht der Kommunikationsverantwortlichen, der betroffenen Mitarbeiter, der externen Berater etc. betrachtet werden.

* Regionale Eingrenzung

  Beispiel

  Beim Thema „Barrieren bei der Einführung der integrierten Kommunikation" kann sich die regionale Eingrenzung auf die deutschsprachigen Länder beziehen.

* Spezifizierung der betrachteten Fälle

  Beispiel

  Beim Thema „Barrieren bei der Einführung der integrierten Kommunikation" kann sich die Spezifizierung der betrachteten Fälle auf Großunternehmen mit Sitz in den deutschsprachigen Ländern beziehen.

---

[10] Siehe Kapitel 5.5.2.

- Festlegung auf definierte Branchen

  Beispiel

  Das Thema „Barrieren bei der Einführung der integrierten Kommunikation" kann in der Mobilkommunikationsbranche oder in der Pharmabranche betrachtet werden.

- Fokussierung auf bestimmte Phasen in einer zu betrachtenden Entwicklung

  Beispiel

  Beim Thema „Die Bedeutung der integrierten Kommunikation" kann auf eine Unternehmensexpansionsphase oder den Börsegang eines Unternehmens bezogen werden.

- Einschränkung des Beobachtungszeitraums

  Beispiel

  Beim Thema „Die Bedeutung der Krisenkommunikation für die Markenwahrnehmung der Marke Austrian Airlines" kann es sinnvoll sein, einen konkreten Betrachtungszeitraum, zum Beispiel während der Verkaufsverhandlungen 2007–2008 oder anderer Krisenzeiten, zu wählen.

Aus der Kombination dieser Eingrenzungsmöglichkeiten resultiert eine weitere Eingrenzung des Forschungsthemas und der Forschungsfrage. Nachdem als Ergebnis der Phase der Themensuche mehrere alternative Themenentwürfe vorliegen, werden diese einer Themenbewertung unterzogen.

Abbildung 17: Fragen zur Themenbewertung

Welche Fragen wurden im gewählten Problemfeld schon bearbeitet?	
Aktion	Eine überblicksartige Recherche in wissenschaftlichen Literaturdatenbanken und in Onlinekatalogen der wissenschaftlichen Bibliotheken zeigen den aktuellen Status der Literatur zum Problemfeld.
Bewertung	Ist der Umfang der gefundenen Literatur im engeren Themenbereich gering, kann das als Zeichen dafür betrachtet werden, dass auch andere vor dieser Thematik bereits zurückgeschreckt sind. Ist der Umfang der Literatur im engeren Themenbereich groß, gibt diese Tatsache einen Hinweis darauf, dass dieses Problemfeld bereits erschlossen ist. Hier stellt sich die Frage, ob es noch Wissenslücken gibt. Forschungsthemen mit hoher Literaturanzahl stehen für einen größeren Aufwand hinsichtlich Recherche, Materialsichtung und Textanalyse. Ist der Umfang der Literatur überschaubar und der konkrete Themenkern noch nicht behandelt, kann man dies als günstige Voraussetzung für das Thema betrachten.
Welche inhaltlichen und methodischen Erkenntnisse sind bereits vorhanden?	
Aktion	Eine Analyse der im Themenbereich involvierten Disziplinen sowie notwendigen Methodenkenntnisse geben hier Auskunft.
Bewertung	Werden mit dem Thema neue Fachgebiete berührt, die noch nicht beherrscht werden, bedarf es einer ausführlichen Ressourcenüberprüfung. Wie viel Zeit steht für die Bearbeitung zur Verfügung? Ist in dieser Zeitspanne die Einarbeitung in neue Fachgebiete realistisch? Wie steht es mit der Fähigkeit, sich eigenständig neues Fachwissen anzueignen? Müssen neue Methodenkenntnisse angeeignet werden? Welche zeitlichen Ressourcen stehen dafür zur Verfügung?

Quelle: Eigene Darstellung

Ein wesentliches Ergebnis der Themenformulierung und -eingrenzung ist das **Exposé**[11]. Dieses beträgt circa ein bis zwei Seiten und umfasst den vorläufigen Arbeitstitel, die Motivation des Themas, den Betreuer, eventuell die Zielsetzung, eine kurze vorläufige Gliederung sowie die gelesenen Literaturquellen. Bei der Erstellung des Exposés sollte der Betreuer bereits aktiv eingebunden werden und dessen methodische und inhaltliche Expertise genutzt werden. Für diese Phase der Themenformulierung empfiehlt sich die Benennung eines Arbeitstitels. Die endgültige Titelformulierung erfolgt in der Regel erst am Ende der Arbeit. Anhand folgender Fragen kann die endgültige Formulierung des Titels auf seine Klarheit und Vollständigkeit hin überprüft werden. Wird eine dieser beiden Fragen mit Ja beantwortet, muss der Titel ebenfalls geändert werden.

- Sind Schlüsselbegriffe des Themenbereichs und der Forschungsfrage im Titel vertreten?
- Sind Begriffe des Titels in der Arbeit definiert und behandelt?

Sind diese Bedingungen nicht erfüllt, muss der Titel abgeändert werden.

- Nimmt der Titel Ergebnisse vorweg?
- Enthält der Titel Hypothesen?

Beispiel

Exposé zur Diplomarbeit

Thema/vorläufiger Titel
Risikowahrnehmung beim Kauf von Arznei- und Nahrungsergänzungsmitteln

Grobgliederung/grobes Inhaltsverzeichnis
1. Einleitung
*   1.1. Problemstellung*
*   1.2. Zielsetzung und Forschungsfragestellung*
*   1.3. Wissenschaftliche Methode*
*   1.4. Aufbau der Arbeit*
2. Definition und Abgrenzung Arzneimittel
*   2.1. Definition Arzneimittel*
*   2.2. Abgrenzung zu anderen Gesundheitsprodukten*
*   2.2.1. Abgrenzung zu Lebensmittel*
*   2.2.2. Abgrenzung zu Kosmetika*
*   2.2.3. Abgrenzung zu Medizinprodukten*
3. Risiko
*   3.1. Risikodefinitionen und Abgrenzung zu Gefahr*
*   3.2. Risikoarten*
*   3.3. Risikowahrnehmung*
*   3.3.1. Definition Risikowahrnehmung*
*   3.3.2. Charakteristika individueller Risikowahrnehmung*
*   3.3.3. Einflussfaktoren auf die individuelle Risikowahrnehmung*
*   3.3.3.1. Eigenschaften des Konsumenten und ihr Einfluss auf die Risikowahrnehmung*
*   3.3.3.2. Umfeldfaktoren und ihr Einfluss auf die Risikowahrnehmung*
*   3.4. Risikoakzeptanz*
*   3.4.1. Definition Risikoakzeptanz*

---

[11] Synonyme Begriffe sind Grobkonzept, Exzerpt und Disposition.

Zielsetzung der Diplomarbeit

Im Rahmen der Diplomarbeit soll festgestellt werden, wie Konsumenten das Risiko beim Kauf von rezeptpflichtigen und rezeptfreien Medikamenten sowie Nahrungsergänzungsmitteln wahrnehmen. Auf Basis dieser Erkenntnisse können Empfehlungen für Pharmazeutikhersteller abgegeben werden, ob ein Wechsel von rezeptpflichtig zu rezeptfrei möglich und sinnvoll ist bzw. ob ein Produkt als rezeptfreies Medikament oder als Nahrungsergänzungsmittel eingeführt werden soll.

Bisher verwendete Literatur

Grubbs Hoy, Mariea (1994): Switch Drugs Vis-à-Vis Rx and OTC: Policy, Marketing, and Research Considerations. In: Journal of Public Policy & Marketing. Nr. 13, S. 85–96

Heiser, Jens (2000): Nahrungsergänzung und Functional Food im Spannungsfeld zwischen Arzneitmittel und Lebensmittel. In: Breuer, Robert/Winter, Karl-Heinz (Hrsg.): OTC-Marketingmanagement – Neue Schwerpunkte in Marketing und Vertrieb. Wiesbaden, S. 293–307

Hofmann, Robert (2000): OTC/SM-Switch am Beispiel von niedrigdosierten H2-Antagonisten. In: Breuer, Robert/Winter, Karl-Heinz (Hrsg.): OTC-Marketingmanagement – Neue Schwerpunkte in Marketing und Vertrieb. Wiesbaden, S. 187–201

Jungermann, Helmut/Slovic, Paul (1993): Charakteristika individueller Risikowahrnehmung. In: Bayerische Rück (Hrsg.): Risiko ist ein Konstrukt – Wahrnehmungen zur Risikowahrnehmung. München, S. 89–107

Panne, Friedrich (1977): Das Risiko im Kaufentscheidungsprozeß des Konsumenten – Die Beiträge risikotheoretischer Ansätze zur Erklärung des Kaufentscheidungsverhaltens des Konsumenten. Frankfurt/Main, Zürich

Slaby, Martin / Urban, Dieter (2002): Risikoakzeptanz als individuelle Entscheidung – Zur Integration der Risikoanalyse in die nutzentheoretische Entscheidungs- und Einstellungsforschung. Arbeitspapier Nr. 1 des Instituts für Sozialwissenschaften der Universität Stuttgart. Stuttgart

Betreuer
Frau/Herr

Geplanter Beginn und geplantes Ende der Arbeit
Geplanter Beginn: April 2009
Geplantes Ende: April 2010

Motivation für das Thema
Ich plane nach Abschluss des Studiums im Produktmanagement von rezeptfreien Medikamenten bzw. Nahrungsergänzungsmitteln tätig zu sein.

3.3. Konzeptions- und Bearbeitungsphase

Die **Konzeptionsphase** ist eine entscheidende Phase für die Erstellung der wissenschaftlichen Arbeit und erfordert viel Denk- und Strukturierungsarbeit. Für diese Phase sollte viel Zeit eingeplant und regelmäßig Rücksprache mit dem Betreuer gehalten werden.

Das Ergebnis der Konzeptionsphase stellt das schriftliche Konzept der Arbeit dar. Dieses Konzept bildet das Fundament der wissenschaftlichen Arbeit und umfasst die Problemstellung, das Forschungsziel, die Forschungsfrage(-n), die Forschungsmethode, den Aufbau der Arbeit, die vorläufige Gliederung der Arbeit, eine Literaturliste sowie einen realistischen Zeitplan.

Tipp

Der Seitenumfang des Konzeptes ist abhängig von der Art der wissenschaftlichen Arbeit. Bei Bachelorarbeiten umfasst das Konzept eine bis drei Seiten, bei Masterarbeiten acht bis zehn Seiten.

Je besser die Qualität und die Detailliertheit des Konzeptes, umso schneller lässt sich die Rohfassung der wissenschaftlichen Arbeit erarbeiten. Das Konzept und die daraus resultierenden Arbeitsschritte sind entscheidend für die Arbeits-, Zeit- und Kostenplanung der nachfolgenden Arbeitsphasen. Wichtig in der Konzeptionsphase sind ein ungestörtes Nachdenken, Überschlafen und das mehrmalige selbstkritische Hinterfragen der eigenen Gedankengänge. Feedback-Schleifen helfen dabei zu reflektieren und sich zu fragen: „Wie passt das oben Gesagte zu dem/n neuen Gedanken?" In dieser Phase empfiehlt es sich, mit Studienkollegen zu sprechen und die Möglichkeit zur Präsentation des Themas vor unterschiedlichen Personen wahrzunehmen. Der konstruktive Dialog mit anderen unterstützt dabei, die eigenen Denkansätze zu verteidigen, die eigene Argumentationslinie zu festigen oder nicht oder unzureichend beachtete Aspekte einzubauen.

Im Zuge der Konzeptionsphase wird das Forschungsdesign der Arbeit endgültig festgelegt. Wie bereits erläutert und in Abbildung 18 dargestellt, wird zwischen dem qualitativen und dem quantitativen Forschungsdesign unterschieden. Diese grundsätzlich unterschiedlichen Forschungsdesigns haben Auswirkungen auf die Phasen der Untersuchungsplanung, der Datenerhebung und der Datenauswertung sowie die Gesamtstruktur der Arbeit.

Abbildung 18: Qualitatives und quantitatives Forschungsdesign

Baustein	Qualitatives Forschungsdesign	Quantitatives Forschungsdesign
Einleitung	• Problemstellung • Ziel der Arbeit • Forschungsfrage(n) • Begriffsdefinition • Stand der Forschung	• Problemstellung • Ziel der Arbeit • Forschungsfrage(n) • Hypothesen • Begriffsdefinition • Stand der Forschung
Vorgehensweise in der Empirie	• Vorstellung und Begründung des qualitativen Designs • Auswahl der Methode und Begründung der gewählten Methode • Rolle des Forschers • Datensammlung und -analyse • Interpretation der Ergebnisse der Untersuchung • Vergleich der Ergebnisse mit dem Stand der Forschung	• Vorstellung und Begründung des quantitativen Designs • Auswahl der Methode und Begründung der gewählten Methode • Operationalisierung der Hypothesen und der Variablen • Festlegung des Umfangs der Stichprobe und Begründung • Pretest • Datensammlung und -analyse • Interpretation der Ergebnisse der Untersuchung • Vergleich der Ergebnisse mit dem Stand der Forschung

Quelle: *Hienerth* 2002, S. 82 f.

An die Konzeptionsphase schließt sich die Bearbeitungsphase an. Die **Bearbeitungsphase** umfasst im Wesentlichen die inhaltliche Erarbeitung der Theoriekapitel. Die Erstellung der Theoriekapitel erfolgt in vergleichsweise kurzer Zeit, wenn bereits die entsprechende Literatur und Motivation vorliegt. Im Rahmen dieser Phase ist wichtig, die Definitionen und den Untersuchungsgegenstand genau festzulegen und abzugrenzen und wichtige Theorien vorzustellen. Auch sind in dieser Phase regelmäßige Feedbackgespräche mit dem Betreuer empfehlenswert – jedoch nicht mit jener Intensität der Konzeptionsphase.

3.4. Untersuchungsplanungsphase

Die **Untersuchungsplanungsphase** ist eine der wichtigsten Phasen bei wissenschaftlichen Arbeiten. In dieser Phase wird die empirische Untersuchung geplant und vorbereitet. Eine genaue und sorgfältige Planung der empirischen Untersuchung hat einen entscheidenden Einfluss auf die Qualität der Forschungsergebnisse. Für die Planung der empirischen Untersuchung sollte daher ausreichend Zeit eingeplant werden, da Fehler in dieser Phase möglicherweise nicht mehr korrigierbar sind. In Abhängigkeit von der gewählten Forschungsmethode kann die Planungsphase mehrere Wochen bis Monate dauern.

Wesentliche Grundvoraussetzung für die Untersuchungsplanungsphase ist die Definition des Untersuchungsgegenstandes und der zentralen Begriffe. Bei einem quantitativen Forschungsdesign werden im Zuge der Untersuchungsplanungsphase die relevanten Variablen bestimmt und operationalisiert, der Untersuchungstyp bestimmt sowie das Stichprobenverfahren festgelegt. Manchmal kann sich der Zugang zum Feld schwierig gestalten. Es empfiehlt sich hierbei, vorhandene Kontakte zu nutzen und ggf. den Betreuer um Unterstützung und Tipps zu bitten (vgl. *Bortz/Döring* 2006, S. 46–49).

3.5. Datenerhebungs- und Datenauswertungsphase

Im Anschluss an die Untersuchungsplanungsphase folgen die Datenerhebungs- und Datenauswertungsphase. Im Rahmen der **Datenerhebungsphase** wird die eigentliche Untersuchung durchgeführt. In diesem Zusammenhang ist es wichtig, dass die erhobenen Daten ausführlich und strukturiert aufgezeichnet und dokumentiert werden. Die Sorgfalt bei der Datenaufzeichnung und Datendokumentation bestimmen wesentlich die Datenauswertung und somit die Qualität der Forschungsergebnisse.

Im Rahmen der **Datenauswertungsphase** werden die erhobenen Daten ausgewertet und somit die Rückkoppelung zwischen Hypothese und der Realität gewährleistet. Diese Rückkoppelung erfolgt im Wesentlichen durch die Interpretation der Daten in Bezug auf die Forschungsfrage(-n). Je nach Forschungsmethode können die Daten in qualitativer und quantitativer Form vorliegen. In Abhängigkeit der Form der Daten können verschiedene Auswertungsmethoden[12] angewendet werden. Auch hier gilt: Je genauer die zu prüfenden Hypothesen formuliert wurden, desto einfacher gestaltet sich die Datenanalyse (vgl. *Schnell et al.* 2008, S. 13–20).

3.6. Korrektur- und Begutachtungsphase

Die Grundlage für die **Korrekturphase** bildet die **Rohfassung** der Arbeit. Die Rohfassung sollte die inhaltlich vollständige und formal richtige Arbeit sein. Diese umfasst alle Kapitel und ist hinsichtlich Grammatik, Rechtschreibung, Kommasetzung, Kapitel-, Seiten- und Abbildungsnummerierungen, Verzeichnissen und Zitierung als eine korrigierte Fassung zu verstehen. Wesentliche inhaltliche Änderungen sollten bei der Rohfassung der Arbeit nicht mehr notwendig sein. Es ist jedoch zu empfehlen, für die Korrekturphase genügend Zeit einzuplanen, da oftmals viele Verbesserungen und Ergänzungen anfallen, die vorab nicht bedacht worden sind. Darüber hinaus entwickeln viele Studierende im Zuge der Arbeit ein wissenschaftliches Auge, was verbunden mit gewissem Ehrgeiz zu zahlreichen Änderungen und Korrekturen führt.

Tipp

Für die Korrekturphase sind ausreichend Zeit und Nerven einzuplanen. Gerade in dieser Endphase kann es zu unerwartetem Stress kommen, der die Qualität der Arbeit beeinträchtigen kann. Im Sinne einer frühzeitigen Rückkoppelung mit dem Betreuer empfiehlt sich eine kapitelweise Abgabe der Arbeit, damit dieser möglichst früh Abweichungen vom Konzept erkennen und den Studierenden um Korrektur ersuchen kann. Darüber hinaus sollte die Rohfassung an Dritte zur Korrekturlesung gegeben werden.

---

[12] Siehe dazu Kapitel 6.

Im Rahmen des Feedbackgesprächs zur Rohfassung mit dem Betreuer sind mögliche Diskrepanzen zwischen der Rohfassung um dem Konzept zu klären und generelle Verbesserungen zu besprechen. In diesem Zusammenhang sollte gleichfalls die weitere zeitliche Vorgehensweise, z.B. bei einer Terminverschiebung, abgeklärt werden (vgl. *Rößl* 2002, S. 51 f.).

In der Regel ist noch ein zweiter Durchlauf des Korrekturlesens seitens des Betreuers erforderlich, um zu überprüfen, ob seine Beanstandungen und Empfehlungen umgesetzt wurden. In manchen Fällen kann es zu Abweichungen von diesem skizzierten Regelablauf kommen. Stellt der Betreuer in der Rohfassung Abweichungen vom Konzept fest, muss geklärt werden, ob die ursprünglich festgelegten Forschungsfragen und das Forschungsdesign noch passend sind. Wurde die Rohfassung nicht mit der gebotenen Sorgfalt erstellt, oder werden die Hinweise des Betreuers nicht ausreichend umgesetzt, kann es zu zeitaufwändigen Änderungen kommen. Wird festgestellt, dass in der Zitierweise Mängel auftreten oder ein Plagiat vorliegt, wird sich die Korrekturphase zumindest zeitlich in die Länge ziehen oder – im schlimmsten Fall – der Aberkennung des akademischen Grades.

Die **Begutachtungsdauer** der wissenschaftlichen Arbeit ist von den jeweiligen Vorgaben der Hochschule sowie vom Betreuer selbst abhängig. Darüber hinaus ist zu berücksichtigen, dass der Betreuer und der Begutachter der wissenschaftlichen Arbeit nicht immer die gleiche Person sein muss. In diesem Fall ist es ratsam, sich vorab über die Anforderungen an die wissenschaftliche Arbeit seitens des Begutachters zu informieren.

Tipp

Bei der Abgabe sind alle notwendigen Unterlagen und Dokumente im gewünschten Format, wie z.B. Abstracts, und vollständig abzugeben, um unnötige administrative Nacharbeiten zu vermeiden. Nach Ablauf einer bestimmten Frist ist es durchaus zulässig, sich höflich und in angemessener Form beim Betreuer hinsichtlich der Begutachtung zu erkundigen.

Weiterführende und zitierte Literatur

Balzert, Helmut/Schäfer, Christian/Schröder, Marion/Kern, Uwe (2009): Wissenschaftliches Arbeiten, Herdecke/Witten.

Bauer, Axel W./Weiß, Christel (2008): Promotion. Die medizinische Doktorarbeit – von der Themensuche bis zur Dissertation, 3. Auflage, Stuttgart.

Birker, Klaus (1997): Führung. Entscheidung, Berlin.

Blumenschein, Annette/Ehlers, Ingrid U. (2002): Ideenmanagement. Wege zur strukturierten Kreativität, München.

Bortz, Jürgen/Döring, Nicola (2006): Forschungsmethoden und Evaluation für Human- und Sozialwissenschaftler, 4. Auflage, Heidelberg.

Charbel, Ariane (2007): Schnell und einfach zur Diplomarbeit, 6. Auflage, Nürnberg.

Cioffi, Frank (2005): Kreatives Schreiben für Studenten & Professoren, Berlin.

Dahinden, Urs/Sturzenegger, Sabine/Neuroni, Alessia C. (2006): Wissenschaftliches Arbeiten in der Kommunikationswirtschaft, Bern/Stuttgart/Wien.

Ebster, Claus/Stalzer, Liselotte (2002): Wissenschaftliches Arbeiten für Wirtschafts- und Sozialwissenschaftler, Wien.

Ebster, Claus/Stalzer, Lieselotte (2003): Wissenschaftliches Arbeiten für Wirtschafts- und Sozialwissenschafter, 2. Auflage, Wien.

Fiedler, Rudolf (2003): Controlling von Projekten, 2. Auflage, Wiesbaden.

Greetham, Bryan (2001): How to write better essays, Basingstoke, New York.

Hienerth, Christoph (2002): Qualitative oder quantitative Forschung – eine erste Annäherung. In: *Rößl, Dietmar* (Hrsg.): Die Diplomarbeit in der Betriebwirtschaftslehre, Wien, S. 81–85.

Jung, Hans (2002): Controlling, Oldenbourg.

Koschnick, Wolfgang J. (1997): Management: Enzyklopädisches Lexikon. Walter de Gruyter, Stuttgart.

Lamnek, Siegfried (2005): Qualitative Sozialforschung, 4. Auflage, Basel.

Lepold-Wildburger, Ulrike/Schütze, Jörg (2002): Verfassen und Vortragen. Wissenschaftliche Arbeiten und Vorträge leicht gemacht, Berlin.

Patzak, Gerold/Rattay, Günter (2004): Projektmanagement, 4. Auflage, Wien.

Rößl, Dietmar (2002): Von der Themensuche zur Begutachtung. In: *Rößl, Dietmar* (Hrsg.): Die Diplomarbeit in der Betriebswirtschaftslehre, Wien, S. 43–52.

Rößl, Dietmar (2008): Die Diplomarbeit in der Betriebswirtschaftslehre, 4. Auflage, Wien.

Rossig, Wolfram E./Prätsch, Joachim (2006): Wissenschaftliche Arbeiten, 6. Auflage, Hamburg.

Schnell, Rainer/Hill, Paul/Esser, Elke (2008): Methoden der empirischen Sozialforschung, 8. Auflage, München.

Schwab-Matkovits, Ingrid/Schwab, Felix (2004): Projektmanagement, Wien.

Schlicksupp, Helmut (1999). Ideenfindung, Würzburg.

Stickel-Wolf, Christine/Wolf, Joachim (2002): Wissenschaftliches Arbeiten und Lerntechniken, 2. Auflage, Wiesbaden.

Trimmel, Michael (1996): Wissenschaftliches Arbeiten, Wien.

Werder, Lutz von (2000): Kreatives Schreiben von Diplom- und Doktorarbeiten. 3. Auflage, Berlin.

4. Kapitel: Arbeiten mit wissenschaftlicher Literatur

Beate Huber, Gerald Janous, Carina Pusemann

Lernziele

- Sie sind in der Lage, für Ihre wissenschaftliche Arbeit eine Suchstrategie festzulegen und mittels konkreter Methoden die relevante Literatur herauszufiltern.

- Sie können die gefundenen Quellen mit den entsprechenden Methoden lesen, auswerten und für Ihre wissenschaftliche Arbeit anwenden.

4. Arbeiten mit wissenschaftlicher Literatur

Im Zuge des Studiums und des wissenschaftlichen Arbeitens wird eine intensive Auseinandersetzung mit veröffentlichtem Wissen vorausgesetzt und zwingend erforderlich. Die kritische Auseinandersetzung mit wissenschaftlicher Literatur stellt die Basis jeder wissenschaftlichen Abschlussarbeit dar. Zuerst steht das Verstehen und Reflektieren der wissenschaftlichen Literatur im Vordergrund. Darauf aufbauend sollte in Abhängigkeit von der Art der wissenschaftlichen Arbeit die Entwicklung eigener wissenschaftlicher Aussagen resultieren.

4.1. Literatursuche

4.1.1. Suchmethoden

Inhaltlich-relevante und wissenschaftlich-angemessene Literaturquellen sind zum einem Grundvoraussetzung für die erfolgreiche Erstellung einer wissenschaftlichen Arbeit und zu anderem ein Qualitätsindikator. Die Literatursuche muss daher zielgerichtet und geplant erfolgen. Dazu ist zuerst eine individuelle Suchstrategie festzulegen und danach eine zweckmäßige Suchmethode auszuwählen (vgl. *Rossig/Prätsch* 2006, S. 53; *Dahinden et al.* 2006, S. 74–80).

Tipp

Zur Entwicklung der Suchstrategie sollten folgende Fragen beantwortet werden.

Thema: Was suche ich?
            Aspekte des Themas herausstreichen und das Rechercheziel festlegen

Material: Was brauche ich?
            Publikationsarten definieren, einen Zeitraum festlegen

Fundort: Wo suche ich?
            Recherchemittel bestimmen wie z.B. Kataloge, Datenbanken

Methode: Wie suche ich?
            Suchmethode oder -strategie operationalisieren

Suchmethoden und ihre jeweilige Bedeutung für die Qualität sowie Quantität der Rechercheergebnisse hängen von den Vorkenntnissen, Anzahl und Art der Literatur zum Forschungsthema und dem Anspruch, der an die wissenschaftliche Arbeit gestellt wird, ab. Die geläufigsten Suchmethoden stellen das Schneeballsystem (auch „Lawinensystem" oder „Methode der konzentrischen Kreise" genannt) und die systematische Suche dar.

Das **Schneeballsystem** ist eine effiziente Suchmethode. Ausgehend von einer aktuellen Literaturquelle, wie zum Beispiel einem Buch oder einem aktuellen Fachartikel, werden die vorhandenen bibliographischen Informationen als Anhaltspunkt für die weiterführende Literaturrecherche herangezogen. Mit dieser Suchmethode nutzt man die bereits aufbereiteten Literaturverzeichnisse anderer Publikationen, um mit der Literaturrecherche zu beginnen. Einen wesentlichen Nachteil des Schneeballsystems stellte bisher die rückwärtsgewandte Vorgehensweise dar. Durch das Heranziehen bereits ausgearbeiteter Bibliographien erhält man vornehmlich veraltete Literaturangaben (vgl. *Brauner/Vollmer* 2008, S. 107 f.). Dieser Nachteil kann jedoch durch die Nutzung von Online-Datenbanken kompensiert werden.[13]

Die **systematische Literaturrecherche** ist eine zeitintensive Suchmethode und fordert eine strukturierte Vorgehensweise. Literaturverzeichnisse oder Schlagwortlisten werden systematisch auf deren Eignung für das Forschungsthema ausgewertet (vgl. *Dahinden et al.* 2006, S. 91). Im Rahmen der systematischen Literaturrecherche kann zwischen linearer (deduktiver) und induktiver Vorgehensweise unterschieden werden.

Im Zuge der **linearen Arbeitsweise** wird das Forschungsthema in mehrere Aspekte unterteilt. Den Ausgangspunkt stellt ein Schlüsselbegriff des Forschungsthemas dar. Da vom Allgemeinen hin zum Speziellen gesucht wird, nennt man diese Art der Suche auch deduktive. Da Suchmaschinen nur Buchstabenfolgen erkennen, nicht jedoch deren begriffliche Bedeutung, müssen die Begriffe des Forschungsthemas um Synonyme und verwandte Begriffe erweitert werden. Wissenschaftliche Wortschatzsammlungen (Thesauri) unterstützen und konkretisieren die Suchabfrage (vgl. *Rieder* 2002, S. 23).

Tipp

Fachthesauri sind hierarchisch gegliederte Verzeichnisse, deren Vokabularien durch Begriffe aus den Nachbarwissenschaften ergänzt werden. Zum Beispiel: http://www.genios.de/thesaurus/. Es empfiehlt sich, zu Beginn der Literatursuche eine ausführliche Liste der relevanten Begriffe, ihrer Synonyme und verwandten Begriffe zu erstellen.

Am Beginn der **induktiven Suche** ist das Thema bereits auf einen speziellen Aspekt eingeschränkt. Von diesem Standpunkt aus werden Fragen formuliert, um den inhaltlichen Blickwinkel zu erweitern. Die Auseinandersetzung mit dem verwandten Umfeld des Forschungsthemas ermöglicht den Zugang zu allgemeiner sowie grundlegender Literatur. Mit Hilfe dieser kann spezielle Literatur gefunden werden (vgl. *Rieder* 2002, S. 23).

4.1.2. Quellen- und Suchwerkzeuge

Um die Suchmethoden anwenden zu können, werden bestimmte **Quellen- und Suchwerkzeuge** benötigt. **Bibliotheks- oder Verbundkataloge** geben in erster Linie Auskunft über den Standort und die Verfügbarkeit der recherchierten Literatur. Hierbei handelt es sich um selbständig erschienene Literatur (Monographien, Sammelbände).[14] Jede Bibliothek verfügt über einen eigenen lokalen Online-Katalog (auch OPAC – Online Public Access Catalogue – genannt), womit der Literaturbestand erfasst und verwaltet wird. Neben dem traditionellen, alphabetisch sortierten Zettelkatalog wird der elektronische

---

13 Siehe dazu Kapitel 4.1.3.
14 Siehe dazu Kapitel 4.2.1.

Katalog aus Gründen der Effizienz und der vielfältigen Suchoptionen (zum Beispiel Autoren-, Titel- und Schlagwortsuche, Kombination von Suchbegriffen) bevorzugt als Suchwerkzeug herangezogen (vgl. *Dahinden et al.* 2006, S. 92 f.).

Tipp

Um für das eigene Forschungsthema ausschließlich relevante Literatur zu erhalten, sollte die Recherche mittels Booleschen Operatoren eingegrenzt werden. Boolesche Operatoren entstammen der Mengenlehre und können, im Gegensatz zu Wörtern der Alltagssprache, Suchbegriffe miteinander verknüpfen oder wechselseitig ausschließen. Zu den wichtigsten Booleschen Operatoren zählen UND, ODER und NICHT (vgl. *Camme/Ritzi* 2006, S. 45 f.).

Elektronische Kataloge haben den Vorteil, mehrere Literaturbestände miteinander verketten zu können. Der Österreichische Verbundkatalog (http://opac.bibvb.ac.at/) vereint zahlreiche wissenschaftliche Bibliotheken und zeigt Verfügbarkeit und Standorte der gesuchten Literatur innerhalb Österreichs an.

Im Gegensatz zu Bibliothekskatalogen geben **Bibliographien** keine Auskunft über Verfügbarkeit und Standort der gesuchten Literatur. Dennoch sind sie für die systematische Recherche ein elementares Quellen- und Suchwerkzeug. Bibliotheken und deren Online-Kataloge stoßen aufgrund ihrer inhaltlichen Ausrichtungen und Kapazitäten an die Grenzen des literarischen Angebotes. Bibliographien bieten einen Überblick über die bereits erschienene Literatur. Allgemeinbibliographien oder Nationalbibliographien beziehen sich in der Regel auf Veröffentlichungen innerhalb eines Landes oder eines konkreten Sprachraums. Fachbibliographien dokumentieren hingegen Quellennachweise bestimmter Themengebiete. Spezialbibliographien konzentrieren sich auf unselbständig erschienene Literatur sowie Hochschulschriften, welche in Allgemein- oder Fachbibliographien oft nicht erfasst werden (vgl. *Rossig/Prätsch* 2006, S. 60; *Sesink* 2007, S. 58 f.). Buchhandelsbibliographien geben keine Auskunft über den Stand der erschienenen Publikationen zu einem Thema, sondern informieren über die Kosten der Erwerbung sowie über die Möglichkeit der Lieferung (*Dahinden et al.* 2006, S. 94 f.).

4.1.3. Arten und Umgang mit Datenbanken

Immer häufiger werden wissenschaftliche Inhalte in elektronischer Form online zugänglich gemacht. **Datenbanken** stellen eine geeignete Umgebung dar, um Dokumente und Informationen systematisch aufzubereiten. Online-Kataloge werden zunehmend mit digitalen Dokumenten ergänzt, was zur Folge hat, dass die Recherche noch effizienter betrieben werden kann. Inhaltsverzeichnisse oder Rezensionen von Büchern können direkt Auskunft über ihre Relevanz geben.

Man unterscheidet zwischen einer Volltext- und Referenzdatenbank. Im Gegensatz zum Online-Katalog kann in **Volltextdatenbanken** nach Zeitschriftenartikeln[15] recherchiert werden. Volltextdatenbanken stellen Dokumente und deren Inhalte vollständig

---

[15] Siehe dazu Kapitel 4.2.1.

online zur Verfügung. Dies bedeutet, dass der sogenannte Volltext der wissenschaftlichen Publikation am Computer in einer HTML-Version oder in den meisten Fällen als PDF-Datei geöffnet werden kann. Die PDF-Datei hat den Vorteil, dass der Text, die Graphiken oder die Tabellen genauso wie in der Druckversion der Zeitschrift dargestellt werden. Ein weiterer Vorteil der Volltextdatenbanken ist es, durchgeführte Rechercheabfragen und deren Ergebnisse in einem persönlich eingerichteten Account abspeichern zu können. Damit kann die Literatursuche jederzeit unterbrochen werden, ohne die bereits gefundenen Resultate zu verlieren. Zudem kann über einen persönlich angelegten Account in den meisten Fällen ein „Literaturalert" oder „Zeitschriftenalert" aktiviert werden. In regelmäßigen Abständen führt die Datenbank dann automatische Suchabfragen durch, deren Ergebnisse per E-Mail zugestellt werden. Damit wird man laufend über aktuelle Publikationen zum gewünschten Themenbereich informiert. Eine zukunftsgerichtete Abfrage ist auch möglich, wenn man sich über neue Artikel informieren lässt, die einen zuvor festgelegten Artikel zitieren.

Tipp

Für die Sozial- und Wirtschaftswissenschaften relevante Volltextdatenbanken sind zum Beispiel:

- Wiso (http://www.wiso-net.de/)
- Ebsco Host (http://web.ebscohost.com/)
- Sage (http://online.sagepub.com/)
- ProQuest (http://proquest.umi.com/)
- Science Direct (http://www.sciencedirect.com/)
- JSTOR (http://www.jstor.org)

Datenbanken und deren Angebote sind grundsätzlich kostenpflichtig. Wissenschaftliche Hochschulbibliotheken stellen in den meisten Fällen über ermäßigte Campuslizenzen den Zugang im Rahmen des Hochschulnetzwerkes kostenlos zur Verfügung.

Referenzdatenbanken enthalten Literaturnachweise bzw. bibliographische Nachweise, Klassifikationen sowie Zusammenfassungen. Im Gegensatz zu Volltextdatenbanken werden keine Inhalte, sondern Quelleninformationen bereitgestellt. Referenzdatenbanken sind wertvolle Suchinstrumente, um den Ursprung wissenschaftlicher Publikationen sowie die genauen bibliographischen Angaben zu erhalten und um die Recherche effizient fortführen zu können (vgl. *Rossig/Prätsch* 2006, S. 61). Beispiele für Referenzdatenbanken sind BLISS oder ECONIS.

4.2. Literaturbewertung

Die Literatursuche fördert in der Regel eine Vielzahl unterschiedlichster Literaturquellen zu Tage. Bei der Literaturbewertung muss diese hinsichtlich der Wissenschaftlichkeit und Brauchbarkeit für die eigene Arbeit beurteilt werden.

4.2.1. Literaturbewertung nach der Quellenart

Eine Systematisierung der gesammelten Literaturquellen nach der Quellenart bietet erste Hinweise für eine Bewertung der Suchergebnisse. Sie ermöglicht eine Einschätzung, wie das eigene Thema in der Forschungslandschaft verankert ist.

Lehrbücher und **Handbücher** bieten einen guten Ausgangspunkt, um sich in das Forschungsthema einzuarbeiten. Sie geben eine erste Übersicht über das Forschungsgebiet und enthalten viele weitere Literaturhinweise. Findet man viele Lehrbücher oder Handbücher zum Forschungsthema, sollte man sich Gedanken machen, ob das gewählte Thema zu allgemein gehalten ist.

Beispiel

Ein Studierender will seine Masterarbeit über Kundenbindung schreiben. Seine erste Recherche in Online-Katalogen von Bibliotheken fördert eine erhebliche Anzahl an Überblickswerken zum Thema „Kundenbindung" zu Tage. Der Studierende beschließt die Arbeit auf einen speziellen Aspekt der Kundenbindung (z.B. Kundenbindung im Handel) zu konzentrieren.

Monographien sind Bücher, die sich mit einem einzelnen Gegenstand beschäftigen. Aktuelle Monographien sind sehr hilfreich, weil sie den aktuellen Forschungsstand zum Thema darstellen. Vor allem Standardwerken, d.h. häufig zu diesem Thema zitierten Büchern, sollte unbedingt Beachtung geschenkt werden (vgl. *Bramberger/Forster* 2008, S. 50).

Sammelwerke enthalten Beiträge verschiedener Autoren zu einem Thema. Sie bieten die Möglichkeit, unterschiedliche Perspektiven und methodische Ansätze in Bezug auf ein Thema kennen zu lernen (vgl. *Bramberger/Forster* 2008, S. 51).

Aktuelle Artikel aus wissenschaftlichen Fachzeitschriften liefern die neuesten Forschungsergebnisse. Wenn sich nach gründlicher Suche keine oder wenige wissenschaftliche Fachartikel zum Forschungsthema finden, liegt der Schluss nahe, dass sich die wissenschaftliche Gemeinschaft mit diesem Forschungsthema nicht beschäftigt. Diese Erkenntnis kann Anstoß sein, das eigene Thema oder zumindest die eigene Suchstrategie noch einmal kritisch zu überdenken. Lassen sich die mangelnden Suchergebnisse auf die Neuheit des Themas zurückführen und erscheint die Bearbeitung in wissenschaftlichem Sinne weiterhin lohnenswert, muss die Literaturrecherche auf allgemeinere oder verwandte Themengebiete ausgedehnt werden.

Beispiel

Findet man für seine Fragestellung „Misst der 3DW Raumvorstellungstest angeborene oder erlernte Fähigkeiten?" keine Fachliteratur, die sich mit dieser Problematik auseinandersetzt, wird man Literatur suchen, die sich allgemein mit der Frage beschäftigt, ob Fähigkeiten im Bereich der Raumvorstellung erlernt oder angeboren sind. Stößt man bei der Recherche auf Studien, welche diese Frage anhand von anderen Raumvorstellungstests untersucht haben, kann man über den Vergleich Rückschlüsse für die Beantwortung der Forschungsfrage ziehen.

Das **Internet** ist kein spezielles wissenschaftliches Medium, jedoch finden sich auf Websites von wissenschaftlichen Institutionen, in digitalen Bibliotheken (z.B. Google

Books) oder in Suchmaschinen für wissenschaftliche Arbeiten geeignete Literaturquellen. Generell ist wegen der großen Quellenvielfalt im Internet besonderes Augenmerk auf die Bewertung der wissenschaftlichen Qualität von Internetquellen zu legen. Google-Scholar (http://scholar.google.com) ist eine frei zugängliche Internet-Suchmaschine, die wissenschaftliche Artikel und zusätzlich Zitate verzeichnet (vgl. *Ball/Tunger* 2005, S. 17).

Weitere Quellen, die in unterschiedlichem Ausmaß Verwendung in wissenschaftlichen Werken finden, sind Gesetzestexte, Gerichtsurteile, Konferenzbeiträge, Herstellerinformationen oder die so genannte „Graue Literatur". „Graue Literatur" sind Werke, die nicht über den Buchhandel beziehbar sind (vgl. *Balzert et al.* 2008, S. 10).

4.2.2. Literaturbewertung nach der thematischen Relevanz und Aktualität

Nach der Bewertung der Suchergebnisse anhand der Quellenart empfiehlt sich eine Bewertung der einzelnen Quellen in Hinblick auf die thematische **Relevanz** für das eigene Thema.

Der erste Schritt der Relevanzprüfung beantwortet die Frage, ob die Literaturquelle lesenswert ist. Die Betrachtung von Titel und Untertitel der Literaturquelle ermöglicht es, einen ersten Eindruck über die Bedeutung der Literaturquelle für das eigene Thema zu gewinnen. Dabei ist bei Übersetzungen auf den Originaltitel zu achten. Anhand des Erscheinungsjahrs kann man auf die Aktualität schließen, wobei bei Übersetzungen das Datum der Erstveröffentlichung ausschlaggebend ist. Weiters lässt sich die **Aktualität** anhand der Erscheinungsjahre der angeführten Quellen im Literaturverzeichnis bestimmen. Das Durchsehen von Inhaltsverzeichnis, Vorwort, Einleitung und Zusammenfassung lässt die inhaltliche Relevanz der Quelle bereits vor der Lektüre einschätzen (vgl. *Frank/Stary* 2006, S. 76).

Lesenswerte Quellen unterzieht man nun einer genaueren Überprüfung. Dieser zweite Schritt der Relevanzprüfung selektiert die für die eigene Arbeit wichtigen Textpassagen. Wichtig ist dabei, dass man vor dem Lesen über folgende Fragen Klarheit erlangt: Was weiß ich schon? Was will ich wissen? (vgl. *Esselborn-Krumbiegel* 2004, S. 74). Ist man sich der Antworten auf diese Fragen – zumindest im Groben – bewusst, ist eine effiziente Beurteilung der Relevanz von Textpassagen für die eigene Arbeit möglich: Textpassagen, die mit bereits bearbeitetem Material redundant sind oder mit dem eigenen Thema nichts zu tun haben, können übersprungen werden. Textpassagen, die inhaltliche Fragestellungen der eigenen Arbeit beantworten, können für die weitere Bearbeitung markiert werden. Anhand der Anzahl und der Relevanz der markierten Textstellen je Quelle können die auf diese Weise durchgesehenen Literaturquellen bereits nach ihrer Bedeutung für das eigene Thema bewertet werden.

4.2.3. Literaturbewertung nach der wissenschaftlichen Qualität

Die Qualität wissenschaftlicher Arbeiten wird anhand einer Vielzahl von Kriterien beurteilt: Ehrlichkeit, Objektivität, Überprüfbarkeit, Reliabilität, Validität, Verständlichkeit, Relevanz, logische Argumentation, Originalität, Nachvollziehbarkeit (vgl. *Balzert et al.* 2008, S. 10). Gerade im Anfangsstadium einer wissenschaftlichen Arbeit fehlt häufig das Wissen, um Literaturquellen anhand der genannten Kriterien beurteilen zu können.

In diesem Fall stehen zwei Möglichkeiten zur Verfügung: Das Einholen von Informationen durch die wissenschaftliche Gemeinschaft und indirektes Schließen auf wissenschaftliche Qualität anhand formaler Kriterien.

Qualitätsbeurteilungen durch die wissenschaftliche Gemeinschaft können über Kontakte zum Betreuer der Arbeit, durch Befragen themen- und fachverwandter hochschulischer Institute oder anderer Organisationen wie Ministerien, Interessenvertretungen, Vereine, Bibliotheken oder Medien erhalten werden (vgl. *Karmasin/Ribing* 2006, S. 72).

Eine weitere Hilfe stellen veröffentlichte Rezensionen wissenschaftlicher Literatur dar. Für die Sozial- und Geisteswissenschaften werden beispielsweise in der „Internationalen Bibliographie der Rezensionen" Buchbesprechungen gesammelt. Die Qualität des Verlages und das wissenschaftliche Renommee von Autor, Herausgeber, Schreiber von Vorwort oder Geleitwort können ebenfalls als Indiz für die wissenschaftliche Qualität herangezogen werden (vgl. *Frank/Stary* 2006, S. 76 f.). Zudem kann bei wissenschaftlichen Artikeln darauf geachtet werden, ob die Artikel mittels Peer Reviews ausgewählt werden. Dabei werden die eingesandten Artikel vor ihrer Veröffentlichung einem anonymen Prüfverfahren durch unabhängige Fachexperten unterzogen. Dieses Prüfverfahren hat den Vorteil, dass inhaltlich oder methodisch schlechte Forschungsarbeiten ausgefiltert werden können (vgl. *Hames* 2007, S. 2 f.).

Als ein wesentlicher Indikator für die wissenschaftliche Qualität hat sich in den letzten Jahren die Häufigkeit des Zitiert-Werdens entwickelt. Die Leistungen von Wissenschaftlern, deren Werke sehr häufig von anderen Wissenschaftlern zitiert werden, gelten als besonders hochwertig. In diesem Zusammenhang sind Zitatdatenbanken entstanden. Die älteste und umfassendste ist der Science Citation Index (SCI) des „Institute for Scientific Information" (ISI). Dieser sammelt von rund 6000 international beachteten Zeitschriften bibliographische Angaben in Zusammenhang mit deren Zitation. Mittels der Zitationsrate[16] können Aussagen zur Bedeutung der Artikel eines Autors, einer Arbeitsgruppe, eines wissenschaftlichen Instituts oder einer wissenschaftlichen Zeitschrift getroffen werden. Die Abfragen können über die Website des „Web of Science" durchgeführt werden, sind aber kostenpflichtig.

Diese Qualitätsbeurteilungen durch die wissenschaftliche Gemeinschaft können die Literaturbewertung in der Einarbeitung in ein Themengebiet erleichtern. Im Laufe der Arbeit an einem Forschungsthema wird man sich jedoch von den einzelnen Kriterien der Gemeinschaft lösen und eigene entwickeln.

Ergänzend zu den Qualitätskriterien für wissenschaftliche Arbeiten und den Qualitätsbeurteilungen durch die wissenschaftliche Gemeinschaft kann die Einhaltung formaler Kriterien wie z.B. korrekte Zitierweise und ausführliche Quellenangaben (vgl. *Karmasin/Ribing* 2006, S. 72) bei der Literaturbewertung herangezogen werden. Eine Einhaltung der formalen Kriterien alleine spricht jedoch noch nicht für wissenschaftliche Qualität.

---

[16]   Maß, wie oft ein wissenschaftlicher Artikel zitiert wurde (vgl. *Ball/Tunger* 2005, S. 16).

4.2.4. Lesetechniken

Für die Bearbeitung der Literaturquellen können verschiedene Lesetechniken angewendet werden. Diese Lesetechniken unterstützen, die Literaturquellen entsprechend der Zielsetzung der Arbeit zu erfassen und deren Bedeutung für die wissenschaftliche Arbeit festzustellen (vgl. *Rauscher* 1991, S. 83–90 zitiert nach *Rieder* 2002, S. 26 f.).

Beim **Selektierenden Lesen** soll eine unbekannte Literaturquelle zügig danach beurteilt werden, ob und wie es zum eigenen Forschungsthema passt. Dies geschieht durch Lesen des Klappentextes, des Inhaltsverzeichnisses, der Einleitung und von hervorgehobenen Textstellen oder Zusammenfassungen. Diese Lesetechnik ist für den ersten Schritt der Relevanzprüfung geeignet.

Beim **Kursorischen Lesen** wird der Text anhand von Schlüsselbegriffen, die für das eigene Thema wichtig sind, überflogen. Auf diese Weise kann entschieden werden, welche Textpassagen für eine weitere Auseinandersetzung in Frage kommen. Somit eignet sich das kursorische Lesen für den zweiten Schritt der Relevanzprüfung.

Selektives Lesen heißt, ausgewählte Texte oder Textpassagen anhand des eigenen Vorwissens zu überprüfen, um zusätzliche Erkenntnisse für die eigene Fragestellung zu gewinnen. Ausgewählte Textpassagen werden exzerpiert. Selektives Lesen geht bereits über eine bloße Relevanzprüfung hinaus.

Studierendes Lesen versucht bereits, die Gedankengänge und Argumentationsschritte genau nachzuvollziehen und systematisch zu erfassen. Die Aussagen werden mit der eigenen Wissensstruktur zum Forschungsthema verknüpft. Die wichtigsten Passagen werden exzerpiert und zusammengefasst. Studierendes Lesen ist als Lesetechnik für eine erste Relevanzprüfung sehr aufwendig.

Rekapitulierendes Lesen unterwirft das durch die Lektüre erworbene Wissen einer Kontrolle. Dazu werden die zusammengefassten und exzerpierten Texte nochmals gelesen und in Bezug zu dem Originaltext, dem eigenen Wissen und anderen Texten gebracht. Rekapitulierendes Lesen stellt somit eine wichtige Technik für spätere Phasen der eigenen Arbeit dar.

4.3. Literaturauswertung

Nach der Recherche der relevanten Literatur, einer ersten Durchsicht und eventuell bereits erfolgtem Lesen stellt sich die Frage, wie das Gelesene für die weitere Arbeit ausgewertet werden kann. Die **Literaturauswertung** hat mehrfache Funktion: das Gelesene festzuhalten, in kompakter Form die relevanten Inhalte nachlesen zu können, bedeutsame Aussagen und Argumentationsstrukturen der Texte herauszuarbeiten, eine Meta-Analyse des Gelesenen durchzuführen und letztlich eine schriftliche Vorbereitung für das Schreiben des Textes.

4.3.1. Strukturorientierte Auswertung von Literatur

Bei der **strukturorientierten Auswertung** liegt der Fokus auf einer Vergleichbarkeit der ausgewerteten Literatur. Die Auswertung erfolgt mit Hilfe eines Rasters. Dieser Raster sollte sowohl allgemeine Informationen zur gelesenen Literatur enthalten, wie zum

Beispiel die bibliographischen Angaben, als auch spezifische Informationen, die in Zusammenhang mit der Forschungsfrage stehen.

Entsprechende Raster können für Zeitschriftenartikel, Monographien, Sammelbände wie auch Websites angelegt werden.[17]

Beispiel für ein allgemeines Raster

„Der logische Aufbau von ‚(Name des Artikels)‘

1. Die **Absicht** des Artikels ist _____ (Halten Sie den Grund, das Motiv des Autors dieses Artikels treffend und exakt fest).

2. Die zentrale **Fragestellung**, mit der sich der Autor befasst, heißt _____ (Schälen Sie die Kernfrage heraus, mit der sich der Autor im Artikel auseinandersetzt).

3. Die wichtigste **Information** in diesem Artikel ist _____ (Untersuchen Sie die Fakten, Erfahrungen, Daten, welche der Autor zu Gunsten seiner Folgerungen anführt bzw. zitiert).

4. Die zentralen **Interpretationen** und Folgerungen sind _____ (Arbeiten Sie die Schlüsse heraus, die der Autor zieht und darstellt).

5. Die wesentlichen **Konzepte** bzw. Schlüsselbegriffe für das Verständnis des Artikels sind _____. Mit diesen will der Autor sagen _____ (Erläutern Sie Kernideen, die man für den Nachvollzug der Argumentationslinie des Autors kennen muss).

6. Die wichtigsten **Annahmen**, die den Ausführungen des Autors zu Grunde liegen, sind _____ (Finden Sie heraus, was der Autor als selbstverständlich betrachtet, und ob man es in Zweifel ziehen sollte).

7. a) Wenn wir die Argumentationsliste ernst nehmen, hat dies folgende **Auswirkungen** _____ (Welche Konsequenzen ergeben sich für die Leute, wenn sie die Gedanken des Autors ernst nehmen?). b) Wenn wir die Argumentationslinie nicht ernst nehmen, hat dies folgende **Auswirkungen** _____ (Welche voraussichtlichen Folgen hat es, wenn die Leute die Gedanken des Autors nicht ernst nehmen?)

8. Die wesentlichen **Standpunkte**, die im Artikel vorgestellt werden, sind _____ (Was greift der Autor auf und aus welchem Blickwinkel tut er dies?).“ (Paul/Elder 2003, S. 10)

Beispiel für ein spezifisches Raster

Im Rahmen einer Arbeit zum Thema Wissenskultur wird die Literatur nach folgenden Aspekten untersucht:

- *Definitionen, insbesondere Wissenskultur, Wissen, Kultur, andere relevante Definitionen*
- *Methoden der Analyse von Wissenskultur*
- *Autoren, die für das Thema Wissenskultur relevant sind*
- *Theorien der Wissenskultur*

---

[17] Siehe dazu *Boeglin* (vgl. 2007).

- *Sichtbare Elemente der Wissenskultur*
- *Unsichtbare Elemente der Wissenskultur*
- *Merkmale erfolgreicher Wissenskultur*
- *Merkmale nicht erfolgreicher Wissenskultur*
- *Einfluss von nationaler Kultur*
- *Einfluss von Branchenkultur*
- *Auftreten von Aspekten der Internationalität innerhalb des Themas Wissenskultur*

Tipp

Enthält eine Textstelle relevante Informationen zu einem der genannten Aspekte, wird dies im Raster notiert. Es empfiehlt sich, diese Informationen in strukturierter Form in ein Tabellenkalkulationsprogramm oder eine Datenbank einzugeben, um die relevanten Textstellen je nach Aspekt auswerten zu können.

4.3.2. Exzerpieren

Das **Exzerpieren** dient der Zusammenfassung des Gelesenen in eigenen Worten und dem Festhalten von bedeutsamen Aussagen, die später in Form von Zitaten in den Text einfließen sollen. Beim Zusammenfassen des Inhalts ist darauf zu achten, dass trotz der Kürzung des Textes der Sinn und die wesentlichen Aussagen erhalten bleiben.

Das Exzerpieren ist eine der wichtigsten Aufgaben im wissenschaftlichen Arbeiten, da es die aktive Auseinandersetzung mit den Forschungsergebnissen vorangegangener Forschung ist. Damit trägt das Exzerpieren wesentlich zum Aufbau des eigenen Wissens zum Forschungsthema bei.

Nicht jede gelesene Literatur muss jedoch exzerpiert werden. Es ist dann sinnvoll, wenn man die Literatur nicht besitzt. Das Exzerpieren empfiehlt sich ebenso, wenn nur wenige Stellen aus einem umfangreichen Werk benötigt werden (vgl. *Stary/Kretschmer* 2004, S. 114–115).

Es gibt verschiedene Methoden, Exzerpte zu erstellen. Das früher verwendete System, auf Karteikarten Zitate und relevante Textstellen zu notieren, ist ausführlich bei *Eco* (vgl. 2005, S. 150) beschrieben. Man unterscheidet Schlagwort-Exzerpte und Zitatexzerpte. Bei **Schlagwort-Exzerpten** notiert man sich zu einem Schlagwort zugehörige Textstellen. Im Anschluss an die Sammlung dieser Stellen kann man die Textstellen pro Schlagwort in seinem eigenen Text abarbeiten. Beim **Zitierexzerpt** werden Zitate aus der Literatur erfasst. Diese werden in eine für die Arbeit logische Reihenfolge gebracht und so im eigenen Text abgearbeitet.

Je nachdem, ob man bereits einen Überblick über das Forschungsthema und die Fragestellung hat, ergeben sich daher zwei Exzerpier-Strategien. In der Phase des Überblicks empfiehlt es sich, die gelesene Literatur grob zusammenzufassen. Erst wenn man bereits im Forschungsthema eingelesen ist und konkrete Forschungsfragen vorliegen hat, ist eine detaillierte Analyse unter einem vorher festgelegten Blickwinkel durchzuführen (vgl. *Stary/Kretschmer* 2004, S. 115–116).

Wesentlich bei jeder Art des Exzerpierens ist es, die Quelle und die Seite(-n), auf denen das Zitat zu finden ist. Dies ist notwendig zu notieren, um das Zitat im späteren Text korrekt zu belegen. Weiters muss gekennzeichnet werden, ob es sich um ein indirektes oder direktes Zitat handelt. Notiert man sich zugleich Anmerkungen zum Gelesenen, sind diese entsprechend zu markieren.

Beim Exzerpieren von Zitaten ist die Auswahl des vorgefundenen Materials im Hinblick auf die Forschungsfrage notwendig. Es empfiehlt sich daher nicht, Exzerpte zu machen, solange man keinen Überblick über die Forschungsliteratur hat. Ansonsten besteht die Gefahr, dass man zu viel Zeit in das Notieren von Zitaten aufwendet, die man später nicht braucht. Das dahinterliegende Prinzip ist der hermeneutische Zirkel.[18]

Beim Exzerpieren sollte das Gelesene gleichzeitig kritisch hinterfragt werden. Zu Beginn der Auseinandersetzung mit einem Thema wird das noch nicht im Vordergrund stehen, jedoch im Laufe der Arbeit zunehmen. Entsprechende Kommentare sollten dann in den Exzerpten aufgenommen werden. Texte, die man zu Beginn des Arbeitsprozesses unkritisch gelesen hat, müssen zu diesem Zweck noch ein zweites Mal ergänzend exzerpiert werden.

4.3.3. Meta-Analyse der Literatur

Die **Meta-Analyse** der Literatur kann beginnen, wenn ein großer Teil der relevanten Literatur bereits strukturell analysiert und exzerpiert wurde. Dazu können die vorliegenden Exzerpte nach übergreifenden Merkmalen analysiert werden. Mit Hilfe der Meta-Analyse ist es möglich, Bilanz über die für das Forschungsthema relevante Literatur zu ziehen (vgl. *Boeglin* 2007, S. 91). Dies kann auf unterschiedlichem Weg erfolgen. Eine Möglichkeit der Analyse ist die Darstellung der Literatur im chronologischen Ablauf des Erscheinens. Damit kann zum Beispiel die Entwicklung eines Forschungsthemas und seiner Argumente, abweichender Weiterentwicklungen und paralleler Diskussionsstränge nachvollzogen werden wie auch die wesentlichen Forschenden eines Gebiets festgestellt werden.

Die Meta-Analyse kann in unterschiedlicher Darstellungsform durchgeführt werden. Hilfreich ist oft eine schematische, tabellarische oder grafische Darstellungsform, aus der in weiterer Folge ein zusammenhängender Text erstellt wird. Eine chronologische Analyse kann zum Beispiel anhand eines Zeitstrahls erfolgen. Eine Analyse von verwandten und verschränkten Themenbereichen kann mit Hilfe von „Landkarten" erfolgen. Diese stellen in Form von Flächen die einzelnen Themengebiete dar. Thematische Überschneidungen werden dann als Überschneidungen der Flächen dargestellt (vgl. *Fisher* 2004, S. 69–74).

Beispiel

Die folgende Abbildung 19 zeigt die Darstellung der Literatur in Form einer Landkarte am Beispiel des Themas von Mitarbeitern in einem Unternehmen, die nach einem massiven Personalabbau weiterhin im Unternehmen tätig sind und sich als „Überlebende" sehen. Die für dieses Thema relevante Literatur wird in Form von Flächen dargestellt, die aneinander grenzen, sich überlappen, nah oder fern gelagert sind.

---

[18]   Siehe dazu Kapitel 1.4.1.

Abbildung 19: Literatur-Mapping zum Thema Überlebende in Unternehmen nach dem Personalabbau

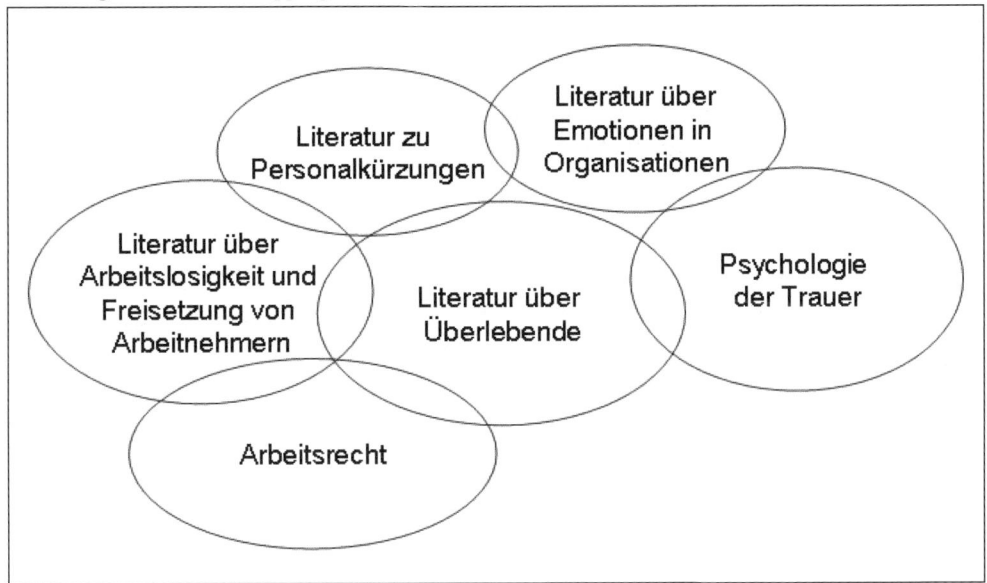

Quelle: In Anlehnung an *Fisher* 2004, S. 70

4.4. Literaturverwaltung

Die **Literaturverwaltung** stellt im Rahmen des wissenschaftlichen Arbeitens eine wichtige Aufgabe dar, die bei nicht sorgfältiger Arbeitsweise viel Zeit kostet. Im Zuge der Literaturverwaltung wird die recherchierte Literatur dokumentiert, um sie für das Lesen und Bearbeiten bereitzuhalten. In der Phase der Literaturauswertung wird innerhalb der Literaturverwaltung festgehalten, welche Literatur bereits gelesen wurde, welche für die weitere Arbeit von Relevanz ist und welche wesentlichen Inhalte, Aussagen und Argumentationen sich darin befinden.

Mittels der Literaturverwaltung lässt sich festzustellen, welche Literatur bereits recherchiert wurde, welche beschafft wurde oder noch beschafft werden muss, welche gelesen wurde oder gelesen werden muss. Sie kann die Notizen der strukturellen Analyse aufnehmen wie auch die detaillierten Exzerpte.

Früher erfolgte die Verwaltung von Literatur mit Hilfe von Karteikarten und Karteikästen, Heften, Zetteln und Ordnern.[19] Mittlerweile hat sich die digitale Verwaltung mit Hilfe von Software durchgesetzt. Es gibt zahlreiche unterschiedliche Programme, die entweder am PC installiert werden oder über den Browser im Web zugänglich sind. Zudem wird zwischen Einzelplatzlösungen und Gruppenlösungen unterschieden. Eine einfache Form der Literaturverwaltung kann anhand eines Tabellenkalkulations- oder eines Textverarbeitungsprogrammes erfolgen. Als Beispiel für ein sehr umfangreiches Literaturverwaltungsprogramm wird im Folgenden die Software Citavi vorgestellt (www.citavi.de).

Abbildung 20: Bereich Literaturverwaltung in Citavi

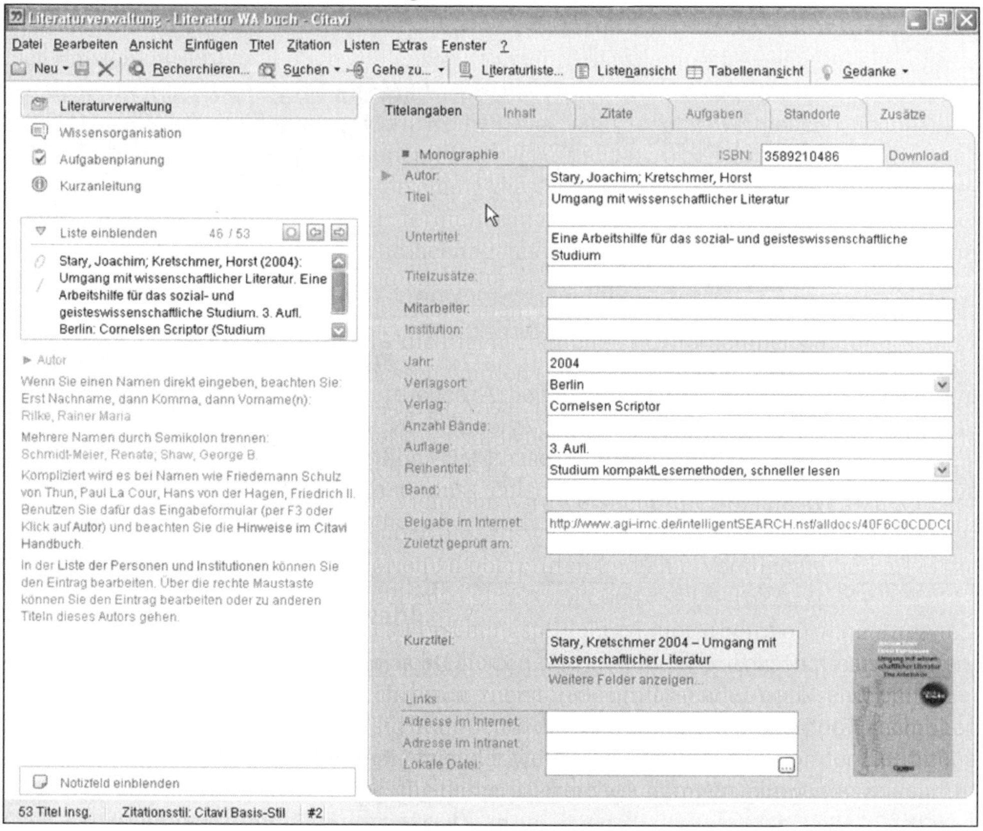

Quelle: Screenshot der Literaturverwaltung

Citavi verwaltet die bibliographischen Daten der recherchierten und gelesenen Literatur. Weiters unterstützt es bei der Recherche der Literatur, der Erfassung aller Exzerpte und Notizen, hilft bei deren Verwaltung mittels der Wissensorganisation, ermöglicht die Erstellung von Rohfassungen des zu schreibenden Textes und verwaltet alle damit zusammenhängenden Aufgaben. Anschließend kann Citavi den in der Textverarbeitung erstellten Text im richtigen Stil formatieren und erstellt automatisch ein Literaturverzeichnis der zitierten Literatur.

---

[19] Siehe dazu auch *Stary/Kretschmer* 2004.

Abbildung 21: Bereich Wissensorganisation in Citavi

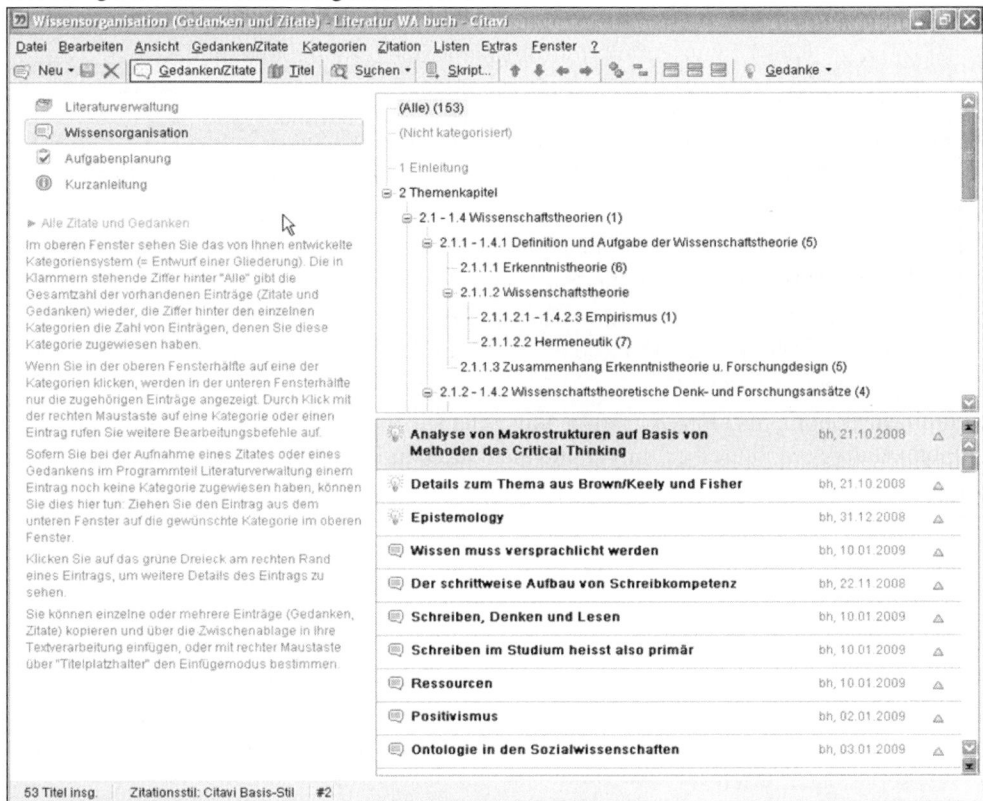

Quelle: Screenshot der Literaturverwaltung Citavi

Tipp

Citavi ist in einer freien Version erhältlich, mit der es möglich ist, bis zu 100 unterschiedliche Quellen pro Projekt zu verwalten, sowie in einer kostenpflichtigen Variante, die eine unbegrenzte Anzahl von Quellen zur Verwaltung erlaubt. Für eine Seminararbeit reicht daher oft die freie Version aus. Für größere wissenschaftliche Arbeiten ist die kostenpflichtige Variante zu empfehlen.

Weiterführende und zitierte Literatur

Ball, Rafael/Tunger, Dirk (2005): Bibliometrische Analysen – Daten, Fakten und Methoden. Grundwissen Bibliometrie für Wissenschaftler, Wissenschaftsmanager, Forschungseinrichtungen und Hochschulen. Schriften des Forschungszentrums Jülich, Band 12, Jülich.

Balzert, Helmut/Schäfer, Christian/Schröder, Marion/Kern, Uwe (2008): Wissenschaftliches Arbeiten. Wissenschaft, Quellen, Artefakte, Organisation, Präsentation. 1. korrigierter Nachdruck Juli 2008, Herdecke/Witten.

Boeglin, Martha (2007): Wissenschaftlich arbeiten Schritt für Schritt. Gelassen und effektiv studieren. München.

Brauner, Detlef/Vollmer, Hans-Ullrich (2008): Erfolgreiches wissenschaftliches Arbeiten, Sternenfels.

Bramberger, Andrea/Forster, Edgar (2008): Wissenschaftlich Schreiben. kritisch – reflexiv – handlungsorientiert. Wissenschaftliche Schriftenreihe des Zentrums für Zukunftsstudien, Band 2, Wien.

Dahinden, Urs/Sturzenegger, Sabina/Neuroni, Alessia C. (2006): Wissenschaftliches Arbeiten in der Kommunikationswissenschaft, Bern.

Eco, Umberto (2005): Wie man eine wissenschaftliche Abschlußarbeit schreibt. Doktor-, Diplom- und Magisterarbeit in den Geistes- und Sozialwissenschaften. 11., unveränderte Auflage, Heidelberg.

Esselborn-Krumbiegel, Helga (2004): Von der Idee zum Text. Eine Anleitung zum wissenschaftlichen Schreiben, unveränderter Nachdruck der 2. Auflage 2004, Paderborn.

Fisher, Colin (2004): Researching and writing a dissertation for business students, Harlow u.a.

Frank, Norbert/Stary, Joachim (2006): Die Technik wissenschaftlichen Arbeitens. Eine praktische Anleitung, 13. Auflage, Paderborn.

Hames, Irene (2007): Peer Review and Manuscript Management in Scientific Journals. Guidelines for Good Practis, Malden USA/Oxford UK/Victoria Australien.

Karmasin, Matthias/Ribing, Rainer (2006): Die Gestaltung wissenschaftlicher Arbeiten. Ein Leitfaden für Haus- und Seminararbeiten, Magisterarbeiten, Diplomarbeiten und Dissertationen, Wien.

Kuhn, Thomas S. (1976): Die Struktur wissenschaftlicher Revolutionen, 2. revidierte Auflage 1976, Frankfurt am Main.

Paul, Richard/Elder, Linda (2003): Kritisches Denken. Begriffe & Instrumente. Ein Leitfaden im Taschenformat. Stiftung für kritisches Denken. Online verfügbar unter http://www.criticalthinking.org/docs/german_concepts_tools.doc, zuletzt geprüft am 28.5.2007.

Rauscher, Erwin (1991): Wissenschaft lernen. Beiträge zur Lehrerfortbildung. Band 35, Wien.

Rieder, Karl (2002): Wissenschaftliches Arbeiten. Eine Einführung, Wien.

Rossig, Wolfram E./Prätsch, Joachim (2006): Wissenschaftliches Arbeiten, Hamburg.

Sesink, Werner (2007): Einführung in das wissenschaftliche Arbeiten. Internet, Textverarbeitung, Präsentation, 7. Auflage, München.

Spoun, Sascha/Domnik, Dominik B. (2004): Erfolgreich studieren. Ein Handbuch für Wirtschafts- und Sozialwissenschaftler, München.

Stary, Joachim/Kretschmer, Horst (2004): Umgang mit wissenschaftlicher Literatur. Eine Arbeitshilfe für das sozial- und geisteswissenschaftliche Studium, 3. Auflage, Berlin.

5. Kapitel: Bestandteile einer wissenschaftlichen Arbeit

Bernhard Kozljanic, Georg Pejrimovsky, Carina Pusemann, Wolfgang Wagner

Lernziele

- Sie kennen die verschiedenen Gliederungsmethoden und Anforderungen zur Strukturierung einer wissenschaftlichen Arbeit und können Ihrer Arbeit eine logische, nachvollziehbare und formal korrekte Struktur geben.
- Sie kennen die Bestandteile einer wissenschaftlichen Arbeit und deren Inhalte und können diese für Ihre Arbeit anwenden.

5. Bestandteile einer wissenschaftlichen Arbeit

Eine wissenschaftliche Arbeit umfasst mehrere Bestandteile, die sie als solche ausweisen und damit von anderen Arbeiten unterscheidbar macht. Wesentliche Unterscheidungskriterien sind jedoch nicht nur die Bestandteile, sondern auch die Gliederung, die dem Leser als wesentliche Orientierungshilfe dient.

5.1. Gliederung

5.1.1. Funktion der Gliederung

Eine **Gliederung** unterteilt ein Gesamtthema in Teilthemen und zeigt die Beziehungen und Wertigkeiten zwischen den Teilthemen und ihrer Reihenfolge auf (vgl. *Stickel-Wolf/Wolf* 2005, S. 176). Die Gliederung soll demzufolge dem Leser einen roten Faden vermitteln, überschneidungsfrei sein und alle inhaltlich wichtigen Bereiche des Forschungsthemas umfassen. Es empfiehlt sich, eine Grobgliederung parallel zu Literaturrecherche und -auswertung anzufertigen, die mit zunehmender Einarbeitung in das Thema schrittweise verfeinert und bis zur endgültigen Fertigstellung der Arbeit adaptiert werden kann. Die endgültige Gliederung zeigt sich im Inhaltsverzeichnis der Arbeit.

Tipp

Eine Gliederung ist wie einen Bauplan: Welcher Baumeister würde ohne detaillierten Bauplan beginnen? Dies mag den Schreibprozess verzögern, dafür gestaltet sich das Schreiben anschließend wesentlich einfacher („Ich habe einen Plan und weiß nun wie es geht") und effizienter.

Achtung!

Die Gliederung der Arbeit kann und muss an den gegenwärtigen Wissens- und Informationsstand angepasst werden, daher erfolgt eine iterative Adaption der Gliederung während des gesamten Erstellungsprozesses der wissenschaftlichen Arbeit.

5.1.2. Gliederungssystematiken

Ein Grundproblem bei der Erstellung einer wissenschaftlichen Arbeit stellt die Systematisierung der Gliederung, d.h. vor allem die Gliederung des Hauptteils an sich, dar. Dieses Problem beruht im Wesentlichen darauf, dass entweder zu viel oder zu wenig Literatur zum Forschungsthema vorhanden ist und sich eine Gliederung daher nicht gleich logisch ergibt. Es gibt jedoch zahlreiche Gliederungssystematiken, die genutzt werden können. Die Gliederung der Arbeit kann beispielsweise induktiv, deduktiv, chronologisch, systematisch und nach dem Ursache- und Wirkungsprinzip erstellt werden.

5.1.3. Gliederungsformen

In wissenschaftlichen Arbeiten ist die numerische (vgl. Abbildung 22) oder die alpha-numerische (vgl. Abbildung 23) Ordnung üblich. Diese können nach dem Linienprinzip oder nach dem Abstufungsprinzip gestaltet werden. Die gewählte Gliederungsform ist jedenfalls konsequent durchzuhalten.

Abbildung 22: Numerische Gliederungsform

1.	1.	
1.1.	1.1.	
1.2.	1.2.	
1.2.1.		1.2.1.
1.2.2.		1.2.2.
1.3.	1.3.	
1.4.	1.4.	
2.	2.	
3.	3.	
... nach dem Linienprinzip	... nach dem Abstufungsprinzip	

Quelle: In Anlehnung an *Theisen* 1997, S. 90 f.

Abbildung 23: Alpha-numerische Gliederungsform

A. Lateinische Großbuchstaben (Teile)	A.			
I. Römische Zahlen (Kapitel)		I.		
1. Arabische Zahlen (Abschnitte)			1.	
a. (Unterabschnitte)				a.
b.				b.
ba. (Absatz)				ba.
bb.				bb.
2.			2.	
II.		II.		
B.	B.			
... nach dem Linienprinzip	... nach dem Abstufungsprinzip			

Quelle: In Anlehnung an *Theisen* 1997, S. 92

Tipp

Im Text empfiehlt sich das Linienprinzip, im Inhaltsverzeichnis das Abstufungsprinzip.

5.1.4. Mindestanforderungen an eine Gliederung

5.1.4.1. Vertikale Gliederung

Die Gliederung spiegelt den roten Faden der Arbeit wider. Die Hauptpunkte zeigen die erste, kurze Ausdifferenzierung des Themas und die Reihenfolge der Bearbeitung. Alle inhaltlichen Komponenten des Themas müssen sich in der Gliederung wiederfinden (vgl. *Faller* 1995, S. 4). Im Falle einer Über- oder Unterordnung von Gliederungspunkten muss sich diese auch in der Gliederung widerspiegeln. Die Aufgabe besteht darin, eine überschneidungsfreie und vollständige Gliederungssystematik zu finden.

Beispiel

In Abbildung 24 wird gegen diese Regeln verstoßen: So sind z.B. Tandems und Fahrräder nicht auf der gleichen Stufe; vielmehr müssen Tandems dem Hauptpunkt „Fahrräder" untergeordnet werden. Auch „Motorflugzeuge" müssen – streng ge-

*nommen – dem (noch fehlenden) übergeordneten Hauptpunkt „Flugzeuge“ unter-
geordnet werden.*
*Die Verkehrsmittel „Fahrräder“, „PKW“, „Flugzeuge“ und „Schiffe“ würden sich
dagegen – unter der Überschrift „Verkehrsmittel“ gesehen – auf derselben Stufe befinden.*

Abbildung 24: Vertikale Eindeutigkeit

Vertikale Eindeutigkeit?

Verkehrsmittel

- (1.) Fahrräder
  - 1.1. Damenräder
- (2.) Tandems
  - 2.1. Alu-Tandems
    - 2.1.1. Leichter als 15 kg
    - 2.1.2. Ausländische Fabrikate
    - 2.1.3. Straßen-Tandems
  - 2.2. Liegeräder
  - 2.3. Gelände-Tandems
- (3.) PKW
  - 3.1. Geschichte des Fahrradsportes
- (4.) Motorflugzeuge
  - 4.1. Einmotorig
  - 4.2. Mehrmotorig

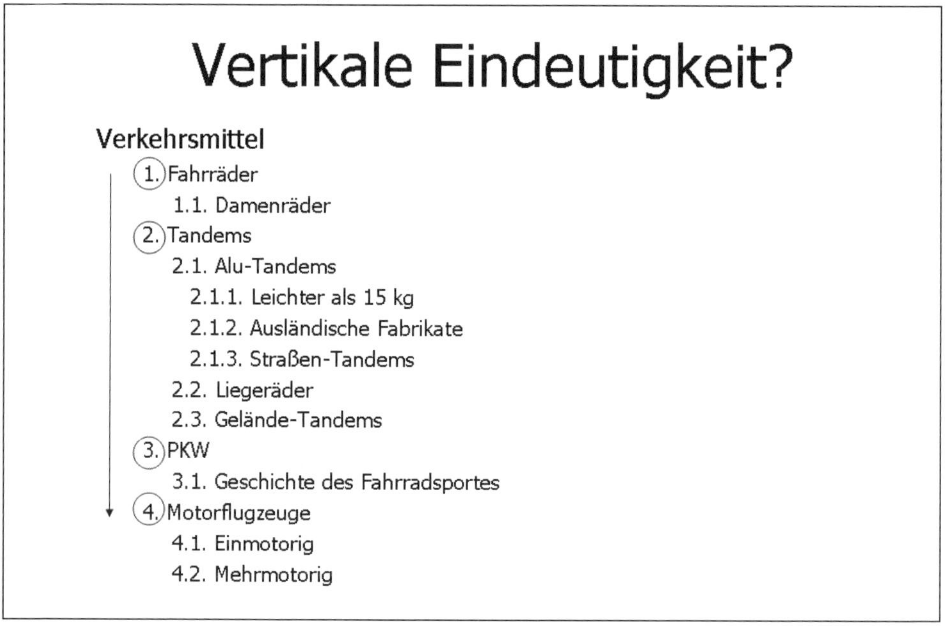

Quelle: Eigene Darstellung

5.1.4.2. Horizontale Gliederung

Wenn die vertikale Gliederung stimmig ist, erfolgt die horizontale Gliederung. Jeder
Gliederungspunkt muss für sich, unabhängig von den anderen Gliederungspunkten, ausdifferenziert werden. Die Unterpunkte müssen überschneidungsfrei sein und in ihrer Gesamtheit den Gliederungspunkt inhaltlich abdecken (vgl. *Faller* 1995, S. 12; *Rößl* 2008,
S. 134 f.).

Beispiel

*Am Beispiel der Tandems und Flugzeuge soll dies in Abbildung 25 gezeigt werden.
Bei den Alu-Tandems ist eine horizontale, kriterienreine Untergliederung nicht gegeben. Ein italienisches Straßen-Tandem aus Alu mit 14 kg kann jedem der drei Unterpunkte zugeordnet werden. Aber auch auf einer Stufe höher ist die Ausdifferenzierung falsch. Liegeräder müssen keine Tandems sein; Gelände-Tandems können auch
aus Alu sein.*
*Bei den Flugzeugen ist die Ausdifferenzierung der Motorflugzeuge kriterienrein und
vollständig. Zudem sind Motor- und Segelflugzeuge überschneidungsfrei den Flugzeugen untergeordnet.*

Ein weiterer Formalfehler ist ein einzelner Unterpunkt. So werden oben Fahrräder aufgeteilt in Damenräder ohne weiteren Unterpunkt. Wenn ein Gliederungspunkt strukturiert wird, müssen mindestens zwei Unterpunkte vorhanden sein. Unterpunkte werden nur dann gebildet, wenn es etwas zu unterteilen gibt.

Abbildung 25: Horizontale Eindeutigkeit

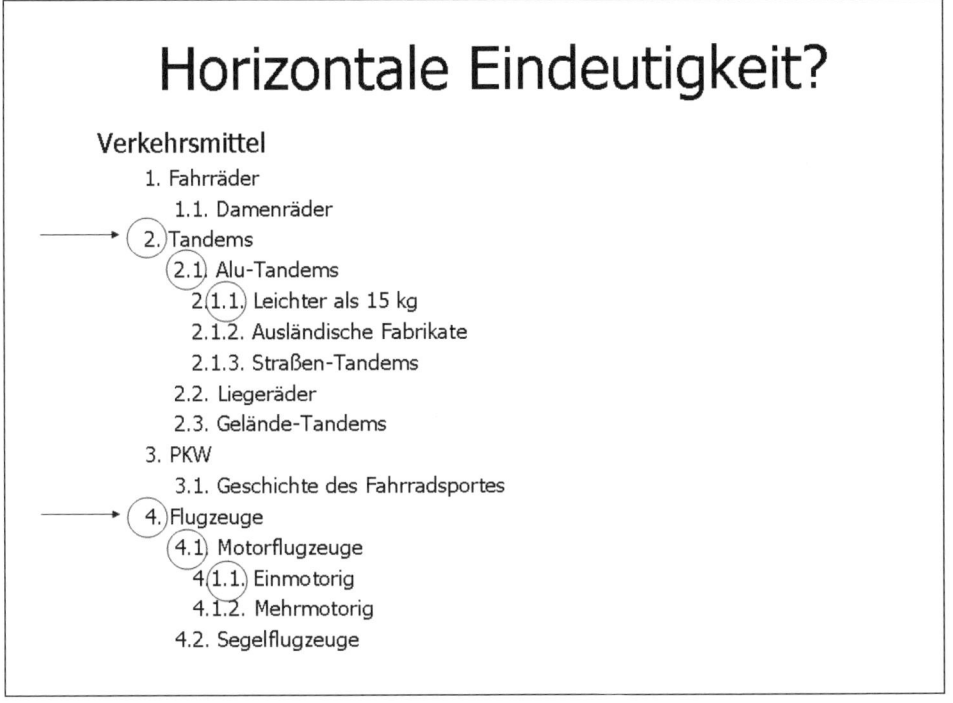

Quelle: Eigene Darstellung

Eine Gliederung ist inhaltlich ausgewogen, wenn die einzelnen Gliederungspunkte gleichmäßig ausdifferenziert sind. Dabei sollte die Gliederung weder zu viele horizontale Ebenen haben, aber auch nicht zu wenige.

Beispiel

In Abbildung 25 sind „Tandems" tiefer untergliedert als z.B. „Motorflugzeuge". Die Ausdifferenzierung ist auch ein Maß für die relative Gewichtung der Sachverhalte untereinander. Wenn z.B. (nur) ein einzelner Punkt der Gliederung bis in die fünfte Ebene gegliedert wird, alle anderen dagegen nur bis zur zweiten Ebene, entsteht auch optisch ein unharmonisches Bild.

Tipp

Bei einer Seminar- und Bachelorarbeit sind nicht mehr als drei Gliederungsebenen, bei einer Masterarbeit nicht mehr als vier Gliederungsebenen zu empfehlen. Es ist ratsam, sich die Gliederung vom Betreuer genehmigen zu lassen und erst dann mit der Ausarbeitung des Textes zu beginnen.

Der **Zuhalte-Test** ist ein Verfahren zum Testen der Qualität der Gliederung (vgl. *Faller* 1995, S. 12). Die Überschrift wird zugedeckt und ein Unbeteiligter wird gebeten, das Thema der Arbeit allein auf Grundlage der Haupt-Gliederungspunkte zu erraten. Ebenso sollte es möglich sein, von den Unterpunkten auf die jeweiligen Hauptpunkte schließen zu können.

5.1.5. Zuordnung von Inhalten zu Gliederungspunkten

Die Ausarbeitung der Inhalte hat ausschließlich unter den jeweiligen Gliederungspunkten zu erfolgen. In übergeordneten Gliederungspunkten darf nur auf Inhalte hingewiesen oder diese angekündigt werden. Die Gliederungspunkte sind als Sperrgebiet zu betrachten und entsprechen nicht den Anforderungen einer logischen Gliederung. Wird dennoch Inhalt unter einem Oberpunkt beschrieben, spricht man von einem inhaltlich besetzten Zwischenstück. Dies ist ein schwerwiegender Formalfehler.

5.2. Titelblatt

Mit dem **Titelblatt** wird ein erster Eindruck über die wissenschaftliche Arbeit vermittelt. Folgende Angaben sollten am Titelblatt einer wissenschaftlichen Arbeit angeführt werden (vgl. *Bramberger/Forster* 2008, S. 77; *Sesink* 2007, S. 141 f.):

- Titel der Arbeit
- Name des Verfassers der wissenschaftlichen Arbeit
- Art der wissenschaftlichen Arbeit
- Angestrebter akademischer Grad (bei Abschlussarbeiten)
- Hochschule
- Ort und Datum der Fertigstellung

In den meisten Fällen werden zusätzlich die betreuenden Personen der Abschlussarbeit bekannt gegeben. Die formalen Vorgaben zur Gestaltung des Titelblattes bei Abschlussarbeiten unterscheiden sich je nach Hochschule. Die entsprechenden Richtlinien sind daher unbedingt anzuwenden (vgl. *Sesink* 2007, S. 142). In manchen Fällen werden am Titelblatt auch der Sperrvermerk und die ehrenwörtliche Erklärung angeführt. In der ehrenwörtlichen Erklärung (eidesstattliche Erklärung) erklärt der Verfasser mit seiner Unterschrift, dass die Arbeit selbständig verfasst wurde, nur die angegebenen Quellen verwendet wurden und die Arbeit noch an keiner anderen Hochschule eingereicht wurde.

5.3. Vorwort

Das **Vorwort** verleiht einer wissenschaftlichen Abschlussarbeit eine persönliche Note und ist ein optionaler Bestandteil. Anders als bei der Einleitung spielt der inhaltliche

Aspekt der Arbeit keine Rolle. Das Vorwort soll Gelegenheit geben, die persönliche Motivation sowie die Relevanz der eigenen Bemühungen näher auszuführen. Häufig wird dieser Teil der Arbeit auch als geeigneter Rahmen für Dankesworte herangezogen (vgl. *Bramberger/Forster* 2008, S. 78; *Ebster/Stalzer* 2003, S. 80).

5.4. Verzeichnisse

Wissenschaftliche Arbeiten enthalten verschieden Verzeichnisse, wie z.B. Abkürzungs-, Abbildungs-, Tabellen- oder Formelverzeichnisse. Diese Verzeichnisse helfen, Informationen zur Arbeit leichter und schneller aufzufinden. In der Regel werden diese Verzeichnisse nach dem Inhaltsverzeichnis und vor dem Text positioniert (vgl. *Theisen* 2002, S. 181 f.).

Im Abkürzungsverzeichnis werden jene Abkürzungen aufgelistet, die nicht geläufig sind, wie beispielsweise fachspezifische Abkürzungen, und nicht im Duden zur deutschen Rechtschreibung angeführt werden (vgl. *Balzert et al.* 2008, S. 193). Mit der Internationalisierung hat sich Englisch auch in der Wissenschaft als anerkannte Fachsprache durchgesetzt; dementsprechend sind zusätzliche englische Abkürzungen (vgl. Abbildung 26) entstanden, die ggf. im Abkürzungsverzeichnis zu berücksichtigen sind.

Abbildung 26: Gängige Abkürzungen in deutscher und englischer Sprache

Abkürzung deutsch		Abkürzung englisch	
Aufl.	Auflage	ed.	edition
Diss.	Dissertation		
erw.	erweitert	enl.	enlarged
et al.	und andere (et alii)	et al.	and others (et alii)
f.	Folgeseite		
Hrsg.	Herausgeber		
Jg.	Jahrgang		
Kap.	Kapitel	ch., chap.	chapter
Nr.	Nummer	no.	number
o.J.	ohne Jahresangabe	n.d.	no date
o.O.	ohne Ort	n.p.	no place
o.S.	ohne Seitenangabe	n.pag.	no pagination
o.V.	ohne Verfasser		
S.	Seite	p.	page
s.	siehe		
u.a.	unter anderem		
überarb.	überarbeitet	rev.	revised/reviewed
Verf.	Verfasser		
vgl.	vergleiche	cf.	compare
		vol.	volume
z.B.	zum Beispiel	e.g.	for example
zit. nach	zitiert nach		

Quelle: Eigene Darstellung

Tipp

Einige Betreuer von wissenschaftlichen Arbeiten bevorzugen aus Gründen der Einheitlichkeit, dass alle Abkürzungen im Abkürzungsverzeichnis aufgelistet werden. Es sollte daher vorab beim Betreuer nachgefragt werden.

Sind Abbildungen, Tabellen oder Formeln in der Arbeit vorhanden, müssen diese in den entsprechenden Verzeichnissen mit Seitenverweisen angeführt werden. Die Reihenfolge der Abbildungen, Tabellen oder Formeln im Verzeichnis richtet sich nach der Aufeinanderfolge im Text (vgl. Balzert et al. 2008, S. 195).

5.5. Einleitung

Die **Einleitung** dient der ersten inhaltlichen Orientierung sowohl für den Leser als auch für den Autor. Für die Leser gibt die Einleitung Aufschluss, ob die Arbeit auch die Erwartungen, die durch den Titel und das Inhaltsverzeichnis geweckt wurden, erfüllt werden können. Für den Autor bietet die Einleitung die Möglichkeit, sich strukturiert mit der Problemstellung, der Zielsetzung, der Forschungsfrage, der Forschungsmethode und dem Aufbau der Arbeit auseinanderzusetzen, bevor mit der inhaltlichen Ausarbeitung begonnen wird.

Bei höherwertigen Abschlussarbeiten wie Dissertationen wird das Thema in die entsprechende wissenschaftliche Disziplin in Form eines Standes der Forschung eingeordnet und es werden bereits vorliegende Forschungsmeinungen zur Thematik vorgestellt. Daraus kann die Forschungslücke abgeleitet werden, die mittels der vorliegenden Arbeit beantwortet werden soll (vgl. *Esselborn-Krumbiegel* 2004, S. 137).

Tipp

Der Umfang der Einleitung ist von der Art der wissenschaftlichen Arbeit abhängig. Bei Seminararbeiten wird die Einleitung kürzer ausfallen (eine halbe bis ganze Seite). Bei Bachelor- bzw. Diplomarbeiten kann die Einleitung 5–10 Prozent des Gesamtumfangs der wissenschaftlichen Arbeit darstellen.

5.5.1. Problemstellung

In der **Problemstellung** wird die Notwendigkeit, sich mit dem Thema zu beschäftigen, die Einbettung des Themas in den wissenschaftlichen Gesamtzusammenhang und die Aktualität des Themas dargelegt (vgl. *Brauner/Vollmer* 2007, S. 64). Dabei dürfen keine persönlichen Meinungen vorgenommen werden, sondern den Text aus einer übergeordneten Sicht verfasst werden.

Folgende Fragen helfen die Problemstellung zu erstellen (vgl. *Franck/Stary* 2006, S. 144):

- Worum geht es in der Arbeit?
- Warum werden diese Aspekte behandelt und andere nicht einbezogen?

- Was macht die Sache relevant und interessant?
- Gibt es konkrete, aktuelle Anknüpfungspunkte?

Tipp

Es empfiehlt sich, die Problemstellung abschließend in einem Satz zusammenzufassen. In der Problemstellung sollte keine Anhäufung von Problemen erfolgen, sondern der Fokus auf einem Problem und seiner Argumentation liegen. Der Abschnitt der Problemstellung umfasst bei Master- und Diplomarbeiten meist eine bis eineinhalb Seiten.

5.5.2. Zielsetzung und Forschungsfrage

Dem Abschnitt der **Zielsetzung** und **Forschungsfrage** kommt eine besondere Bedeutung zu. Auf Basis der zuvor erläuterten Problemstellung werden die Forschungsziele abgeleitet, die das konkrete Ergebnis der Arbeit darstellen. Die Forschungsziele sind in einer wissenschaftlichen Arbeit von besonderer Relevanz, da man sonst Gefahr läuft, sich in der Summe von möglichen Untersuchungsrichtungen zu verirren. In einer wissenschaftlichen Arbeit können unterschiedlichste Ziele verfolgt werden, wobei man sich auf einige wenige Forschungsziele oder besser nur eines beschränken sollte.

Tipp

Ziele einer wissenschaftlichen Arbeit können sein:
- die Entwicklung eines Modells
- einen Beitrag zum Verständnis leisten
- der Vergleich von wissenschaftlichen Theorien und Positionen
- die Ableitung von Handlungsempfehlungen
- die Erstellung eines Leitfadens

Aus den Forschungszielen wird die **Forschungsfrage** abgeleitet, die das Zentrum der wissenschaftlichen Arbeit darstellt und verdeutlicht, was untersucht werden soll. Das Untersuchungsinteresse sollte dabei in einer, maximal in zwei zentralen Fragen ausgedrückt werden können, wobei zu berücksichtigen ist, dass jede Frage wenigstens einen der im Thema verwendeten Begriffe enthalten soll (vgl. *Brauner/Vollmer* 2007, S. 92). Zu den Hauptfragen können noch weitere Unterfragen formuliert werden, wobei die Beantwortung der Unterfragen für die Beantwortung der Hauptfrage dienlich ist (vgl. *Rößl* 2008, S. 116). Zu bedenken ist auch, dass die Formulierung der Forschungsfrage und die Anzahl der Unterfragen einen maßgeblichen Einfluss auf den Umfang der Arbeit haben (vgl. *Karmasin/Ribing* 2002, S. 16). Die Formulierung der Forschungsfragen ist ein iterativer Prozess, der meist erst mit der Datenanalyse abgeschlossen ist.

Wie in Abbildung 27 kann man fünf Typen von Forschungsfragen unterscheiden. Die hier angeführten Fragetypen geben auch Aufschluss auf den Schwierigkeitsgrad der Bearbeitung und auf die Eignung für eine wissenschaftliche Arbeit.

Abbildung 27: Typen von Forschungsfragen

Fragetyp	Leitfrage	Beispiel
Beschreibung	Was ist der Fall? Wie sieht die Realität aus?	Wie hat sich das Gästeverhalten russischer Gäste in der Gemeinde Zell am See seit 2000 geändert?
Erklärung	Warum ist etwas der Fall?	Warum hat sich das Gästeverhalten russischer Gäste in der Gemeinde Zell am See in bestimmter Art und Weise verändert?
Prognose	Wie wird etwas künftig aussehen? Welche Veränderungen werden eintreten?	Wie wird sich das Gästeverhalten der russischen Gäste künftig verändern?
Gestaltung	Welche Maßnahmen sind geeignet, um ein bestimmtes Ziel zu erreichen?	Wie kann das Gästeverhalten der russischen Gäste in eine bestimmte Richtung verändert werden?
Kritik/Bewertung	Wie ist ein bestimmter Zustand vor dem Hintergrund explizit genannter Kriterien zu bewerten?	Wie ist die Veränderung des Gästeverhaltens im Hinblick auf die Aktivitäten der Österreich-Werbung zu bewerten?

Quelle: In Anlehnung an *Nienhüser* 1998, S. 6 zitiert nach *Karmasin/Ribing* 2002, S. 17

Eine Arbeit mit rein beschreibenden (deskriptiven) Fragetypen stellt keine allzu große Herausforderung dar und ist aufgrund des oftmals geringen oder fehlenden Neuigkeitsgehaltes für Diplom-, aber auch Bachelorarbeiten ungeeignet. Wenn einer Arbeit eine deskriptive Fragestellung zugrunde liegt, ist darauf zu achten, dass die Arbeit über die Beschreibung eines einfachen Einzelfalles hinausgeht. Durch die Einbeziehung einer komplexeren Problemstellung bzw. die Kombination mit anderen Fragetypen kann man dieses Problem umgehen. Die weiteren Fragetypen stellen bereits höhere Anforderungen an die Verfasser und eignen sich gut für Bachelor- und Diplomarbeiten. Vorsicht ist bei Arbeiten geboten, denen ein prognostischer Fragetyp zugrunde liegt. Bei diesen Arbeiten läuft man oft Gefahr, vage Aussagen zu treffen.

Oft werden die Fragetypen in einer Forschungsfrage kombiniert bzw. werden zwei Forschungsfragen mit unterschiedlichen Grundtypen formuliert. Dabei ist darauf zu achten, dass nicht zu viele Aspekte einbezogen werden.

5.5.3. Forschungsmethoden

Anschließend an die Forschungsfragen wird beschrieben, mit welchen **Forschungsmethoden** die Forschungsfragen beantwortet werden sollen.[20] Im Zuge dessen ist ausführlich zu begründen, warum die gewählte Forschungsmethode angewandt wird. Es empfiehlt sich für die Begründung, die Vor- und Nachteile der jeweiligen Forschungsmethoden heranzuziehen. Mit der Wahl für eine bestimmte Forschungsmethode können auf Grund der (begrenzten) Einsatzmöglichkeiten der Forschungsmethode nur bestimmte Aspekte des Forschungsproblems betrachtet werden. Für die Forschungsfrage kann dies

---

[20] Zu den Forschungsmethoden siehe Kapitel 6.

bedeuten, dass diese nicht vollständig beantwortet werden kann. In diesem Abschnitt werden die Ausführungen zu den Forschungsmethoden kurz dargestellt. Eine ausführliche Beschreibung der Vorgehensweise erfolgt in einem späteren Kapitel.

5.5.4. Aufbau der Arbeit

Im **Aufbau der Arbeit** werden die Abfolge und die Relevanz der einzelnen Kapitel der Arbeit beschrieben. Das Ziel ist dabei, das gegenseitige Einfließen der Inhalte der einzelnen Kapitel und deren Bedeutung zur Zielerreichung und der Fragebeantwortung darzulegen. Dabei ist zu beachten, dass keine ausformulierte Zusammenfassung des gesamten Inhaltsverzeichnisses dargestellt wird und alle Kapitel erläutert werden müssen. Manchmal empfiehlt es sich, den Aufbau der Arbeit grafisch darzustellen.

5.6. Hauptteil

Der **Hauptteil** stellt den eigentlichen Kern jeder wissenschaftlichen Arbeit dar, indem das Thema mittels Literaturanalyse behandelt, mit möglichen eigenen empirischen Erhebungen untermauert wird und die Ergebnisse dargestellt werden.

Durch die erstellte Gliederung hat die wissenschaftliche Arbeit eine vorgegebene Gliederungsstruktur. Entlang dieser Gliederungsstruktur wird im Hauptteil der Argumentationsgang logisch aufgebaut. Dabei muss jedes Kapitel einen Beitrag zur Zielerreichung und zur Beantwortung der Forschungsfragen leisten. Weiters müssen alle in der Arbeit getroffenen Aussagen und Behauptungen schrittweise aus dem Vorangegangenen abgeleitet und plausibel gemacht werden. So dürfen keine Empfehlungen gemacht oder Thesen aufgestellt werden, ohne zuvor die dazugehörigen Grundlagen und eigenen Forschungsergebnisse erarbeitet zu haben. So sollen die Ergebnisse, die in einem Kapitel erzielt wurden, auch in die darauffolgenden Kapitel einfließen.

Bei der Erstellung des Textes des Hauptteiles ist es auch wichtig, den einzelnen Kapiteln eine Struktur zu geben. Diese soll helfen, die einzelnen Kapitel miteinander zu verbinden, die Gedanken zu ordnen und inhaltliche Zusammenhänge zu verdeutlichen. *Franck/Stary* (vgl. 2006, S. 149) empfehlen, den einzelnen Kapiteln am Anfang und am Schluss folgende Struktur zu geben:

Kapitel-Anfang:

- Was wurde bisher behandelt, gezeigt oder erreicht?
- Worum geht es nun?
- Welchen Bezug zur Fragestellung hat das Kapitel?
- Welche Bedeutung hat das Kapitel für die gesamte Arbeit?
- Welche Methode der Darstellung wird gewählt?
- Wie ist das Kapitel aufgebaut?

Kapitel-Schluss:

- Was wurde mit welchem Ergebnis gezeigt?
- Wie geht es weiter?

Man formuliert so für jedes Kapitel eine eigene kleine Einleitung und einen Schlussteil und hilft dem Leser, das Bisherige nochmals zu reflektieren und sich auf neue Argumente vorzubereiten. Zu erwähnen ist, dass die soeben dargestellte Struktur kein Zwangskorsett darstellt. Wenn man am Ende eines Kapitels eine ausführliche Zusammenfassung formuliert hat, braucht nicht am Beginn des nächsten Kapitels nochmals erläutert werden, was im vorangegangenen Kapitel erreicht wurde.

5.7. Schlussteil

Gemeinsam mit der Einleitung bildet der **Schlussteil**[21] den Rahmen für den Hauptteil einer wissenschaftlichen Arbeit. Während in der Einleitung der Leser auf die Thematik und Problemstellung der Arbeit vorbereitet wird, soll der Schlussteil den Leser langsam aus der Thematik herausführen. Dabei sollen die wesentlichen Ergebnisse der Arbeit zusammengefasst werden, wodurch ein einheitlicher Rückblick gegeben wird. Somit betrachten die Einleitung und der Schlussteil den Hauptteil von zwei verschiedenen Blickwinkeln. Sie sind in sich geschlossen und jeder Teil muss – für sich gelesen – verständlich sein (vgl. *Brauner/Vollmer* 2007, S. 131 f.).

Auf jeden Fall müssen die am Anfang gestellten Forschungsfragen beantwortet und auf die Zielsetzung eingegangen werden. Dabei kann auch erläutert werden, welche Bereiche offengeblieben sind und warum. Bei empirischen Arbeiten kann auch auf das methodische Vorgehen eingegangen und die Eignung des gewählten Forschungsdesigns zur Beantwortung der Forschungsfrage diskutiert werden. Bei anspruchsvolleren wissenschaftlichen Arbeiten kann man den Schlussteil auch noch um einen Ausblick erweitern. Dadurch soll gezeigt werden, welchen Beitrag die Ergebnisse zum Erkenntnisfortschritt geleistet haben und wo weitere Forschungen ansetzen können (vgl. *Brauner/Vollmer* 2007, S. 128; *Rößl* 2008, S. 117; *Franck/Stary* 2006, S. 154). Im Schlussteil ist besonders darauf zu achten, dass keine neuen Fakten in die Argumentation aufgenommen werden, sondern aus den Ausführungen des Hauptteils ableitbar sind.

5.8. Literatur- und Quellenverzeichnis

Im **Literatur- und Quellenverzeichnis**, welches direkt an den Textteil der Arbeit anschließt, wird die gesamte zitierte Literatur vollständig aufgenommen und entsprechend übersichtlich dargestellt. Es ermöglicht damit nicht nur eine Verifizierung und Validierung der verwendeten Quellen, sondern dient auch als bibliographische Fundstelle für weiterführende Literaturrecherchen (vgl. *Brauner* 2007, S. 137 f.; *Balzert et al.* 2008, S. 199).

Das Literatur- und Quellenverzeichnis muss genau die Literatur auflisten, die im Text zitiert wurde (vgl. *Ebster* 2003, S. 139). Eine Nichtbeachtung dieser Konvention widerspricht den Grundprinzipien des wissenschaftlichen Arbeitens und kann als eine Vortäuschung falscher Tatsachen ausgelegt werden.[22]

5.9. Anhang

Im **Anhang**[23] befinden sich ausgelagerte Textteile oder Materialien, die aufgrund ihres Umfangs in der Arbeit selbst keinen Platz gefunden haben (vgl. *Franck* 2004, S. 16 f.). Häufig finden sich im Anhang (vgl. *Balzert et al.* 2008, S. 199):

---

[21] Für den Schlussteil werden oft folgende Begriffe synonym verwendet: Zusammenfassung, Fazit, Schlussbetrachtung, Conclusio und Ausblick.

[22] Zur Gestaltung des Literatur- und Quellenverzeichnisses siehe Kapitel 8.2.2.

[23] Auch Annex oder Appendix genannt.

- Frage- oder Protokollbögen, eventuell Rohdaten und Messwerte
- Transkripte der Interviews
- Details zu speziellen Berechnungen oder Programmcode
- umfangreiche technische Darstellungen und Diagramme
- schwer zugängliche Quellen, auf die häufig Bezug genommen wird

Für die Gestaltung des Anhanges gilt, dass dem Leser ein müheloses Zurechtfinden möglich sein muss. Ein Deckblatt mit der Aufschrift Anhang und ein Anlagenverzeichnis in Tabellenform sind zu Beginn des Anhangs sinnvoll (vgl. *Höge* 2006, S. 79).

5.10. Abstract

Der **Abstract** ist eine normierte Kurzfassung der Arbeit. Der Abstract hilft potentiellen Lesern sowohl bei der Literatursuche als auch beim Lesen und Verarbeiten des Textes, da bereits im Vorhinein über die Relevanz und die wichtigsten Inhalte eines Werkes informiert wird (vgl. *Höge* 2006, S. 69). Der Abstract kann erst abgefasst werden, wenn die gesamte Arbeit inhaltlich fertig gestellt ist. Typische Inhalte eines Abstracts sind (vgl. *Spoun/Domnik* 2004, S. 112):

- Ausgangslage, Schlüsselthemen und Ziele
- Forschungsproblem und Forschungssituation
- Kernthese oder zumindest die Ausgangsfrage
- Forschungsmethode
- Ergebnisse und Schlussfolgerungen der Arbeit

Hinsichtlich des Umfangs des Abstracts gibt es sehr unterschiedliche Vorgaben. Dieser kann von drei Sätzen bis zu einer Seite differieren. Manchmal wird der Informationseffekt für den Leser durch die Angabe von Schlüsselwörtern oder Schlüsselbegriffen (engl. key words) noch verstärkt.

Tipp

Eine mögliche Gliederung der Arbeit kann sich wie folgt gestalten:

römische Seitenzahlen, beginnend bei I fortlaufend nummeriert

Titelblatt (Seitenzahl wird nicht abgedruckt)

Vorwort

Inhaltsverzeichnis

ev. Abbildungs- oder Abkürzungsverzeichnis

arabische Seitenzahlen, beginnend bei 1 fortlaufend nummeriert

Textteil

Literatur- und Quellenverzeichnis

Anhang

Abstract

Weiterführende und zitierte Literatur

Balzert, Helmut/Schäfer, Christian/Schröder, Marion/Kern, Uwe (2008): Wissenschaftliches Arbeiten – Wissenschaft, Quellen, Artefakte, Organisation, Präsentation, Herdecke.

Bänsch, Axel (2008): Wissenschaftliches Arbeiten, 9. Auflage, München.

Böge, Holger (2006): Schriftliche Arbeiten in Studium und Beruf – Ein Leitfaden, 3. Auflage, Stuttgart.

Bramberger, Andrea/Forster, Edgar (2008): Wissenschaftlich schreiben – Kritisch, reflexiv, handlungsorientiert, 2. Auflage, Wien.

Brauner, Detlef Jürgen/Vollmer, Hans-Ulrich (2007): Erfolgreiches wissenschaftliches Arbeiten – Seminararbeit, Bachelor-/Masterarbeit (Diplomarbeit), Doktorarbeit, 3. Auflage, Sternenfels.

Ebster, Claus/Stalzer, Lieselotte (2003): Wissenschaftliches Arbeiten für Wirtschafts- und Sozialwissenschaften. 2. Auflage, Wien.

Esselborn-Krumbiegel, Helga (2004): Von der Idee zum Text – Eine Anleitung zum wissenschaftlichen Schreiben, 2. Auflage, Paderborn.

Faller, Peter (1995): Hinweise zur Anfertigung wissenschaftlicher Arbeiten – Dissertation, Diplomarbeit, Seminararbeit, Wien.

Franck, Norbert (2004): Handbuch wissenschaftliches Arbeiten, Frankfurt/ Main.

Franck, Norbert/Stary, Joachim (2006): Die Technik wissenschaftlichen Arbeitens. 13. Auflage, Paderborn.

Höge, Holger (2006): Schriftliche Arbeiten in Studium und Beruf – Ein Leitfaden, 3. Auflage, Stuttgart.

Karmasin, Matthias/Ribing, Rainer (2002): Die Gestaltung wissenschaftlicher Arbeiten, 3. Auflage, Wien.

Krämer, Walter (1999): Wie schreibe ich eine Seminar- oder Examensarbeit, 1. Auflage, Frankfurt/Main.

Kruse, Otto (2007): Keine Angst vor dem leeren Blatt – Ohne Schreibblockaden durchs Studium. 12. Auflage, Frankfurt/Main.

Rößl, Dietmar (2008): Die logische und formale Gliederung, in: Rößl, Dietmar (Hrsg.): Die Diplomarbeit in der Betriebswirtschaftslehre – Ein Leitfaden, 4. Auflage, Wien, S. 114–137.

Sesink, Werner (2007): Einführung in das wissenschaftliche Arbeiten – Internet, Textverarbeitung, Präsentation, 7. Auflage, München.

Spoun, Sascha/Domnik, Dominik B. (2004): Erfolgreich Studieren – Ein Handbuch für Wirtschafts- und Sozialwissenschaftler, München.

Stickel-Wolf, Christine/Wolf, Joachim (2005): Wissenschaftliches Arbeiten und Lerntechniken, 3. Auflage, Wiesbaden.

Theisen, Manuel (1997): Wissenschaftliches Arbeiten, 8. Auflage, München.

Theisen, Manuel (2002): Wissenschaftliches Arbeiten, 11. Auflage, München.

6. Kapitel: Empirie – Erhebungs- und Auswertungsmethoden

Erwin Graf, Claudia Hienerth, Monika Kovarova-Simecek, Daniela Süssenbacher

Lernziele

- Sie kennen die verschiedenen Datenerhebungsmethoden und deren Vor- und Nachteile und können diese für Ihre Arbeit anwenden.
- Sie kennen die verschiedenen Datenauswertungsmethoden und können diese für Ihre Arbeit anwenden.

6. Empirie – Erhebungs- und Auswertungsmethoden

Die wesentlichen Bestandteile und Aufgaben einer wissenschaftlichen Arbeit stellen die Erhebung und Auswertung von Daten dar. Die Erhebung und die Auswertung eigener Daten ist aus mehrfacher Sicht für die Arbeit von Bedeutung. Einerseits bilden diese die Grundlage für die Ableitung eigener Erkenntnisse. Denn wissenschaftlich streng genommen sind keine eigenen Aussagen ohne eigene Datenerhebung und Datenauswertung möglich. Andererseits dient die Anwendung von Forschungsmethoden zum Nachweis des Erwerbs wissenschaftlicher Kompetenzen und Fähigkeiten. Zu den gängigsten wissenschaftlichen Erhebungsmethoden gehören die Beobachtung, die Befragung, das Experiment und die Inhaltsanalyse. In Abhängigkeit vom vorliegenden Datenmaterial und dem geplanten Untersuchungsziel können dann verschiedene Datenauswertungsmethoden wie zum Beispiel die qualitative Inhaltsanalyse oder statistische Verfahren angewendet werden.

6.1. Beobachtung

Beobachtungsstudien gehen sinnlich wahrnehmbarem Verhalten nach. Sie beziehen sich auf essentielle Formen des Erfahrens von Welt. Gerade durch die daraus resultierende Natürlichkeit der Methode scheint eine genaue Abgrenzung wissenschaftlicher und alltäglicher Beobachtung nicht immer einfach. Die Einhaltung der Grundregeln der Wissenschaftlichkeit beim methodischen Vorgehen ist zur Sicherung von Nachvollziehbarkeit und Glaubwürdigkeit der gewonnenen Daten wichtig.

6.1.1. Beobachtungsverfahren und ihr Stellenwert im Forschungsprozess

Während Beobachtungen im Alltag in erster Linie einer allgemeinen Orientierungssuche dienen, steht beim empirischen Vorgehen immer ein geplantes Erfassen und Analysieren der Realität im Zentrum (vgl. *Atteslander* 2006, S. 67). Während bei der alltäglichen Beobachtung auf routinierte Handlungsweisen und Denkmuster zurückgegriffen wird, um Handlungsabläufe effizienter zu gestalten, geht es bei der wissenschaftlichen Beobachtung darum, u.a. diese Handlungsroutinen zu ergründen. Dazu müssen Handlungsabläufe systematisch erfasst und analysiert werden. Je nach Wahl der methodologischen Orientierung sind unterschiedliche Gestaltungsvarianten der Beobachtung möglich. Die Anforderungen hinsichtlich des Vorgehens, der Kontrolle und der Güte der Daten variieren daher. Den Ausgangspunkt der Wahl des spezifischen Vorgehens bilden die Bedeutung von Hypothesen und Theorien im geplanten Forschungsprozess. Sie prägen maßgeblich das zu wählende Methodenverständnis.[24]

Entsprechend der Annahme, dass durch kontrolliertes Vorgehen ein objektives Erfassen der sozialen Realität möglich ist, und der Zielsetzung der Hypothesenprüfung weisen quantitativ orientierte Beobachtungsstudien einen hohen Grad an Strukturiertheit und Theorienleitung auf. Dies gilt sowohl für die Erhebungs- als auch für die Auswertungsphase. Um die Werturteilsfreiheit nicht zu gefährden, werden die Forschenden den

---

[24] Siehe dazu Kapitel 1.8.

unterschiedlichen Forschungsphasen (Aufzeichnung und Auswertung) zugeteilt (vgl. *Atteslander* 2006, S. 77; *Diekmann* 2005, S. 458).

In Anlehnung an das interpretative Paradigma des Konstruktivismus richten qualitativ orientierte Beobachtungsstudien das Augenmerk auf die prozesshafte und reflexive Konstruktion von Realität. Die Subjektivität des Erfassens von Realität steht im Mittelpunkt. Die Beobachtung dient meist der Entdeckung neuer Themenkomplexe und Sachverhalte. Der Prozess orientiert sich in erster Linie an Forschungsfragen. Hypothesen besitzen für das methodische Vorgehen in diesem Fall zunächst nur geringe Bedeutung, da sie nicht überprüft, sondern erst durch die im Forschungsprozess gewonnenen Daten generiert werden sollen. Hypothesengenerierung stellt ein wesentliches Ziel im Forschungsprozess dar (vgl. *Lamnek* 2005, S. 132 f.).

6.1.2. Elemente der Beobachtung

Es gibt vier Elemente, ohne die keine Beobachtungsstudie auskommt: **Beobachtungsfeld, Probanden, Beobachter und Protokollierung**. Für jedes dieser Elemente können unterschiedliche Ausprägungen gewählt werden, welche die gewonnenen Daten mitgestalten. Dem entsprechend muss bereits im Forschungsplan festgehalten werden, welche Kombination der Elemente gewählt wird und warum. Dies bedeutet, dass vorab geklärt werden muss, welches Vorgehen für die Beantwortung der Fragen sinnvoll ist. Nur so ist eine reibungslose und erfolgreiche Durchführung der Beobachtung möglich. Denn je genauer die Beobachtungselemente vorab festgelegt werden, desto geplanter, aber auch linearer und damit weniger offen und flexibel verläuft der Forschungsprozess. Je mehr Offenheit durch die Planung zugelassen wird, umso mehr Flexibilität und Methodenkompetenz muss der Forscher in der Feldarbeit an den Tag legen.

Vor Beginn der Beobachtung müssen Informationen zum **Beobachtungsfeld** gesammelt werden. Vorkenntnisse sind bei jeder Art von Beobachtung wichtig, da sie wesentlich zur Abklärung der Rahmenbedingungen und Wirkungen des gewählten Forschungsbereiches beitragen und damit ein erfolgreiches und systematisches Vorgehen ermöglichen (vgl. *Friedrichs* 1973, S. 51). So ist bei quantitativen Beobachtungen eine genaue Definition des Beobachtungsfeldes besonders wichtig, da es im Untersuchungsverlauf zu keinen unvorhergesehenen Veränderungen kommen darf. Nur so kann die Zweckmäßigkeit der definierten **Beobachtungskategorien** gewährleistet werden. Bei qualitativen Beobachtungen kommen eher offene (Orientierungs-)Kategorien zum Einsatz. Das Beobachtungsfeld muss grob beschrieben werden, da es sich im Forschungsverlauf verändern kann. In diesem Zusammenhang muss noch zwischen Feld- und Laborbeobachtung unterschieden werden. Die **Laborbeobachtung** kommt meist bei Experimenten zum Einsatz (vgl. Kapitel 6.3.). Beobachtungen, die Akteure in ihrem natürlichen Umfeld untersuchen und weitestgehend auf Eingriffe in das Beobachtungsfeld verzichten, werden **Feldbeobachtungen** genannt.

Bei der **Protokollierung** wird der beobachtete Prozess in **Beobachtungseinheiten** (Sequenzen) unterteilt. Die Beobachtungseinheiten definieren diejenigen Teilbereiche des Prozesses, die Gegenstand der Beobachtung werden (vgl. *Atteslander* 2005, S. 76 f.). Die Einteilung der Beobachtungseinheiten kann nach unterschiedlichen Gesichtspunkten, wie zum Beispiel nach Zeitintervallen erfolgen. Diese muss nachvollziehbar begründet werden. Bei quantitativen Beobachtungen geschieht dies meist unter Zuhilfenahme von Theorien im Rahmen reduktionistischer Definition (zeitlich orientierte Zerlegung, z.B. jede Minute oder immer wenn die Akteure wechseln). Bei qualitativen Beobachtungen kommen funktionale Definitionen (z.B. Sprechakte je nach Situation) zum Einsatz. Dem entsprechend sind bei Letzterem offenere und umfassendere Beobachtungseinheiten häufig und auch parallel laufende Beobachtungseinheiten möglich.

Die Auswahl der **Probanden** findet im Wesentlichen bereits bei der Definition des Beobachtungsfeldes und der Beobachtungseinheiten statt. Beim **Beobachter** ist vor allem wichtig, welchen Status er im Beobachtungsgeschehen einnimmt. Dieser lässt sich bestimmen durch **Partizipationsgrad** und **Beobachtungsrolle** im Feld. Bei quantitativer Orientierung wird die Rolle als forschender Beobachter (mit geringem Partizipationsgrad) betont. Erfassungs- und Forschungsprozess werden (auch personell) strikt getrennt, um eine Objektivierung der Beobachtung zu ermöglichen. Bei qualitativer Orientierung wird hingegen die Teilnehmerrolle (mit hohem Partizipationsgrad) hervorgehoben. Das Beobachtungsfeld selbst beeinflusst dabei die Möglichkeiten des Beobachters entscheidend. So können bestimmte Merkmale (z.B. Geschlecht, Hautfarbe oder Alter) darüber entscheiden, ob überhaupt eine und welche Beobachterrolle eingenommen werden kann. Die Beobachterrolle ist in der Erhebungsphase manchmal auch Wandlungsprozessen unterworfen und kann nicht immer bis zur letzten Konsequenz durchgehalten werden. Der Forschende muss während des gesamten Beobachtungsprozesses sein Handeln kritisch reflektieren, um Beobachtungsfehler (stereotype Wahrnehmung oder Überidentifikation) zu verhindern.

6.1.3. Systematisierungsmöglichkeiten von Beobachtungen

Um in der Vielzahl der Beobachtungsarten und ihren unterschiedlichen Zielsetzungen eine Orientierung zu finden, ist eine Typisierung notwendig. Ausschlaggebend sind dabei die Dimensionen: Ausmaß der **Strukturierung**, **Grad der Offenheit** und **Natürlichkeit** sowie Form der **Teilnahme**; wobei sich die Dimensionen kombinieren lassen. Für die Unterscheidung quantitative und qualitative Beobachtung sind die Ausprägungen in den Dimensionen Strukturiertheit und Teilnahme sowie Natürlichkeit des Beobachtungsvorgangs dar.

Das **Ausmaß der Strukturierung** prägt den gesamten Forschungsprozess. Strukturiert steht für klare Direktiven der Durchführung und dem damit einhergehenden relativen Verlust an Flexibilität im Ablauf des Forschungsprozesses. Entscheidend ist die präskriptive Klärung der Frage, was wie beobachtet und wie aufgezeichnet wird. Wie sehr sich eine Beobachtung strukturieren lässt, ist von Forschungsthema und Beobachtungsumfeld abhängig. Nicht immer muss eine strukturierte Beobachtung zielführend sein. Wenn es sich beispielsweise um die Beobachtung einer relativ unbekannten Gruppe handelt, kann eine starke Strukturierung zu Normierungen mit unerwünschten Nebeneffekten, wie dem unbewussten Ausschluss unbekannter, aber zum Verständnis wesentlich beitragender Aspekte, führen. Schwach strukturiertes Vorgehen verfügt dem gegenüber kaum über thematisch einschränkende Direktiven. Dieser Umstand hilft einerseits, den Forschungsprozess flexibel zu gestalten, andererseits ist eine besondere Erfahrung und Qualifikation der mitwirkenden Wissenschaftler gefragt, da es sonst zu einem Informationsverlust durch Stress und Unsicherheit kommen kann.

Auch die Entscheidung über den **Grad der Offenheit** kann nur mit Fokus auf die zu beantwortende Forschungsfrage getroffen werden. Da sie von mehreren Faktoren abhängt, wird sie manchmal nach den Möglichkeiten des Beobachtungsfelds entschieden. Die verdeckte Beobachtung kann durch eine räumliche Tarnung erfolgen (z.B. Beobachtung aus der „Ferne" oder aus einer unauffälligen, passiven Rolle, zwei Variationen, die am besten an öffentlichen Plätzen funktionieren). Die Tarnung kann durch die Übernahme einer spezifischen Rolle erfolgen. Der Beobachter sollte als solcher nicht identifiziert werden.

Der Forschende übernimmt eine Doppelaktivität: Er agiert als Gruppenmitglied im Aktionsfeld und kommt als Forschender gleichzeitig einer weiteren sozialen Handlung nach. Eine Tarnung der Beobachtung ist notwendig, wenn: 1) ein offener Zugang nicht möglich ist (totalitäre/geschlossene Organisationen wie Gefängnisse) oder 2) befürchtet werden muss, dass die Gruppe sich bei Bekanntwerden unnatürlich verhalten würde. Die offene Beobachtung bedeutet, dass alle Probanden von der Beobachtung wissen. Offen bleibt der zweite Aspekt, die Transparenz der Beobachtung. Dürfen die Probanden wissen, welche Intention hinter der Beobachtung steckt?

Die **Form der Teilnahme** besagt, inwieweit der Beobachter im Beobachtungsprozess an den Aktivitäten der Probanden partizipiert, sich in ihre Lebenswelt versetzt und im sozialen Gefüge gestaltend teilnimmt. Der Grad der Teilnahme kann dabei variieren von stark passivem Verhalten (man reagiert, agiert aber nicht progressiv – z.B.: wird als Beobachter wahrgenommen, reagiert aber nicht jenseits dieser Rolle) über kleinere Handreichungen (man beeinflusst u.U. Verhaltensweisen, auch wenn man als Beobachter nur im kleinen Rahmen auch teilnimmt) bis hin zur Rolle des Teilnehmers als Beobachter, die eine Identifikation mit der Gruppe bedingt. Bei den ersten beiden Varianten kann sich das Verstehen für den Forscher schwierig gestalten, da er zu wenig Wissen hat und eigene Deutungsmuster auf die Aktionen überträgt oder Irritationen in der Gruppe hervorruft. Für den Beobachter kann gerade die ausgeprägte Identifikation mit der Gruppe (allgemeine Beobachtungsfehler, Fehlinterpretationen durch persönliche Betroffenheit etc.) zu problematischen Konstellationen führen.

6.1.4. Protokollierung und Datenauswertung

Bei der Protokollierung und Auswertung wird die Bedeutung der gewählten Strukturierung deutlich, denn je nach Grad der Strukturierung kommen **Beobachtungsschemata** unterschiedlicher Datenqualität und -quantität zum Einsatz. Beobachtungsschemata können nützlich sein, da sie dem ungeübten Beobachter Orientierung bieten oder die Bearbeitung größerer Datenmengen erlauben.

Bei **unstrukturierten Beobachtungen** werden in erster Linie freie Beobachtungsprotokolle eingesetzt. Der Beobachter orientiert sich in seiner Dokumentation auf einzelne Themenstellung und gibt in kurzen Sätzen, durchaus stichwortartig, das Geschehen wieder. Wenn eine Niederschrift im Feld stört (bei aktiver Beteiligung oder im Sinne einer Ablenkung der Agierenden), kann die Protokollierung auch im Nachhinein erfolgen. Man spricht dann von Erinnerungsprotokollen. Für eine effiziente Protokollierung sollten vor Feldeintritt Leitfragen zur Orientierung formuliert oder Kernaspekte festgehalten werden, die allen Beobachtern als Beobachtungsleitfaden dienen. Diese leichte Strukturierung kann helfen, einen späteren Vergleich sicherzustellen. *Sellitz* (zitiert nach *Gehrau* 2002, S. 72) spricht in diesem Zusammenhang von Dimensionen der Beobachtung, unter die er Teilnehmer, Schauplatz, soziales Verhalten, Häufigkeit, Dauer und Zweck subsumiert. Die Fokussierung von *Jahoda* geht darüber hinaus. Sie versucht mehr Details des Verhaltens festzuhalten (vgl. *Gehrau* 2002, S. 72 f.):

- Teilnehmer
- Mittel und Folgen
- auslösende Ereignisse und Anreiz
- Dauer
- immanente Schranken und Unterlassungen
- Zusammenhänge und Regelmäßigkeiten
- Abweichungen vom Üblichen und Widersprüchlichkeiten

Der **Beobachtungsleitfaden** kann, je nach Forschungsinteresse und Beobachtungfeld, variiert werden. Dennoch sollten ein paar Merkmale festgehalten werden.

Tipp

Jeder Beobachtungsleitfaden sollte zumindest fünf Aspekte beinhalten: Teilnehmer, Informationen zur sozialen Situation, Unterschiede zwischen Behauptetem und Getanem, Regelmäßigkeit der sozialen Situation sowie determinierende Normen und Sanktionen, wenn Erwartungen nicht entsprochen wird.

Die Protokolle der einzelnen Beobachtungen werden später zum Gegenstand der Analyse. Wenn mehrere Protokolle in Form persönlich abgefasster Berichte vorliegen, sollte man eine Art Index erstellen. Bei Beobachtungen mit thematischen und situativen Parallelen bietet es sich an, den Index um Kategorien zu erweitern, d.h. Verallgemeinerungen zu treffen, die auf mehrere gleichartige Beobachtungseffekte zutreffen. Dies ist bei freien Beobachtungen nicht immer leicht, da es zu Unterschieden in der Protokollierung bei mehreren Beobachtern und Gewöhnungseffekten kommen kann. So wird Auffälliges leichter erinnert als Alltägliches, was letztlich zu Verzerrungen führt. Liegen genügend Angaben aus freien Beobachtungsprotokollen vor, empfiehlt sich zusätzlich zur exemplarisch interpretativen Auswertung[25] eine Kategorisierung der Beobachtungen nach bestimmten Kriterien. Hierbei geht man nach verschiedenen Schritten vor. In einem ersten Schritt (Selektion) erfolgt die Auswahl der wesentlichen Aspekte anhand der Beobachtungsprotokolle. Im Zuge des zweiten Schrittes (Sortierung) werden die ausgewählten Aspekte nach gemeinsamen Merkmalen in Gruppen zusammengefasst und sortiert. Diese Gruppen werden im dritten Schritt (Abstraktion) durch die sie verbindenden abstrakten Konzepte repräsentiert. Im abschließenden Schritt fünf werden die Ergebnisse in ein Zahlenschema überführt (vgl. *Gehrau* 2002, S. 81–86):

Bei **strukturierten Beobachtungen** kommen standardisierte **Beobachtungsprotokolle** zum Einsatz. Dabei werden im Zuge der Standardisierung die Schritte Selektion, Sortierung und Abstraktion dem Feldzugang bereits vorweggenommen, indem bereits vorab das zu Beobachtende auch hinsichtlich Dimension, Kategorienausprägungen und der zu wählenden Protokollsprache klar festgesetzt wird. Diese Form der Protokollie-

---

[25] Siehe dazu Kapitel 7.4.6.

rung kann daher nur sinnvoll stattfinden, wenn das Beobachtungsfeld bereits in der Planungsphase hinreichend bekannt ist, da klare Kategorien und ihre Ausprägungen vorab definiert werden müssen. Der Einsatz von Pretests ist dabei empfehlenswert. Nur so lassen sich die Schritte der Standardisierung von Beobachtungskategorien und Beobachtungsanweisungen umsetzen und wird ein Arbeiten mit numerischen Daten sinnvoll. Diese Art der Protokollierung macht vor allem dann Sinn, wenn die Zahl der Beobachtungsobjekte oder Beobachtungsfälle hoch ist.

Beispiel: Schema für einen Beobachtungsbogen

Im Rahmen einer Studie werden Wahrnehmung und Rezeption von Plakaten im U-Bahn-Bereich untersucht. Dabei interessiert besonders, inwieweit sich die Gestaltung und Beschaffenheit des Plakats auf das kommunikative Verhalten auswirken. Es wird das folgende Beobachtungsschema angewendet.

Nr. der Beobach- tungs- einheit	Attribute des Stimulus (Plakat)				Probanden und ihr Verhalten		
	Größe	Bild:Text	Darstellung Bild	Farbliche Gestaltung	Zahl	Zuwendung (in Sekunden)	Inter- aktion
1	0	1:2	1.2	3	2	15	0
2	1	1:1	5	1	1	5	1
n							

Erläuterungen:
Größe: 0 = A0, 1 = A1, 2 = A2, 3 = kleiner als A2
Bild:Text: Gibt die Verhältniszahlen wieder
Darstellung Bild: 1 = Mensch (1.1 = Mann, 1.2 = Frau, 1.3 = Kind) 2 = Menschen, 3 = Tiere, 4 = Grafik, 5 = Natur ...)
Farbliche Gestaltung: 1 = s/w, 2 = einfärbig, 3 = gedeckte Farben, 4 = bunt
Zahl: Angabe der in die Beobachtungssequenz Involvierten
Zuwendung (in Sekunden): Angabe (Bildkontakt Beginn bis Ende, bei mehrmaligem Kontakt werden die Zeiten einfach summiert)
Interaktion (mit anderen): 0 = keine Interaktion, 1 = spricht mit einer anderen Person über das Plakat, 2 = spricht mit einer anderen Person über ein anderes Thema

6.1.5. Problemfelder der Beobachtung

Im Rahmen der wissenschaftlichen Beobachtung ist zwischen methodischen, forschungspraktischen und forschungsethischen Problemen zu unterscheiden. Am häufigsten treten das Problem der selektiven Wahrnehmung sowie das Problem der Teilnahme in Erscheinung. Das Problem der selektiven Wahrnehmung kann bei jeder Beobachtungsform entstehen, dennoch sind qualitative Verfahren hiervon besonders betroffen. Der Beobachtungsfokus ist nicht willkürlich gewählt und bei allen in gleicher Weise eingeengt, da die Wahrnehmung durch allgemeine Erfahrung, vorhergehende Beobachtungen, durch Ziele, Vorstellungen und Vorurteile geprägt wird. Es kann daher beobachterabhängig sowohl zu einer Überbetonung von nachvollziehbaren Ereignissen als auch zum Übersehen von forschungsthematisch relevanten Selbstverständlichkeiten kommen. Die daraus entstehenden Einseitigkeiten der Beobachtung setzen sich in den Aufzeichnungen fort. Lückenhafte Erinnerungen sowie eine vorzeitige Vermischung von Beschreibung und Interpretation tragen zur ungewollten Datenverfälschung bei (vgl. *Atteslander* 2006, S. 78, 95; *Diekmann* 2005, S. 458; *Lamnek* 2005, S. 591 f.).

Das Problem der Teilnahme lässt sich weder bei qualitativen noch bei quantitativen Beobachtungen umgehen, da jeder Feldeintritt mit Prozessen der Rollendefinition und Rollenzuweisung verbunden ist. So können Vorab-Informationen, die ein Gruppenmitglied gibt, die Einführung des Beobachters in die Gruppe (z.B. durch ein bestimmtes Gruppenmitglied mit hohem Rang) als auch der Kontakt mit besonderen Gruppenmitgliedern die spätere Beobachtungssituation prägen.

Weiter sind reaktive Effekte (durch das Beisein eines Fremden, auch wenn dieser sich „unauffällig" verhält, können Verzerrungseffekte eintreten) oder Probleme, die aus dem Spannungsfeld Nähe und Distanz entstehen, möglich. Dabei kann einerseits zu viel Nähe zu einer Überidentifikation mit den Probanden („going native") oder auch ein Übermaß an Distanz zu kulturbedingten Missdeutungen führen (vgl. *Atteslander* 2006, S. 96 f.; *Lamnek* 2005, S. 582).

Forschungsethische Probleme treten in erster Linie verbunden mit dem Aspekt der Verantwortung gegenüber Probanden auf. Es ist daher notwendig, Forschungsziele und Konsequenzen bereits vor Beginn des Forschungsprojekts zu reflektieren. So sollte das Eigenbestimmungsrecht nicht verletzt werden, ein Problem, das sich bei der Frage nach der Notwendigkeit einer Beobachtertarnung ergibt. Manipulationen, die durch verzerrte Darstellung und Wahrnehmung die Lebensbedingungen der untersuchten Kultur verändern könnten, sind ebenso unzulässig wie unmoralische Forschungsfragen im Sinne einer Kultur- und Sozialspionage, da beide besonders schwerwiegende Formen der Verletzung des Eigenbestimmungsrechts darstellen. Wissenschaftlichkeit wird dabei mehr oder weniger zur Stabilisierung von Vorurteilen oder Machtverhältnissen instrumentalisiert (vgl. *Atteslander* 2006, S. 98).

6.2. Befragung

Es gibt zahlreiche Möglichkeiten, eine Befragung durchzuführen. Man unterscheidet im Wesentlichen zwischen der quantitativen und der qualitativen Befragung. Diese Entscheidung ist wesentlich für die Erhebung und Auswertung der Daten.

6.2.1. Zielsetzung und Arten der quantitativen Befragung

Bei der quantitativen Befragung sind die Fragen und deren Reihenfolge sowie die Antwortmöglichkeiten vorgegeben. Daher spricht man von einer standardisierten Befragung, die sich vor allem bei großer Personenzahl eignet. In Abhängigkeit davon, welche Art der Kommunikation mit der befragten Person gewählt wird, sind prinzipiell verschiedene Befragungszugänge denkbar (vgl. *Kornmeier* 2007, S. 164 f., *Diekmann* 2008, S. 501–510; *Atteslander* 2008, S. 147–155).

Die mündliche Befragung als klassisches Interview, bei dem sich Interviewer und die befragte Person direkt gegenüberstehen, wird auch Face-to-face-Interview genannt. Die telefonische Befragung ist eine Sonderform der mündlichen Befragung, die sich auf Grund ökonomischer Aspekte in der Markt- und Meinungsforschung etabliert hat. Bei der schriftlichen Befragung treten der Interviewer und die befragte Person nicht in direkten Kontakt. Dies ist zwar weniger zeitaufwendig als ein mündliches Interview, birgt aber die Gefahr, dass Fragen von der befragten Person missverstanden werden oder die Person den Fragebogen nicht oder nur zum Teil beantwortet. Die internetgestützte Befragung, die aufgrund der Art der Kommunikation als eine Sonderform der schriftlichen Befragung klassifiziert werden kann, gewinnt immer mehr an Bedeutung.

Tipp

Für die Durchführung von internetgestützten Befragungen gibt es diverse Softwareanbieter, wie z.B. Globalpark (www.globalpark.de) oder 2ask (www.2ask.de).

6.2.2. Vorgehensweise bei der quantitativen Befragung

Wie bei jeder Methode sind entsprechend der Erhebungs- und Auswertungsphasen auch bei der Planung der quantitativen Befragung mehrere Aspekte zu berücksichtigen. Zunächst gilt es entsprechend der Forschungsfragen und Hypothesen die Grundgesamtheit zu definieren. Anhand der gewählten Zielgruppe wird dann ein Fragebogen mit entsprechenden **Fragen** konstruiert. Dabei sollte die Formulierung und Reihenfolge der Fragen gut überlegt werden, da unerwünschte Frageeffekte das Ergebnis der Befragung entscheidend beeinflussen können. Es ist daher sinnvoll, vor der eigentlichen Erhebung eine **Pretest**-Phase durchzuführen.

Tipp

Bei der Planung einer quantitativen Befragung können folgende Fragen helfen:

* Wer und wie groß ist die Zielgruppe der Befragung?
* Wie ist der Fragebogen inhaltlich und formal zu gestalten?
* Mit welcher Form der Formulierung kann ich meine Zielgruppe erreichen und abholen?

Welche Personen(-gruppe) die Befragung umfassen soll, hängt vom Erkenntnisinteresse und der zu prüfenden Hypothese ab. Im nächsten Schritt wird festgelegt, ob eine **Vollerhebung** (die gesamte Zielgruppe) oder nur eine **Teilerhebung** (Teil der Zielgruppe) durchgeführt wird. Ist die Grundgesamtheit zu groß, um eine Vollerhebung durchzuführen, ist es erforderlich, die Grundgesamtheit einzuschränken, eine repräsentative Stichprobe zu ziehen und die gezogenen Fälle zu untersuchen.

Zur Auswahl der Stichprobe sind mehrere Verfahren möglich (vgl. *Kornmeier* 2007, S. 158–161). Eine gängige Variante ist das **Stichprobenverfahren**. Dabei hat jedes Element der Grundgesamtheit die gleiche Chance, gewählt zu werden. Dem gegenüber wird bei **nicht-zufallsgesteuerten Verfahren** versucht, die Grundgesamtheit in ihrer Struktur abzubilden. Die Struktur der Grundgesamtheit muss somit bekannt sein.

Beispiel für nicht-zufallsgestreute Verfahren

Es wird das Einkommensniveau aller Universitätsabsolventen untersucht. Es soll eine repräsentative Studie über alle Fakultäten durchgeführt werden. Man muss da-

her wissen, wie viele Absolventen auf die einzelnen Fakultäten entfallen (30% BWL, 30% Jus, 15% Psychologie, 10% Publizistik, 5% Architektur, 5% Wirtschaftsinformatik und 5% Sonstiges). Gemäß dieser Verteilung muss nun auch die Stichprobe ausgewählt werden.

Schließlich gibt es noch komplexe Formen der Stichprobenziehung. Dabei handelt es sich um eine Mischform der ersten zwei genannten Verfahren. Unter Berücksichtigung der Struktur der Grundgesamtheit wird die Stichprobe in Untergruppen unterteilt. Innerhalb der Untergruppen werden dann zufällig Stichproben gezogen. Die Wahl der Stichprobe ist ein wesentlicher Schritt im methodischen Vorgehen, da sie wesentlich die Wahl der Befragungsform (mündlich oder schriftlich, persönlich oder via Telefon/Internet) beeinflusst. Diese Wahl richtet sich aus ökonomischen und Effizienzgründen (Erreichbarkeit der Zielgruppe) nach der Größe der Grundgesamtheit.

Der Fragebogen stellt die Basis jeder quantitativen Befragung dar. Die Übersetzung der Hypothesen in adäquate Testfragen ist eine wesentliche Voraussetzung für eine erfolgreiche Umfrage (vgl. *Friedrichs* 1990, S. 210). Bei der Operationalisierung des Fragebogens müssen Forscher daher abgesehen von den inhaltlichen Aspekten Entscheidungen hinsichtlich des Fragetyps, der Antwortmöglichkeit, der Fragenformulierung und der Fragenreihenfolge treffen (vgl. *Kornmeier* 2007, S. 169–175).

Bei der Gestaltung eines Fragebogens lassen sich geschlossene, offene und halboffene Fragen unterscheiden. Der **geschlossene Fragetyp** gibt die Antwortmöglichkeiten vor. Soziodemographische Daten wie Alter, Geschlecht, Beruf oder Ausbildungsgrad werden meist in dieser Form abgefragt. Beim **offenen Fragetyp** werden hingegen keine Antwortmöglichkeiten vorgegeben. Die befragte Person antwortet frei (z.B. Welche Marken für Tiefkühlprodukte fallen Ihnen spontan ein?). Beim **halboffenen Fragetyp** werden Antwortmöglichkeiten vorgegeben, zusätzlich besteht die Möglichkeit, die Antwort um eigene Aussagen zu ergänzen (z.B. bei der Kategorie Sonstiges kann die befragte Person das „Sonstige" konkretisieren). Halboffene Fragen werden dann gewählt, wenn einige Antworten bekannt sind, aber mit weiteren Antworten gerechnet wird.

Bei der Fragebogengestaltung ist eine exakte Formulierung von Fragestellung und **Antwortmöglichkeiten** wichtig. Dies trifft besonders bei geschlossenen und halboffenen Fragestellungen zu. Dabei können Klassifizierungen ohne Wertung, in Form von Ja-/Nein-Antworten oder Antwortalternativen, ebenso wie Antworten mit Rängen oder Skalierungen zum Einsatz kommen.

Beispiel für verschiedene Frage- und Antwortformen
Ja-/Nein-Antworten: *Haben Sie eine wissenschaftliche Zeitschrift abonniert? Ja/Nein*
Alternativen: *Welchen der folgenden Verlage kennen Sie? Linde Verlag, Oldenburg, Ueberreuter, Pearson*
Antworten mit Rängen (Ordinalskalierung): *Wie bewerten Sie folgende Automarken hinsichtlich des Preis-Leistungsverhältnisses? Mercedes, VW, Volvo, Honda, Skoda. Bewerten Sie diese gemäß Ihrer Präferenz nach dem Schulnotensystem von 1 bis 5*
Antworten mit Skalierung (Intervallskalierung): *Welcher der folgenden Aussagen stimmen Sie am ehesten zu: „Kinder und Karriere sind vereinbar." 1: stimme nicht zu; 2: stimme eher nicht zu; 3: stimme eher zu; 4. stimme zu*

Neben der inhaltlichen Komponente können Testfragen entsprechend ihrer Platzierung auch strukturelle Funktionen übernehmen. Dabei sind im Wesentlichen Einleitungsfragen, Überleitungsfragen, Filter- und Trichterfragen zu benennen. **Einleitungsfragen** dienen der Annäherung an das Befragungsthema. **Übergangsfragen** sind wichtig, um von einem Befragungsthema zum nächsten überzuführen, ohne den roten Faden zu verlieren. **Filterfragen** werden Frageblöcken vorgeschaltet, die nur von einer definierten Gruppe der Befragten beantwortet werden sollen. Die **Gabelfragen** stellen eine Erweiterung der Filterfrage dar. Die Gruppe der Befragten wird in Subkategorien eingeteilt, im Sinne einer thematischen Stichprobe innerhalb der nach demographischen Aspekten gezogenen Stichprobe. Beim Einsatz von **Trichterfragen** geht es um eine schrittweise Annäherung an ein Thema. Vor allem bei tabuisierten Themen empfiehlt es sich, Fragetrichter zu verwenden, da so die Bereitschaft zur Beantwortung größer ist.

Die Unterscheidung in **direkte und indirekte** Fragestellung basiert auf dem Aspekt, dass die Erlangung von Informationen nicht nur vom Können, sondern auch vom Wollen der Befragten abhängt. Mittels indirekter Fragetechnik wird daher versucht, eine möglichst angenehme Situation zu schaffen, in welcher der Befragte gewillt ist, Informationen über wertbeladene Themen zu geben. Über Erfolg und Misserfolg einer Befragung entscheidet wesentlich, ob der Befragte durch die Frage auch erreicht wurde. Es gibt ein paar Grundprinzipien, welche die Testfragen optimal zu gestalten helfen.

Tipp

Gleich ob der Fragebogen in einer persönlichen Befragung, einem Telefoninterview oder postalisch zum Einsatz kommt, sollte bei der Formulierung besonders auf die Wahl der sprachlichen Form geachtet werden.

1. Kurz, verständlich und hinreichend präzise: Es empfehlen sich möglichst eindeutige und einfache Worte. Zu vermeiden sind Fachbegriffe und Fremdwörter. Denken Sie an die Zielgruppe, welcher der Fragebogen vorgelegt bzw. vorgetragen werden soll.

2. Keine platten Anbiederungen: Der Stil sollte weder bürokratisch noch unangebracht amikal sein. Es empfiehlt sich die gehobene Umgangssprache.

3. Keine doppelte Verneinung: Längeres Nachdenken erhöht nicht nur die Interviewdauer, sondern steigert die Gefahr des vorzeitigen Abbruchs. Bei telefonischen Interviews ist längeres Nachdenken meist nicht möglich. Bei doppelter Verneinung kommt es leicht zu Missverständnissen.

4. Antwortkategorien: Bei geschlossenen Fragen sollten die Antwortkategorien entsprechend der Zielsetzung erschöpfend und präzise sein. Es sollte genau zwischen den einzelnen Sachverhalten unterschieden werden können. (Bei Fragen nach Häufigkeiten, Dauer etc. sind offene Fragen manchmal sinnvoller.)

5. Achtung bei wertenden Begriffen: Begriffe wie „Gerechtigkeit", „Freiheit", „selbst bestimmt" oder „gefährlich" sind mit Bedeutungen aufgeladen und können zu bestimmten Antwortreaktionen führen. Verwenden Sie diese daher bewusst und nur in Abgleichung mit ihrem Forschungsziel. „Emanzipation" und „Gleichbehandlung" können mit unterschiedlichen Bedeutungen verbunden sein.

6. Keine mehrdimensionalen Fragen: Ähnlich der doppelten Verneinung führen auch Aussagen, die zwei Reflexionsschritte miteinander vereinen, zu möglichen Problemen in der Verarbeitung der Fragestellung und damit der Beantwortung. Versuchen Sie diese Variante zu vermeiden, indem Sie die potentielle Frage in zwei Fragen umformulieren.
7. Keine Suggestivfragen.

Fragenformulierung und -anordnung stellen zwei wesentliche Fehlerquellen dar. Um Fehler zu vermeiden, empfiehlt es sich daher, einen Pretest durchzuführen. Beim Pretest wird der Fragebogen vorab an Personen getestet. Die Ergebnisse werden dann hinsichtlich möglicher Störungen oder Fehler analysiert und der Fragebogen entsprechend korrigiert. Es gibt zahlreiche Hinweise, die auf Fehler und Unklarheiten im Fragebogen hinweisen. So kann eine Häufung von „k.A." bzw. „Weiß nicht" bedeuten, dass die Antwortmöglichkeiten nicht präzise genug sind und die Zielgruppe nicht treffen. Wenn die befragten Personen oft bei einer Frage nachfragen mussten, kann es sich um missverständliche Formulierungen handeln. Ein weiterer Hinweis ist gegeben, wenn viele der Befragten das Interview abbrechen oder aufgrund vorgegebener Kriterien (Filter) nicht geeignet sind (vgl. *Friedrichs* 1990, S. 222).

Die Auswertung der Antworten auf den Fragebogen erfolgt mittels statistischer Methoden.[26]

6.2.3. Vorteile und Nachteile der quantitativen Befragung

Wie jede Forschungsmethode weist auch die quantitative Befragung Vorteile und Nachteile auf. Die geringeren Erhebungs- und Auswertungskosten sowie die Objektivität und Validität der Ergebnisse auf Grund der Quantifizierbarkeit sind als Vorteile anzuführen. Die Nachteile der quantitativen Befragung gehen auf die stark regelbasierte Strukturierung des gesamten Forschungsprozesses und die gewisse Künstlichkeit der Befragungssituation zurück. Diese Nachteile können durch offene Fragestellungen im Fragebogen kompensiert werden (vgl. *Friedrichs* 1990, S. 208).

6.2.4. Zielsetzung und Arten der qualitativen Befragung

Die qualitative Befragung versucht, die Nachteile quantitativer Befragung auszugleichen. Vor diesem Hintergrund stellt qualitative Forschung einige Anforderungen an die Datenerhebung. Der Forscher fokussiert die Perspektive des Befragten und schränkt seine Sicht nicht durch einen vorgegebenen, standardisierten Fragebogen ein – er agiert subjektbezogen. Um den Befragten nicht einzuschränken, ist die Befragung im Hin-blick auf Fragen, Antwortmöglichkeiten und Methoden offen gestaltet. Um Irritationen beim Befragten zu vermeiden, wird keine künstliche Interviewsituation geschaffen, sondern die Untersuchung in alltäglichen Situationen durchgeführt (vgl. *Diekmann* 2008, S. 531).

Dieser explorative Ansatz ermöglicht das Entdecken neuer Phänomene. Gerade dieser Umstand, der auf die Hypothesen generierende Orientierung qualitativer Befragung zurückzuführen ist, stellt einen wesentlichen Vorteil des qualitativen Ansatzes dar.

---

[26] Siehe Kapitel 6.5.

Qualitative Befragungen finden hauptsächlich in Form von Interviews statt. Diese können unterschiedlich gestaltet sein.

Das **fokussierte Interview** wird eingesetzt, wenn die Reaktionen auf ein bestimmtes Ereignis untersucht werden sollen. Zu Beginn des Interviews werden die Befragten mit einem Stimulus (z.B. einem Film, einem Buch, einer Situation) konfrontiert. Das Ziel des Interviews ist, die unterschiedlichen Reaktionen mit Hilfe eines halbstrukturierten Leitfadens abzufragen und zu analysieren. Die gemeinsame Basis durch einen gemeinsamen Stimulus und der Interviewleitfaden ermöglichen eine Vergleichbarkeit der Aussagen und Verhaltensweisen. Diese können inhaltlich und strukturiert analysiert werden. Beim Interview ist darauf zu achten, dass der Leitfaden die Befragung nicht beeinflusst. Es ist besonders wichtig, dass nicht nur eine Gesamtreaktion auf ein Ereignis abgefragt wird, sondern auf konkrete Situationen, Teile des Ereignisses eingegangen wird. Diese Anforderungen lassen einen stark strukturierten Leitfaden nicht zu. Vielmehr dient der Leitfaden der Orientierung und inhaltlichen Stütze des Interviewers (vgl. *Diekmann* 2008, S. 537 f.; *Flick* 2004, S. 118–126).

Das **narrative Interview** zielt darauf ab, Erlebnisse, Empfindungen, Meinungen in einer nicht vorgegebenen Struktur und in nichtdirektiver Weise abzufragen. Der Befragte wird vom Interviewer durch eine direkte Frage oder ein Stichwort dazu animiert, über ein Ereignis zu erzählen. Der Interviewer darf jedoch nicht in den Erzählfluss des Befragten eingreifen. Lediglich zur Abklärung offener Punkte, kann nachgehakt werden (Wie kam es dazu? Was geschah dann?) (vgl. *Diekmann* 2008, S. 540 f.). Dieser Interviewform liegt die Annahme zugrunde, dass Befragte einen Zwang zur Vollständigkeit und Detaillierung der Erzählung haben und damit zwangsläufig Schwerpunkte in ihrer Erzählung setzen. Narrative Interviews können bis zu drei Stunden dauern.

Das **problemzentrierte Interview** ist ein im Verlauf leicht abgeändertes narratives Interview. Es verfolgt das gleiche Ziel, gewährt dem Interviewer aber eine aktivere Rolle. Der Interviewer kann während des Interviews Fragen stellen, um den Befragten durch das Interview zu navigieren, ohne dabei die Erzähllogik zu stören. Der Interviewer fungiert als Stütze, wenn der Befragte beispielsweise nicht in der Lage ist, frei zu erzählen. Ein Leitfaden darf unterstützend hinzugezogen werden (vgl. *Flick* 2004, S. 134–139).

Als eine Alternative zu Interviews mit einzelnen Personen ist auch die Befragung von Gruppen in Form einer **Gruppendiskussion** möglich. Zehn bis fünfzehn Personen diskutieren unter der Leistung eines Moderators über ein vorgegebenes Thema. Der Moderator rückt dabei in den Hintergrund. Er initiiert und beobachtet die Diskussion. Die Diskussion selbst soll sich durch die Anregungen der Diskussionsteilnehmer entwickeln. Dadurch können neue Aspekte hervorgebracht werden. Bei einer Gruppendiskussion werden nicht nur die Aussagen und Meinungen der Diskussionsteilnehmer analysiert. Auch gruppendynamische Meinungsbildungs- und Kommunikationsprozesse können im Mittelpunkt der Analyse stehen (vgl. *Flick* 2004, S. 170–180).

Tipp

Qualitative Befragungen können durch einen Fragebogen zur Erfassung der soziodemographischen Daten ergänzt werden. Dies ist zu empfehlen, um den Erzählfluss nicht durch themenunspezifische Fragen zu stören.

6.2.5. Vorgehensweise bei der qualitativen Befragung

Charakteristisch für die qualitative Befragung sind **kleinere Stichproben** und eine **intensive Auswertung** der erhobenen Daten. Wegen des hohen zeitlichen Aufwands bei der Durchführung eines Interviews, der Transkription und der Auswertung der erhobenen Daten sind qualitative Befragungen für breit angelegte Studien nicht geeignet. Eine statistische Auswertung der Daten ist bei qualitativen Befragungen wenig sinnvoll. Es wird vielmehr eine Tiefenanalyse angestrebt.

Die konkreten Schritte bei der Durchführung einer qualitativen Umfrage sind in Abhängigkeit von der Art der Befragung zu setzen. Übergreifend lässt sich der Forschungsprozess wie folgt grob skizzieren:

Entsprechend dem Prinzip der Offenheit sind bei der qualitativen Befragung die **Gesprächsphasen** weiter gesetzt als bei der quantitativen Befragung. Sie beginnen nicht mit der ersten Fragestellung, sondern mit Planung und Kontaktaufnahme und enden erst mit dem Ende der Auswertung, da diese nicht selten noch mit Nachgesprächen verknüpft ist. Insgesamt lassen sich sechs Phasen unterscheiden (vgl. *Froschauer* 2003, S. 63–74):

Bei der **Interviewplanung** geht es um die Definition der benötigten Informationen und die Analyse von Zugangsmöglichkeiten zum konkreten Forschungsfeld. Die Wahl der Gesprächstechnik sowie die Auswahl von Zugangsweise und Kontaktpersonen sind immer mit Vorannahmen verbunden, die den weiteren Forschungsprozess beeinflussen.

Tipp

Bei der Planung von qualitativen Befragungen sollten folgende Aspekte beachtet werden:

- Was trägt die Kontaktaufnahme zur Informationsgenerierung bei?
- Wer wird das Interview führen?
- Welche Informationen sollten bereits beim Erstkontakt gegeben werden?
- Welche Informationen sind bei Gesprächsbeginn dem Befragten mitzuteilen? Welche Ziele werden gesetzt und welche werden an den zu Befragenden kommuniziert? Warum werden die Personen so gewählt?
- Welche Erwartungen stellen die Beteiligten aneinander?
- Was sollte für das Gesprächsende beachtet werden?
- Welche Fragetechnik macht Sinn?
- Kriterien für die Einstiegsfrage
- Offene und immanente Fragen
- Fragen klar und verständlich
- Gesprächsgenerierende Floskeln
- Gesprächsimmanente Folgefragen

Die Phase der **Kontaktaufnahme** prägt den gesamten Interviewverlauf. Durch die Art und Weise des Erstkontakts wird bestimmt, wie und mit welcher Orientierung der zu Befragende an den Gesprächen teilnehmen wird. Es handelt sich bei dieser Phase um den eigentlichen Schritt der Realisierung des Forschungsplans.

Im **Gesprächseinstieg** wird über die Kontaktaufnahme hinaus die entstehende „soziale Beziehung" zwischen Interviewer und Befragten realisiert. Mit der Einstiegsfrage wird der Faden zum Interviewverlauf gelegt. Sie legt den generellen Gesprächsrahmen fest und sollte daher besonders gut gewählt werden.

Tipp

Folgende Fragen können beim Gesprächseinstieg helfen:
- Wie kann eine Verbindung zur Lebenswelt des Befragten hergestellt werden?
- Wie ist der direkte Bezug zum Thema?
- Ist der Antwortrahmen breit genug?
- Kann die Frage so gestellt werden oder können so Ängste ausgelöst werden?

In der **Erzähl- und Nachfragephase** wechseln sich Erzählung und systematische Aufarbeitung der angesprochenen Themen ab. Der Gesprächsverlauf wird sowohl vom Interviewer als auch vom Befragten bestimmt und ist nicht von vornherein planbar. Prinzipiell sind daher explorative und erklärende Teilphasen zu unterscheiden. Im explorativen Teil produziert der Befragte eine Fülle an relativ frei gestaltetem Material. Der Interviewer versucht in dieser Teilphase lediglich, den Gesprächsfluss – mittels immanenter Fragetechnik (Paraphrasierung oder Kontaktparenthesen = *wissen sie nicht, nicht wahr, Frau …*) – am Laufen zu halten. In der erklärenden Teilphase werden dann Fragen zur Abklärung aufgeworfener Themen gestellt. Am Klärungsprozess sind beide Seiten aktiv beteiligt.

Der **Gesprächsabschluss** beendet das Interview vorläufig. Im Rahmen von Nachgesprächen kann eine weitere Kontaktaufnahme erfolgen. Im Anschluss an das Interview erfolgt eine **Transkription** der Tonbandaufnahme, d.h. das Gesprächs- und Interviewerprotokoll werden erstellt. Während das Gesprächsprotokoll eine genaue Mitschrift des Interviews (Inhalt sowie Art und Weise des Gesagten) darstellt, umfasst das Interviewerprotokoll persönliche Anmerkungen des Interviewers. Abschließend werden die transkribierten Interviews anhand der **Methoden der qualitativen Inhaltsanalyse**[27] ausgewertet.

Tipp

Bei der schriftlichen Erstellung des Gesprächsprotokolls empfiehlt sich die Berücksichtigung folgender Punkte:
- Zeilennummerierung bzw. Transkription nach Sequenzen.
- Interviewer und Befragter sollten vercodet werden: Beispiel I1, I2,… und B1, B2,…
- Pausen, nonverbale Äußerungen oder situationsbedingte Geräusche sollten, wenn inhaltlich relevant, (in Klammer) festgehalten werden.
- Vermutete Sprechweise (bei Unverständlichkeit) sollte man ebenfalls in Klammer schreiben.
- Auffällige Betonungen sollten unterstrichen werden.

---

[27] Siehe Kapitel 6.4.

- Sehr gedehnte Sprechweise sollte mit L e e r z e i c h e n markiert werden.
- Es sollte immer noch ein Platz zur Erstellung von Randbemerkungen freigehalten werden.
- Zur allgemeinen Transkription sollte noch ein Zusatzprotokoll (Interviewerprotokoll) geführt werden, in dem verschiedene inhaltlich relevante Aspekte festgehalten werden.
  - Wie kam das Interview zustande?
  - Situationsspezifische Bedingungen – Kontext, Dauer,…
  - Mögliche Auswirkungen der Interviewbedingungen auf die Ergebnisse.
  - Was geschah vor und nach dem offiziellen Interview?
  - Was sind Annahmen zum Interview?

6.2.6. Vorteile und Nachteile der qualitativen Befragung

Durch das Prinzip der Offenheit bei Planung und Vorgehen qualitativer Befragungen ergeben sich einige Vorteile. Die Offenheit ermöglicht die Exploration neuer Forschungsthemen, die vom Forschenden auf Grund von Unwissenheit bisher ausgeblendet wurden. Der Verzicht auf Vorgaben und die Natürlichkeit der Interviewsituation wirken sich positiv auf den Wahrheitsgehalt und die Vollständigkeit der Aussagen des Befragten aus. Dadurch weisen die erhobenen Daten eine hohe Validität auf, da der Befragte nicht durch vorgegebene Antwortmöglichkeiten gezwungen wird, seine Antwort an Kategorien anzupassen. Durch die Anwendung einer qualitativen Befragung wird die Perspektive des Befragten in den Mittelpunkt gerückt. Der Befragte kann die Schwerpunkte in der Erzählung selbst festlegen und für ihn wichtige Sachverhalte hervorheben.

Auf dem Prinzip der Offenheit beruhen auch einige Nachteile, die vor Anwendung von qualitativen Befragungen zu bedenken sind. Qualitative Befragungen sind in der Ausführung und in der Auswertung zeit- und kostenintensiv. Für Befragungen mit einer großen Grundgesamtheit sind sie daher wenig geeignet. Die Forschungsmethode stellt wegen der zahlreichen Reflexionsschritte sowie dem Anspruch der Natürlichkeit in der Durchführungsphase hohe Anforderungen an Interviewer. So kann ein unerfahrener Interviewer die Qualität der Daten beeinträchtigen und somit die Qualität der Forschungsergebnisse vermindern. Die erhobenen Daten sind nicht quantifizierbar und auch nicht statistisch auswertbar.

6.3. Experimentelle Forschungsdesigns

6.3.1. Definition und Bedingungen von Experimenten

Die Definition des Begriffs **Experiment** ist nicht eindeutig und erfolgt je nach Sprachgebrauch. Im umgangssprachlichen Gebrauch wird das Experiment sehr weitläufig verwendet und als Handlung verstanden, durch die bestehende Bedingungen bewusst verändert und deren Auswirkungen und Folgen entsprechend analysiert werden (vgl. *Friedrichs* 1990, S. 333; *Hüttner* 1999, S. 168).

Im wissenschaftlichen Sprachgebrauch wird das Experiment definiert als „wiederholbare Beobachtung unter kontrollierten Bedingungen, wobei eine (oder mehrere) unabhängige Variable(n) verändert werden, dass eine Überprüfung der Ausgangshypothese in unterschiedlichen Situationen gegeben ist" (*Zimmermann* 1972, S. 37). Diese Definition verdeutlicht einerseits, dass die aktive Beeinflussung zentrales Differenzierungsmerkmal des Experimentes gegenüber anderen Datenerhebungsmethoden darstellt und andererseits, dass das Experiment dazu dient, Kausalhypothesen zu überprüfen, um Ursache- und Wirkungsbeziehungen abzubilden (vgl. *Hüttner* 1999, S. 40).[28] Um allerdings von einem Experiment im engen wissenschaftlichen Sinn zu sprechen, müssen folgende Bedingungen vorliegen:

- Wiederholbarkeit der experimentellen Situation
- Kenntnis der unabhängige(-n) und abhängige(-n) Variable(-n) seitens des Forschers zur Bildung der Hypothese
- Kausalbeziehung zwischen der/den unabhängige(-n) Variable(-n) und der abhängigen (bewirkenden) Variable
- Isolierung der unabhängige(-n) Variable(-n) zur Erfassung und Kontrolle ihrer Wirkungen

Sind diese Bedingungen erfüllt, gilt das Experiment als die exakteste und sicherste Form der empirischen Sozialforschung, deren Forschungsergebnisse eine hohe Aussagekraft aufweisen (vgl. *Atteslander* 2006, S. 165).

6.3.2. Variablenarten und Untersuchungsgruppen in Experimenten

Im Wesentlichen zeichnet sich ein Experiment durch drei Variablenarten aus. Die **unabhängige Variable** (Wirkungsvariable, Verursachungsvariable, Manipulationsvariable, Kausalfaktor) gilt als die aktiv wirkende Variable und beeinflusst die **abhängige Variable** (Veränderungsvariable, Zielvariable, Beobachtungsvariable). Darüber hinaus können im Zuge des Experimentes **Störvariablen** (intervenierende Variable) auftreten.

Zur Messung der Wirkung der unabhängigen auf die abhängige Variable werden die Untersuchungsobjekte in zwei Gruppen – die **Versuchsgruppe** und die **Kontrollgruppe** – eingeteilt. Der Versuchsgruppe (Experimentalgruppe, treatment group, Stimulus-Gruppe) wird ein Stimulus zugeführt, um die Auswirkungen auf die abhängige Variable zu untersuchen. Bei der Kontrollgruppe wird hingegen die unabhängige Variable (Stimulus) nicht wirksam, d.h. hier wird ausschließlich die abhängige Variable beobachtet (vgl. *Böhler* 2004, S. 42–46; *Atteslander* 2006, S. 168).

Ein Beispiel soll die Vorgehensweise eines Experimentes verdeutlichen. Es soll der Schokoladekonsum in Abhängigkeit von Stresssituationen untersucht werden. Die zugrunde gelegte Hypothese lautet daher: In Stresssituationen erhöht sich der Schokoladekonsum. Dazu wird die Versuchsgruppe einer Stresssituation, z.B. einer schriftlichen Prüfung (unabhängige Variable) ausgesetzt. Die Kontrollgruppe wird im Gegensatz in einen ruhigen Raum zum Zeitunglesen gesetzt. Im Anschluss daran wird die Anzahl der gegessenen Schokoladetafeln (abhängige Variable) sowohl bei der Versuchsgruppe und als auch bei Kontrollgruppe ermittelt. Die Wirkung des Stimulus ergibt sich entspre-

---

28 In der betrieblichen Unternehmenspraxis wird das Experiment synonym auch als „kontrollierter Test" bezeichnet (vgl. *Böhler* 2004, S. 40).

chend aus der Differenz der Experimentalgruppe und der Kontrollgruppe (vgl. *Böhler* 2004, S. 43).

Abbildung 28: Darstellung der unabhängigen und der abhängigen Variablen und der Hypothesen eines experimentellen Forschungsdesigns

Hypothese: In Stresssituationen erhöht sich der Schokoladenkonsum.
Unabhängige Variable: Zeitlicher Druck, in Form einer Prüfungssituation.
Abhängige Variable: Anzahl der gegessenen Schokoladetafeln.
Prüfungshypothese: In der Experimentalgruppe werden mehr Schokoladetafeln gegessen als in der Kontrollgruppe.

Quelle: In Anlehnung an *Atteslander* 2006, S. 171 f.

Abbildung 29: Darstellung eines experimentellen Forschungsdesigns

Untersuchungs-gruppe/Zeit	t^1 (Zeitpunkt vor der Einwirkung des Stimulus)	t^2 (Zeitpunkt bei Einwirkung des Stimulus)	t^3 (Zeitpunkt nach Einwirkung des Stimulus)
Versuchsgruppe/ Experimentalgruppe	Messung der abhängigen Variable Anzahl der gegessenen Schokoladetafeln	Einwirkung der unabhängigen Variablen Stress, Prüfungssituation	Messung der abhängigen Variablen Anzahl der gegessenen Schokoladetafeln
Kontrollgruppe	Messung der abhängigen Variable Anzahl der gegessenen Schokoladetafeln	kein Stimulus ruhigen Raum zum Zeitunglesen	Messung der abhängigen Variablen Anzahl der gegessenen Schokoladetafeln

Quelle: In Anlehnung an *Atteslander* 2006, S. 171

6.3.3. Arten von Experimenten

In der Literatur liegt eine Vielzahl an Klassifikationsmöglichkeiten von Experimenten vor. Im Allgemeinen unterscheidet man zwischen „**Echten" Experimenten** und „**Quasi-Experimenten"** (vgl. *Bortz/Döring* 1995, S. 53–60). Bei „Echten" Experimenten resultiert die Zuteilung der Untersuchungsobjekte zur Experimentalgruppe und zur Kontrollgruppe zufällig (randomisiert), z.B. per Münzwurf oder Losziehung. Im Gegensatz zu den „Echten" Experimenten erfolgt bei den „Quasi-Experimenten" die Zuteilung der Untersuchungsobjekte zu der Experimental- und der Kontrollgruppe nicht per Zufall, sondern vor der Untersuchung durch die bewusste Zuordnung der Untersuchungsobjekte auf Grund bestimmter Eigenschaften und Merkmale. Quasi-Experimente können demzufolge als Experimente ohne Randomisierung interpretiert werden, die dem Vorbild der „Echten" Experimente sehr nahe kommen, jedoch die strengen Anforderungen dieser nicht ganz vollständig erfüllen (vgl. *Böhler* 2004, S. 50; *Diekmann* 2003, S. 296–305).

Am häufigsten wird in der experimentellen Forschung jedoch nach dem Ort der Datenerhebung und dem daraus resultierenden Kontrollgrad des Versuchsleiters, d.h. zwischen dem **Labor- und Feldexperiment**, unterschieden. Das Labor- und das Feldexperiment gehören in die Gruppe der „Echten" Experimente (vgl. *Homburg/Krohmer* 2007, S. 32–40).

Unter einem Laborexperiment wird ein Experiment subsumiert, welches unter kontrollierbaren Bedingungen in einem dafür entsprechenden (geschlossenen) Raum, z.B. in einem Labor, durchgeführt wird. Die Teilnehmerzahl an Laborexperimenten ist oftmals aus ökonomischen Gründen gering (20–40 Personen) und nicht repräsentativ. Die geringe Teilnehmerzahl und die fehlende Repräsentativität schränken jedoch die Aussagekraft der Forschungsergebnisse nicht ein, da die Zielsetzung von Experimenten in der Messung der Wirksamkeit des Experimentalfaktors auf die abhängige Variable besteht und eine Überprüfung der zugrunde gelegten Kausalhypothese erfolgen soll (vgl. *Atteslander* 2006, S. 168).

Die Künstlichkeit der Erhebungssituation bedingt bestimmte Vor- und Nachteile des Laborexperimentes. Zentrale Vorteile des Laborexperimentes stellen die Kosten- und Zeitersparnisse sowie die Kontrolle der Erhebungssituation und möglicher Störvariablen dar. Als nachteilig können die Einflussmacht des Versuchsleiters und die eingeschränkte Generalisierbarkeit der Forschungsergebnisse außerhalb der Laborsituation angeführt werden (vgl. *Bortz/Döring* 1995, S. 56; *Böhler* 2004, S. 55–63; *Homburg/Krohmer* 2007, S. 32–40).

Bei Feldexperimenten verbleiben die Untersuchungsobjekte in ihrem natürlichen Umfeld, d.h. es handelt sich um eine Untersuchung in einer realen Situation, in der der Untersuchungsleiter eine oder mehrere unabhängige Variable(-n) im Rahmen seiner Einflussmacht verändert. Bedingt durch die eingeschränkte Kontrolle der Erhebungssituation können nicht alle Einflüsse erfasst bzw. nur ein Teil der unabhängigen Variablen kontrolliert werden und folglich Störvariablen, wie z. B. Lärm oder Lichteinfall, auftreten, die die Auswirkungen auf die abhängige Variable verzerren. Die höhere Realitätsnähe der Erhebungssituation und die damit verbundene verbesserte Erfassung komplexerer Interaktionsmuster führen zu einer höheren Aussagekraft der Ergebnisse im Vergleich zum Laborexperiment (vgl. *Atteslander* 2006, S. 168, 178; *Böhler* 2004, S. 55–60).

Prinzipiell kann ausgesagt werden, dass Laborexperimente auf Grund der Kontrolle möglicher Störvariablen eine hohe interne, aber eine geringe externe Validität aufweisen. Feldexperimente zeichnen sich hingegen bedingt durch die Natürlichkeit der Erhebungssituation durch eine geringe interne, aber dafür eine hohe externe Validität aus (vgl. *Bortz/Döring* 1995, S. 57).

6.3.4. Vorteile und Nachteile von Experimenten

Experimente bieten im Vergleich zu anderen Erhebungsmethoden einige Vorteile. Experimente stellen durch die enge Verbindung zwischen Hypothese, Datenerhebung und Datenauswertung das stringenteste Forschungsdesign dar. Resultierend aus diesem eng verknüpften Forschungsdesign zeichnen sich die Untersuchungsergebnisse durch eine hohe Aussagekraft aus, die u.a. durch die Kontrolle der Erhebungssituation verbessert wird. Darüber hinaus können anhand von Experimenten Extremsituationen konstruiert und Reifungs-, Veränderungs- und Entwicklungsprozesse identifiziert werden (vgl. *Diekmann* 2003, S. 295–299; *Friedrichs* 1990, S. 334–340).

Den dargestellten Vorteilen der Anwendung von Experimenten können einige Nachteile gegenübergestellt werden, die besonders bei der Untersuchungsvorbereitung und der Interpretation der Ergebnisse zu beachten sind. Im Rahmen von Experimenten wird nur ein begrenzter Teil der sozialen Realität und des menschlichen Handels betrachtet. Der Wirkungsgrad der zugrunde gelegten Hypothese(-n) kann daher in Frage gestellt werden. Dieses Argument gilt jedoch für alle induktiven Forschungsdesigns, insofern relativiert sich dieser Nachteil. Ferner erfordert ein experimentelles Design ein umfassendes theoretisches Vorwissen des Untersuchungsleiters hinsichtlich der Variablen und möglicherweise auftretende Störfaktoren sowie deren Wechselwirkungen untereinander. Neben diesem umfassenden Vorwissen seitens des Forschers müssen vor Untersuchungsbeginn die Beziehungen zwischen den Variablen genau präzisiert werden und die Forschungsfragen und das Forschungsproblem klar abgegrenzt sein. Darüber hinaus sind bei der Planung und Durchführung von Experimenten ethische und moralische Aspekte zu bedenken (vgl. *Atteslander* 2006, S. 174–180; *Friedrichs* 1990, S. 335–340; *Diekmann* 2003, S. 303 f.).

6.4. Inhaltsanalyse

6.4.1. Aufgabe und Funktion der Inhaltsanalyse

Die Inhaltsanalyse dient als Forschungsmethode der objektiven, systematischen und regelgeleiteten Beschreibung und Analyse manifester und latenter Inhalte, visueller wie auditiver Texte. In Abhängigkeit des Untersuchungsziels kann in die qualitative und die quantitative Inhaltsanalyse unterschieden werden. Beide Formen der Inhaltsanalyse sind gleich bedeutsam für den Generierungsprozess von Theorien und Hypothesen. Während quantitative Inhaltsanalysen eine objektive, systematische und quantifizierende Beschreibung manifester Inhalte anstreben, versuchen qualitative Inhaltsanalysen auch latente Sinngehalte (Bedeutungen, die zwischen den Zeilen liegen) zu erschließen.

Die Inhaltsanalyse nimmt in mehrfacher Hinsicht eine Sonderstellung unter den empirischen Forschungsmethoden ein. Sie ist die einzige nicht reaktive Methode, d.h. ohne Möglichkeit der Veränderung aufgrund der Interaktion mit dem Forscher, und verbindet die Datenerhebung mit der Datenauswertung. Der Gegenstand wird dabei weder beeinflusst noch ist vorstrukturiertes Material erforderlich. Die methodische Intention ist die Schlussfolgerung von Textinhalt auf die soziale Wirklichkeit (vgl. *Atteslander* 2006, S. 181 f.). Dabei setzt die Inhaltsanalyse auf eine schrittweise Reduktion der Komplexität des Textes, da nur eine überschaubare Menge an Merkmalen sinnvoll betrachtet werden kann. Die Selektion des Datenmaterials erfolgt dabei entsprechend dem Erkenntnisinteresse und wird durch die Forschungsfrage und/oder die Hypothesen begründet.

Den Gegenstand der Inhaltsanalyse können alle in irgendeiner Form festgehaltenen (textlich, audio und/oder visuellen) Kommunikationsinhalte bilden. Auch nonverbale Kommunikation kann zum Untersuchungsinhalt werden, da sie Rückschlüsse auf den sozialen Kontext erlaubt. Neben Beschreibung und Auswertung der manifesten Merkmale des Textes gilt es, durch Analysen über mögliche Zusammenhänge von Entstehung und Verwertung den Kontext zu erschließen. Dabei ist zwischen formal-deskriptiver, diagnostischer und prognostischer Funktion zu unterscheiden (vgl. *Früh* 2004, S. 41 f.). Bei der **formal-deskriptiven Funktion** geht es um eine Beschreibung der formalen Aspekte eines Textes, wie relative Häufigkeiten bestimmter Zeichen oder Zeichenkombinationen (z.B. Bilder und Graphiken) und somit Typologien von Texten (vgl. *Früh*

2004, S. 60 f.). Die **diagnostische Funktion** widmet sich den Bedingungen der Textentstehung, dementsprechend stehen der Urheber und der Kontext im Mittelpunkt der Untersuchung (vgl. *Früh* 2004, S. 125 f.). Der möglichen zukünftigen Entwicklung der Textquelle geht demgegenüber die **prognostische Funktion** nach. Der Fokus liegt dabei auf der weiterführenden Behandlung der gewählten Thematik des Textes.

6.4.2. Arten der quantitativen Inhaltsanalyse

Die **Frequenzanalyse** stellt heute noch eine der am häufigsten gebrauchten inhaltsanalytischen Verfahren der anwendungsorientierten Sozialforschung dar. Im Wesentlichen geht es bei dieser Methode um die Erschließung und Auswertung von Worthäufigkeiten, Begriffen, Ausdrücken mit spezifischer Bedeutung, Themen etc., um so beispielsweise Rückschlüsse auf Trends und allgemeine Wandlungsprozesse zu ermöglichen. Neben den Inhalten von Texten können auch formale Texteigenschaften analysiert werden (vgl. *Diekmann* 2005, S. 496 f.).

Bei der **Kontingenzanalyse** geht es zunächst auch um die Auswertung von Häufigkeiten. Darüber hinaus zielt sie auf die Ermittlung von Assoziationsstrukturen in Texten und anderen Dokumenten ab. Die Kontingenzanalyse vergleicht dabei die Annahme, dass keine Verknüpfung existiert, mit der beobachteten Häufigkeit von Kombinationen. Die erwarteten relativen Häufigkeiten sind dabei jeweils immer das Produkt der relativen Häufigkeiten für die einzelnen Begriffe. Das Verhältnis von erwartetem Wert und beobachtetem Wert wird in einer Abbildung gegenübergestellt. Wird der erwartete Wert überschritten, sind die Begriffe miteinander verknüpft. Abschließend wird noch ein Signifikanztest durchgeführt, um sicherzugehen, dass es sich nicht um einen Zufall handelt (vgl. *Diekmann* 2005, S. 498–500).

Die **Bewertungsanalyse** dient der Messung der Intensität von Bewertungen, die im Text gegenüber Objekten und Ereignissen zum Ausdruck kommen. Diese Analyseform kommt zum Einsatz, wenn die gestellte Forschungsfrage nicht hinreichend durch Frequenz- und Kontingenzanalyse beantwortet werden kann (vgl. *Diekmann* 2005, S. 500–504).

6.4.3. Vorgehensweise bei der quantitativen Inhaltsanalyse

Entscheidend für die Wahl der Analyseeinheit ist der durch das Erkenntnisinteresse gesetzte Geltungsbereich der Ergebnisse. Dieser ist meist bereits durch die Forschungsfrage und die Hypothese(-n) vorgegeben. Angestrebt wird eine Verallgemeinerung der gewonnenen Erkenntnisse. Da nur in wenigen Fällen eine Vollerhebung möglich ist, gilt es die Analyseeinheiten so zu wählen, dass sie in ihrer Strukturierung einem verkleinerten Abbild der Grundgesamtheit entsprechen. Je nach Geltungsbereich soll eine (statistische) Repräsentativität erreicht werden. Dabei wird meist ein mehrstufiges Verfahren gewählt, in welchem der relevante Zeitraum und der räumliche Geltungsbereich Berücksichtigung finden. Ist ein inhaltliches Kriterium für die Wahl der Analyseeinheit notwendig, muss dieses präzise formuliert und in den Filterungsprozess eingebaut werden.

Im statistischen Idealfall, der einfachen Zufallsauswahl, werden alle potentiellen Analyseeinheiten nummeriert und mittels Losverfahren gezogen. Dies ist meist mit einem beträchtlichen Aufwand verbunden, weshalb häufig die systematische Auswahl vorgezogen wird. Dabei wird von einem Punkt aus, mittels definiertem Intervall, jedes n-te Element in die Stichprobe einbezogen. Ein Beispiel dafür sind künstliche Wochen, ein systematisches Verfahren, das gerne für Medienanalysen herangezogen wird. Dabei wird mittels chronologischen Vorgehens aus jeder Woche ein Tag gewählt, wie die folgende Graphik es veranschaulicht (vgl. *Rössler* 2005, S. 6 f.).

Abbildung 30: Künstliche Woche

	Montag	Dienstag	Mittwoch	Donnerstag	Freitag	Samstag	Sonntag
1. Woche	**1.1.**	2.1.	3.1.	4.1.	5.1.	6.1.	7.1.
2. Woche	8.1.	**9.1.**	10.1.	11.1.	12.1.	13.1.	14.1.
3. Woche	15.1.	16.1.	**17.1.**	18.1.	19.1.	20.1.	21.1.
4. Woche	22.1.	23.1.	24.1.	**25.1.**	26.1.	27.1.	28.1.
5. Woche	29.1.	30.1.	31.1.	1.2.	**2.2.**	3.2.	4.2.
6. Woche	5.2.	6.2.	7.2.	8.2.	9.2.	**10.2.**	11.2.
7. Woche	12.2.	13.2.	14.2.	15.2.	16.2.	17.2.	**18.2.**

Quelle: vgl. *Rössler* 2005, S. 56

Ein weiteres, häufig verwendetes Stichprobenverfahren stellt die Klumpenstichprobe dar. Dabei wird nicht die Analyseeinheit selbst zufällig ausgewählt, sondern auf die übergeordnete Struktureinheit zurückgegriffen. Alle Elemente (z.B. Beiträge) der gewählten Struktureinheit (z.B. Tag) werden dann codiert und der Analyse unterzogen. Es findet somit eine Vollerhebung innerhalb besagter Struktureinheit statt.

Wenn das zu untersuchende Material in einer Grundgesamtheit bekannt und leicht erkennbar, aber stark gestreut ist (z.B. ein Thema, das sich über das gesamte Fernsehprogramm streut), kann zu einer geschichteten Zufallsauswahl gegriffen werden. Dadurch wird sichergestellt, dass sich in der Auswahleinheit alle Ausprägungen des Merkmals wiederfinden, obwohl nur eine begrenzte Anzahl in die Stichprobe einfließt. Man wählt im ersten Schritt die relevanten Formate und erst dann die Analyseeinheiten nach Thema aus. Wichtig ist abschließend zu berücksichtigen, dass in der Grundgesamtheit ein bestimmtes Verteilungsverhältnis vorherrschen muss. Es gilt daher zu überlegen, mit welchem Zahlenverhältnis die Analyseeinheiten zu berücksichtigen sind. Es kann zwischen zwei Schichtungsvarianten gewählt werden. Gilt es in der Stichprobe, die Grundgesamtheit exakt nach ihrer Verteilung darzustellen, spricht man von einer proportionalen Schichtung. Werden einzelne Typen der Grundgesamtheit berücksichtigt, liegt eine disproportionale Schichtung vor. Dies ist sinnvoll, wenn es um den Vergleich von zwei unterschiedlich starken vertretenen Typen geht, der nur durch die Ziehung einer gleich großen Stichprobe aus beiden Gruppen möglich wird.

Ist keine Zufallsauswahl möglich, muss eine bewusste Auswahl getroffen werden. Dabei kann zwischen der Quotenauswahl und der Auswahl typischer Fälle unterschieden werden. Die Quotenauswahl ist nur möglich, wenn entsprechende Kenntnisse über die Verteilung in der Grundgesamtheit vorliegen, die es erlauben, einen Quotenplan mit entsprechendem Anteil der existierenden Merkmalskombination zu erstellen. Bei der

Auswahl typischer Fälle wird mit Fokus auf das Untersuchungsziel abgeleitet, welche Auswahleinheiten charakteristische Merkmale aufweisen.

Das **Kategoriensystem** bildet das Kernstück der quantitativen Inhaltsanalyse und entsteht theoriegeleitet (vgl. *Früh* 2004, S. 80–85; S. 141–144). Es spezifiziert, mittels welcher Kriterien die relevanten Codiereinheiten gemessen werden. Kategorien stellen Ausprägungen der zu untersuchenden Variablen dar. Sie dürfen sich nicht überschneiden. Jede Analyseeinheit muss immer klar einer Ausprägung einer Kategorie zuordenbar sein. Für die Erfassung der Ausprägung wird meist auf Zahlencodes zurückgegriffen. Für eine erfolgreiche Auswertung ist dabei die Wahl des richtigen Skalenniveaus[29] von zentraler Bedeutung (vgl. *Brosius/Koschel* 2005, S. 51–57). Es sind verschiedene Kategorienarten zu unterscheiden (vgl. *Früh* 2004; *Rössler* 2005).

Formale Kategorien lassen sich meist durch Zählen, Messen oder Transkription erheben (z.B. Datum, Zeit, Umfang oder Platzierung). Sie erfüllen eine wichtige Grundvoraussetzung, weil damit manifeste Sachverhalte festgehalten werden.

Inhaltliche Kategorien beschäftigen sich mit dem inhaltlichen Gegenstand (z.B. der Themenstruktur, der Darstellung). Die Codiereinheiten sind vom Erkenntnisinteresse abhängige Bedeutungsdimensionen. Dabei gilt es zwischen referenziellen Einheiten (Akteure, Objekte, Ereignisse) und thematischen Einheiten (Diskursstruktur) zu unterscheiden.

Wertende Kategorien dienen der Erfassung von Bewertungen und sind am schwierigsten zu definieren. Dabei muss zwischen einzelnen bewertenden Aussagen und Argumenten und einer Gesamtbewertung unterschieden werden. Bei Ersterem geht es um Aussagenerfassung, Letzteres bedeutet, ein summarisches Urteil über die Analyseeinheit zu fällen.

Je nach Erkenntnisinteresse der Forschungsarbeit wird den genannten Kategorien unterschiedliche Bedeutung zukommen. Unabhängig davon, welche Kategorienarten Anwendung finden, müssen die formalen Anforderungen hinsichtlich Vollständigkeit und Trennschärfe immer erfüllt werden. Wenn der Anspruch auf Vollständigkeit nicht gegeben ist, da bestimmte Ausprägungen nicht eingeschlossen wurden, kann das Ergebnis unbrauchbar sein. Häufig behilft man sich mit der Ausprägung „Sonstige", die durch den Codierer mit weiteren Ausprägungen erweitert werden kann.

Kategorien gelten als trennscharf, wenn sich die einzelnen Ausprägungen gegenseitig ausschließen und sich auf das gleiche Merkmal beziehen. Wenn dies nicht der Fall ist, sinken der Informationsgehalt und die Reliabilität einer Kategorie, da es zu einer uneinheitlichen Codierung kommt. Vollständigkeit und Trennschärfe tragen somit zur Validität des Kategorienschemas bei (vgl. *Brosius/Koschel* 2005, S. 155–157).

Im Rahmen der Codierung wird jede Analyseeinheit (z.B. eines Kommentars) den einzelnen Kategorien zugewiesen. Dazu wird eine Erläuterung aller Kategorien und ihrer Ausprägungen in Form eines Codebuches dem Codierungsbogen beigelegt. Das Codebuch ist beim Einsatz von mehreren Codierern ein wichtiges Arbeitsinstrument, dessen Gestaltung und Inhalt in erster Linie dem Codierer eine schnelle und einheitliche Datenerhebung erlaubt.

---

[29] Siehe dazu Kapitel 6.5.1.

Ein Codebuch muss daher mehrere Elemente beinhalten, die in der nachfolgenden Abbildung angeführt sind:

Abbildung 31: Beispiel für ein Codebuch

EINLEITUNG – Definitorischer Rahmen
Erkenntnisinteresse, Forschungsfrage, Hypothesen
Definition wichtiger Begriffe
Definition der Auswahleinheit
Definition der Analyseeinheit(en)
Definition der Kontexteinheiten
Beschreibung der Vorgehensweise
Beschreibung der Vorgehensweise
HAUPTTEIL – Kategoriensystem
Analyseeinheit 1 – Kategorie 1 – Kategorie 2 – ... – Kategorie n (Ausprägung jeweils mit Beispiel)
Analyseeinheit 2
Analyseeinheit n
ANHANG
Tabellarische Übersicht über die Kategorien
Muster-Codebogen

Quelle: vgl. *Rössler* 2005, S. 88

Es empfiehlt sich, das gewählte Kategoriensystem und die Codierregeln in einem Pretest zu prüfen. Wird der Text von mehr als einem Codierer vercodet, bedarf diese Vorgehensweise einer Prüfung der Reliabilität der Codierung. Dabei ist Intercoder- (er gibt an, wie hoch der Grad der Übereinstimmung der Zuordnungen von zwei Codierern ist) von Intrakoder-Reliabilität (derselbe Codierer zu unterschiedlichen Zeitpunkten) zu unterscheiden (vgl. *Früh* 2004, S. 177–183).

Abbildung 32: Reliabilitätsberechnung der Codierung

$$\text{Kodierreliabilität} = \frac{2\ddot{U}}{K1+K2}$$

K1 = Anzahl der Codierungen von Codierer 1
K2 = Anzahl der Codierungen von Codierer 2
Ü = das Maß der Übereinstimmungen an der Zahl der Codierungen

Quelle: vgl. *Diekmann* 2005, S. 493

6.4.4. Arten der qualitativen Inhaltsanalyse

6.4.4.1. Die objektive Hermeneutik nach *Oevermann*

Die Hermeneutik stellt eine wichtige metatheoretische Grundannahme der qualitativen Sozialwissenschaft dar. Sie ist von der Annahme geprägt, dass Soziales nur über Sinn konstruiert werden kann. Eine wesentliche Aufgabe wissenschaftlicher Analyse ist es daher, Sinn-Rekonstruktion zu betreiben. Der Begriff „Hermeneutik" steht dabei einerseits für die Praxis der Auslegung mit dem Ziel des Verstehens, andererseits geht es dabei auch um die Theorie der Auslegung im Sinne einer Reflexion der Bedingungen und Normen des Verstehens selbst (vgl. *Mittelstraß* 2004, S. 85; *Lamnek* 1995a, S. 71). Grundprinzip ist dabei ein zirkelhaftes, reflexives Vorgehen, auch **hermeneutischer Zirkel**[30] genannt. Dabei wird durch eine erste Sichtung zunächst ein Grundverständnis für den Text geschaffen, das in weiterer Folge die gezielte Feinanalyse relevanter Passagen erlaubt. Dieses an Teilen des Textes erzielte Verständnis wird dann auf den Gesamttext angewendet, wobei wiederholtes Lesen und Analysieren von Textteilen sowie des Gesamttextes das Verständnis des Ganzen verbessern soll (vgl. *Bortz* 2006, S. 303).

Oevermann erweitert die traditionelle Hermeneutik zur objektiven Hermeneutik, bei der es auf die Rekonstruktion latenter Sinninhalte von Äußerungen und Handlungen ankommt. Die Bezeichnung „objektiv" bezieht sich dabei nicht auf den wissenschaftlichen Anspruch der Objektivität. Vielmehr soll mit dem Begriff, der sich allein aus der Entwicklungsgeschichte der Methode erklärt, die Bedeutung der Objekthaftigkeit des zu untersuchenden Gegenstandsbereichs unterstrichen werden (vgl. *Lamnek* 1995a, S. 36).

Beim Einsatz der objektiven Hermeneutik nach Oevermann werden Sequenzen einer Interaktion ‚rekonstruiert', indem sie zunächst in die Bausteine der Logik des Zustandekommens einer Aussage zerlegt werden. Dabei wird in einem mehrstufigen Verfahren jede Textsequenz auf ihren latenten Sinngehalt hin interpretiert. Die Methode ist besonders zur Auswertung von Interviews oder Gruppendiskussionen geeignet. Dabei können drei Verfahrensstrategien Anwendung finden. Die **Feinanalyse** interpretiert den äußeren Kontext und berücksichtigt bei der Textanalyse die Art des Interaktionstyps. Dem gegenüber analysiert die **Sequenzanalyse** sämtliche Interaktionsakte, ohne den inneren und äußeren Kontext der Aktionen zu berücksichtigen. Bei der **Strukturanalyse** schließlich werden die verfügbaren Sozialdaten aller Beteiligten vor dem Interaktionshintergrund interpretiert. Von diesen drei Verfahrensstrategien soll im Folgenden die Feinanalyse exemplarisch ausgeführt werden (vgl. *Lamnek* 1995b, S. 220).

Bei der Anwendung der Analyse sind zunächst zwei Schritte zu unterscheiden. Den ersten Schritt bildet eine **sequenzielle Grobanalyse**. Dabei geht es um die Sichtung und Analyse der Rahmenbedingungen und Entstehungsbedingungen des zu analysierenden Materials (Aussagen und Handlungen). Das konkrete Handlungsproblem soll dargestellt, und erste Fallstrukturthesen erstellt werden. Der zweite Schritt besteht aus einer **sequenziellen Feinanalyse** auf acht Ebenen. Dieser zweite Schritt stellt das eigentliche inhaltsanalytische Vorgehen der objektiven Hermeneutik dar. Durch die einzelnen Ebenen findet sukzessive eine Materialreduktion statt (vgl. *Lamnek* 1995b, S. 220 f.).

Bevor mit der sequenziellen Feinanalyse begonnen werden kann, ist eine **Protokollierung** und damit Explikation des Untersuchungsgegenstands notwendig. Eine mög-

---

[30] Siehe Kapitel 1.4.

lichst sorgfältige Explikation ist für die folgende Analyse entscheidend, da hier später die Bedeutungsanknüpfung erfolgt. Es sollte versucht werden, auch die unterschiedlichen Perspektiven der Interaktionspartner im Protokoll festzuhalten. Wenn es sich aber um die Analyse von Filmmaterial handelt, ist die Transkription des für einen Rezipienten Sichtbaren ausreichend.

Nach der Fertigstellung des Protokolls folgt die Paraphrasierung der objektiven Bedeutungsgehalte (1. Ebene). Wesentlich ist dabei, dass der Sinn in einer verständlichen Formulierung wiedergegeben wird. Dabei sind subjektive Bedeutungsgehalte zu meiden. Die Alltagssprache ist zu wählen, da der Einsatz von Fachbegriffen bereits Interpretationen der Inhalte bedingen würde.

Nachdem alle manifesten Sinngehalte festgehalten wurden, dürfen bei der Explikation der Intention der Interagierenden (2. Ebene) extensiv und bewusst spekulative Vermutungen über Bedeutung und Funktion der Handlung aufgestellt werden. Die 3. Ebene widmet sich dann der Explikation der objektiven Motive und Konsequenzen der gesetzten Handlungen. Der Fokus wird dabei auf verbalisierte Handlungen gelegt. Dabei werden diese Handlungen als objektive Träger sozialer Sinnstrukturen verstanden, die abgelöst von aktuellen Intentionen des Sprechers soziale Realität gestalten und spätere Handlungen eingrenzen. Um die Handlungen entsprechend beurteilen zu können, müssen weitere Informationen hinzugezogen werden. Dabei können Erkenntnisse anderer Textstellen, Hintergrundwissen zu den Handelnden und deren Sozialisierung sowie Theorie einbezogen werden. Danach gilt es zu untersuchen, in welche Richtung weitere Interaktionen gehen können. Dazu dient die Explikation der Handlung hinsichtlich ihrer Funktion der Verteilung von Interaktionsrollen (4. Ebene).

Die 6. Ebene vorbereitend, erfolgt nun eine Charakterisierung sprachlicher Merkmale (5. Ebene) und damit syntaktischer, semantischer und pragmatischer Besonderheiten der Verbalisierungen. Von besonderem Interesse sind dabei u.a. Klangfiguren, Positionsfiguren (Wortwiederholungen, Wortumstellungen), Sinnfiguren (Verknappung, Zuspitzung) sowie Figuren der Gedankenführung, der Erklärung und Veranschaulichung. Nach dieser Charakterisierung findet die Abklärung des Interpretationsakts auf durchgängige Kommunikationsfiguren (6. Ebene) statt. Dabei werden die Ergebnisse der einzelnen Feinanalysen verglichen, wobei mehreren Zielsetzungen nachgegangen wird. So sollen unplausible Annahmen und Deutungsmuster ausgesondert werden. Der Selektionsvorgang kann zur Rekonstruktion einer Kommunikationsfigur führen.

Schließlich wird der Befund mit einer Gesamtcharakteristik des Untersuchungsfalls, die gestützt oder revidiert werden kann, konfrontiert, bevor die Explikation allgemeiner Zusammenhänge (7. Ebene) erfolgt. Dabei werden die gefundenen Kommunikationsfiguren miteinander verglichen – mit dem Ziel einer Typisierung und Musterbildung. Abschließend muss eine letzte unabhängige Prüfung der formulierten Thesen (8. Ebene) durch Hinzuziehen der Ergebnisse weiterer Text- bzw. Interaktionsanalysen erfolgen (vgl. *Lamnek* 1995b, S. 221–227; *Flick* 2004, S. 302–304).

Tipp

Eine Adaptierung der Vorgehensweise durch Schwerpunktsetzung oder das Streichen einzelner Ebenen ist möglich, sollte aber nicht in einer Veränderung der Reihenfolge münden.

Da, je nach Forschungsinteresse, auch das Festhalten von Mimik und Gestik relevant sein kann, kann das Protokoll zu problematischer Komplexität führen. Es empfiehlt sich daher bei der Anwendung der objektiven Hermeneutik ergänzend auf Aufzeichnungen zurückzugreifen.

Dem Vorwurf, dass die Forschungsmethode die Willkür im Verstehen eines Einzelnen durch eine Art Gruppenprozess zu ersetzen bzw. zu verschleiern versuche, sind einige Merkmale und Qualitäten entgegenzuhalten (vgl. *Lamnek* 1995a, S. 36–37). Die textübergreifende Vorgehensweise verlangt nach einer reflexiven Systematik, wobei der ganzheitliche Eindruck durch die Suche bestätigender textimmanenter oder textexterner Faktoren belegt wird. Ferner muss die Stichhaltigkeit der vorgeschlagenen Interpretation diskursiv begründet werden. Argumente und mögliche Gegenargumente müssen abgewogen werden. Die Methode orientiert sich stärker am Text als andere Auswertungsmethoden und versucht diesen möglichst ganzheitlich zu erfassen, weshalb sie sich besonders für die Analyse gruppendynamischer Prozesse, die Auswertung von Tiefeninterviews, aber auch zur Interpretation von Filmen und Bildern eignet.

6.4.4.2. Die Inhaltsanalyse nach *Mayring*

Als qualitative Inhaltsanalyse mit quantifizierbaren Elementen eignet sich die Inhaltsanalyse nach Mayring auch für umfangreiches Textmaterial, das regelgeleitet, intersubjektiv nachvollziehbar durchgearbeitet werden kann. Die Inhaltsanalyse nach Mayring ist dahingehend qualitativ, als sie offen ist für empirisch begründete Kategorien. Der Einzelfall selbst wird aber, in der Tradition der quantitativen Methoden, als eine Sammlung von Merkmalsausprägungen gehandelt. Es geht somit nur bedingt um ein ganzheitliches Erfassen der Charakteristik von Einzelfällen, wie bei Oevermann, sondern vielmehr um die Zergliederung in Kategorien (vgl. *Lamnek* 1995b, S. 207).

In einer Art **explorativen Phase** verschafft sich der Forschende zunächst im Sinne einer Globalauswertung einen Überblick über Kategorien, die Einzelfälle charakterisieren helfen. Für das weitere Vorgehen entwickelt Mayring ein **neunstufiges Ablaufmodell** (vgl. *Lamnek* 1995b, S. 207). Zunächst wird das Analysematerial festgelegt (Stufe 1), da nur forschungsrelevante Ausschnitte und nicht ganze Protokolle der Analyse unterzogen werden. Danach erfolgen eine Analyse der Entstehungssituation (Stufe 2) sowie eine formale Charakterisierung des vorliegenden Materials (Stufe 3). Ist das Analysematerial auch deskriptiv festgehalten, sind in weiterer Folge die Festsetzung der Analyserichtung (Stufe 4), eine theoriegeleitete Ausdifferenzierung der Fragestellung (Stufe 5), die Bestimmung der Analysetechnik (Stufe 6) und die Definition der Analyseeinheiten (Stufe 7) durchzuführen, erst dann kann die eigentliche Analyse des Datenmaterials (Stufe 8) erfolgen. Dabei kommen drei Analyseverfahren zum Einsatz. Bei der inhaltsanalytischen Zusammenfassung wird der Ausgangstext auf eine überschaubare Kurzversion reduziert, die nur noch die wichtigsten Inhalte umfasst. Dies erfolgt mittels Paraphrasierung (Wegstreichen ausschmückender Redewendungen und Reduktion auf grammatikalische Kurzformen), Generalisierung (konkrete Beispiele werden verallgemeinert) und Reduktion (ähnliche Paraphrasen werden zusammengefasst). Bei der explikativen Inhaltsanalyse werden unklare Textbestandteile (Begriffe oder auch Sätze) durch Hinzuziehen von zusätzlichem Material (z.B. andere Textpassagen, Informationen über den Befragten) abgeklärt. Die strukturierende Inhaltsanalyse ordnet die inhaltsanalytische Zusammenfassung sowie die explikative Inhaltsanalyse den Fragestellungen zu. Das Resultat ist eine formale Gliederung hinsichtlich inhaltlicher (Herausarbeiten bestimmter Themen und Inhalte), typisierender (Identifikation von häufig besetzten oder theoretisch interessanten Merkmalsausprägungen) und skalierender Strukturierung (Merkmalsausprägungen werden auf Ordinalniveau eingeschätzt). Als letzter Schritt erfolgt eine Interpretation (Stufe 9) der Ergebnisse hinsichtlich der Hauptfragestellung (vgl. *Lamnek* 1995b, S. 207–216).

6.4.4.3. Vorteile und Nachteile der qualitativen Inhaltsanalyse

Die regelgeleitete und systematische Vorgehensweise ist ein wesentlicher Vorteil der qualitativen Inhaltsanalyse. Bei der qualitativen Inhaltsanalyse ist der Faktor Zeit im Vergleich zu anderen Erhebungsmethoden von untergeordneter Bedeutung. Auf Grund dessen eignet sich die qualitative Inhaltsanalyse besonders zur Untersuchung von Tatbeständen aus der Vergangenheit und zur Analyse von sozialen und kulturellen Werte- und Veränderungsprozessen. Die qualitative Inhaltsanalyse kann für die Untersuchung von verschiedenen sozial- und wirtschaftswissenschaftlichen Themenbereichen angewendet werden und bietet somit die Möglichkeit, ein breites Wissen über soziale und gesellschaftliche Gegebenheiten zu erwerben. Ein weiterer Vorteil ist darin zu sehen, dass eventuelle Fehler bei der Auswertung korrigiert werden können und das Kategorienschema angepasst werden kann. Darüber hinaus ist die qualitative Inhaltsanalyse ein vergleichsweise kostengünstiges Auswertungsverfahren.

Die Anwendung von festen Auswertungskategorien erweist sich in der Forschungspraxis oftmals als schwierig und kann die Aussagekraft der Forschungsergebnisse einschränken. Bei der qualitativen Inhaltsanalyse fließen vor allem bei der Interpretation persönliche Empfindungen und Erfahrungen des Forschers ein. Diese persönlichen Empfindungen und Erfahrungen grenzen die Validität und Reliabilität der Ergebnisse ein. Erschwerend kommt hinzu, dass viele Begriffe mehrdeutig und daher eindeutige Aussagen nicht immer möglich sind. Ferner erfordert die Entwicklung des Kategorienschemas ein umfassendes Vorwissen des Forschers sowie die Bereitschaft zur Selbstreflexion und Kritikfähigkeit (vgl. *Mayring* 2002).

Die qualitative Inhaltsanalyse kann auch computergestützt erfolgen und ermöglicht damit eine transparente und intersubjektiv nachvollziehbare Datenauswertung. Des Weiteren erleichtert die computergestützte Inhaltsanalyse die Handhabung der Datenmengen und unterstützt durch die Bereitstellung von Prozeduren die Entwicklung von Theorien (vgl. *Lissmann* 2001, S. 87–91).

Tipp

Folgende Software-Programme können für die qualitative Inhaltsanalyse eingesetzt werden:

- Aquad
- Atlas.ti
- Textquest

- Winmax
- NVivo
- Maxdata

6.5. Statistische Grundlagen

In den nachfolgenden Abschnitten werden die wichtigsten Grundbegriffe und die am häufigsten eingesetzten Verfahren der **deskriptiven** und **induktiven Statistik** in Kürze beschrieben. Um jedoch diese Verfahren zu beschreiben, ist es vorab notwendig, die verschiedenen Arten von Merkmalsausprägungen zu erklären, da diese die anwendbaren statistischen Verfahren bestimmen.

6.5.1. Skalenniveau

Die Personen, Tiere oder Objekte, die einer Stichprobe angehören, werden als Beobachtungseinheiten oder Merkmalträger bezeichnet. Die Merkmale sind charakteristische Eigenschaften der Beobachtungseinheiten, wobei die Art des Merkmals im Wesentlichen durch das **Skalenniveau** bestimmt wird. Die Art der Merkmale und deren Skalenniveaus sind für die Bestimmung der Stichprobe und die daraus anwendbaren statistischen Analysemethoden wichtig. Man unterscheidet prinzipiell zwischen den vier Skalenniveaus: Nominalskala, Ordinalskala, Intervallskala und Verhältnisskala (vgl. *Böhler* 2004, S. 108–110.).

Nominalskalierte Daten unterscheiden sich ausschließlich durch ihre begriffliche Verschiedenheit voneinander und stellen das einfachste Skalenniveau dar. Beispiele für nominalskalierte Daten sind das Geschlecht, die Blutgruppe, die Religionszugehörigkeit oder die Telefonnummer.

Ordinalskalierte Daten lassen sich in eine natürliche oder sachlogische Rangordnung bringen und können verbal oder zahlenmäßig verschlüsselt ausgedrückt werden. Im Gegensatz zu nominalskalierten Daten lassen sich bei ordinalskalierten Daten Aussagen über die Richtung der Verschiedenartigkeit treffen. Beispiele für nominalskalierte Daten sind Schulnoten, Güteklassen von Lebensmitteln oder Tarifklassen.

Bei den **intervallskalierten Daten** resultieren die Merkmalsausprägungen durch Messen und Zählen. Die Merkmalsausprägungen können daher sowohl positive als auch negative Zahlenwerte annehmen. Intervallskalierte Daten sind verschiedenartig, lassen sich in eine Rangfolge bringen, somit lassen sich sinnvolle Aussagen über die Abstände zwischen einzelnen Merkmalsausprägungen treffen. Der Nullpunkt bei intervallskalierten Daten ist willkürlich gewählt und hat daher keinen natürlichen Ursprung. Ein Beispiel für intervallskalierte Daten ist die Temperatur in Fahrenheit.

Verhältnisskalierte (ratioskalierte) Daten setzen einen absoluten natürlichen Nullpunkt voraus und weisen daher nur positive Zahlenwerte auf. Beispiele für verhältnisskalierte Daten sind das Körpergewicht, das Alter oder das Einkommen.

Nominalskalierte und ordinalskalierte Daten werden auch als qualitative oder nichtmetrische Daten und intervallskalierte und verhältnisskalierte Daten als quantitative oder metrische Daten bezeichnet (vgl. *Klammer* 2005, S. 84 f.; *Weiss/Bauer* 2008, S. 85 f.).

6.5.2. Deskriptive Statistik

Die deskriptive (beschreibende) Statistik umfasst all jene statistischen Verfahren, die sich mit der Aufbereitung und Auswertung von aus einer Stichprobe gezogenen Daten befassen. Allgemeingültige Aussagen zur Grundgesamtheit sind jedoch mittels deskriptiver Statistik nicht möglich (vgl. *Berekoven et al.* 2006, S. 197). Die Verfahren der deskriptiven Statistik lassen sich in Abhängigkeit von der Anzahl der untersuchten Variablen in univariate, bivariate und multivariate Verfahren einteilen.

Im Rahmen von univariaten Verfahren wird ausschließlich eine Variable über alle Untersuchungsobjekte hinweg analysiert. Bei bivariaten Verfahren werden Beziehungen zwischen zwei Variablen ermittelt. Multivariate Verfahren untersuchen hingegen Zusammenhänge zwischen drei oder mehr Variablen (vgl. *Berekoven et al.* 2006, S. 197–205).

6.5.2.1. Univariate Verfahren

Die univariaten Verfahren umfassen einerseits die absolute und die relative Häufigkeitsverteilung. Im Zuge dieser eindimensionalen Häufigkeitsverteilungen werden die beobachteten Häufigkeiten der Merkmalsausprägungen erfasst, systematisiert und graphisch dargestellt. Andererseits gehören zu den univariaten Verfahren auch die Methoden zur Ermittlung der Lage- und Streuungsparameter, die der Charakterisierung von Häufigkeitsverteilungen dienen.

Die **Lageparameter** beschreiben im Wesentlichen das Zentrum der Beobachtungswerte, die **Streuungsparameter** verdeutlichen hingegen, wie dicht die einzelnen Beobachtungswerte um den Mittelwert liegen. Vereinfachend kann man aussagen, dass die Lageparameter den Wertebereich und die Streuungsparameter die Wertevariation abbilden (vgl. *Berekoven et al.* 2004, S. 198).

Die gebräuchlichsten Lagemeter sind das **arithmetische Mittel** ($\bar{x}$), der **Median (Z)** und der **Modus (M)** (vgl. *Böhler* 2004, S. 171–180). Das arithmetische Mittel (Mittelwert, Durchschnitt) erfordert prinzipiell ein metrisches Skalenniveau und ergibt sich aus der Summe aller Beobachtungseinheiten dividiert durch die Gesamtanzahl der Beobachtungseinheiten. Für ordinalskalierte Daten kann, obwohl dies in der Forschungspraxis oftmals vorkommt, kein sinnvolles arithmetisches Mittel berechnet werden. Der Median (Zentralwert) teilt die Beobachtungswerte geordnet nach ihrer Größe in zwei Hälften und lässt sich auch für ordinalskalierte Merkmale ermitteln. Der Modus (Modalwert) ist der häufigste Beobachtungswert einer Häufigkeitsverteilung. Theoretisch kann der Modus für alle Skalenniveaus ermittelt werden, bevorzugt wird dieser jedoch für ordinalskalierte Daten angewendet.

Die wichtigsten univariaten Streuungsparameter sind die **Varianz, die Standardabweichung** und die **Spannweite**. Die Varianz resultiert aus der durchschnittlichen quadratischen Abweichung der einzelnen Beobachtungswerte vom arithmetischen Mittel. Auf Grund der schwierigen Interpretierbarkeit der Varianz wird stattdessen die Standardabweichung verwendet. Die Standardabweichung (Streuung, mittlere Abweichung) ergibt sich aus der Quadratwurzel der Varianz und kann nur für metrische Skalenniveaus ermittelt werden. Die Spannweite ist die Differenz zwischen dem größten und dem kleinsten Beobachtungswert und wird bevorzugt bei ordinalskalierten und quantitativ-diskreten Messniveaus angegeben (vgl. *Böhler* 2004, S, 171–180; *Weiß/Bauer* 2008, S. 89–105; *Berekoven et al.* 2006, S. 198–201).

6.5.2.2. Bivariate Verfahren

Im Rahmen von bivariaten Verfahren werden die Zusammenhänge zwischen zwei Variablen nach ihrer Art und dem Ausmaß, d.h. nach Ursache- und Wirkungsbeziehungen,

analysiert. Die am häufigsten eingesetzten bivariaten Verfahren sind die Kreuztabellierung, die Korrelationsanalyse und die einfache lineare Regressionsanalyse.

Die **Kreuztabellierung** ist das einfachste Verfahren zur Analyse von Zusammenhängen zwischen zwei (oder auch mehreren) Variablen. Hierzu werden alle möglichen
Kombinationsmöglichkeiten der Merkmalsausprägungen und die dazugehörigen relativen und absoluten Häufigkeiten in einer Matrix (Kreuzabbildung, cross tabulation) dargestellt. Die Anwendung der Kreuztabellierung ist vom Skalenniveau unabhängig, setzt
jedoch voraus, dass die Merkmalsausprägungen in genau abgrenzbare Kategorien ein-
teilbar sind (vgl. *Böhler* 2004, S. 185–190).

Abbildung 33: Beispiel für eine Kreuztabelle

Geschlecht Schultyp	männlich	weiblich	Summe
Schultyp 1	60 (75%)	20 (25%)	80
Schultyp 2	50 (45%)	60 (55%)	110
Summe	110	80	190

Quelle: Eigene Darstellung

Auf Grund der übersichtlichen Darstellung und der damit verbundenen schnellen Er-
fassbarkeit und Interpretierbarkeit wird die Kreuztabellierung vor allem für statistische
Vorab-Analysen in den verschiedenen Wissenschaftsgebieten eingesetzt. Die statistische
Absicherung des dargestellten Zusammenhangs, d.h. ob die Aussage auf die Grundgesamtheit übertragbar oder nur zufällig ist, erfordert jedoch die Überprüfung mittels entsprechender Testverfahren (z.B. Chi-Quadrat-Test).

Abbildung 34: Zusammenfassung Kreuztabellierung

Zielsetzung	Analyse von Zusammenhängen zwischen zwei Variablen
Skalenniveau	nicht-metrisch
Anwendungsgebiet	statistische Vorab-Analysen in verschiedenen Wissenschaftsbereichen

Die **einfache Korrelationsanalyse** bildet die Grundlage für viele multivariate Analyseverfahren (z.B. Faktorenanalyse) und ermittelt die Stärke des Zusammenhangs zwischen
zwei metrischen Variablen. Die Stärke des Zusammenhangs wird anhand des Korrela-
tionskoeffizienten (r), auch Pearsonscher Korrelationskoeffizient, beschrieben. Der Korrelationskoeffizient kann nur Werte zwischen -1 bis +1 annehmen und ist dimensions-
los. Je näher die Werte bei -1 und +1 liegen, desto stärker ist der Zusammenhang zwischen den Variablen. Ein Korrelationskoeffizient von -1 (je mehr x, desto weniger y) bedeutet einen gegenläufigen linearen Zusammenhang. Bei einem Korrelationskoeffizien-
ten von 0 besteht hingegen kein Zusammenhang zwischen beiden Variablen. Ein Wert
von 1 (je mehr x, desto mehr y) verweist hingegen auf einen perfekten linearen Zusammenhang zwischen zwei metrischen Variablen. Bei der Interpretation des Korrelations-
koeffizienten ist zu beachten, dass damit keine Aussagen über die Ursache- und Wir-

kungsbeziehungen zwischen zwei metrischen Variablen und die Richtung des Einflusses getroffen werden können (vgl. *Berekoven et al.* 2006, S. 204 f.; *Klammer* 2005, S. 114–119; *Weiß/Bauer* 2008, S. 92 f.).

Abbildung 35: Zusammenfassung einfache Korrelationsanalyse

Zielsetzung	Ermittlung der Stärke des Zusammenhangs
Skalenniveau	unabhängige Variable = metrisch, abhängige Variable = metrisch
Anwendungsgebiet	Marktforschung zur Untersuchung von Zusammenhängen

Die **einfache lineare Regressionsanalyse** ist ein Schätzverfahren, im Rahmen dessen der Einfluss einer unabhängigen metrischen Variablen auf eine abhängige metrische Variable untersucht wird. Somit lassen sich mittels der Regression Ursache-Wirkungs-Beziehungen und Veränderungen der abhängigen Variablen im Zeitablauf ermitteln. Das Ziel der Regression ist daher, die Koeffizienten b_o und b_{ixi} der Regressionsgeraden ($y = b_o+b_{ixi}$) so zu bestimmen, dass die Summe der quadrierten Abstände zwischen den beobachteten Werten und den gemessenen Werten minimiert wird (vgl. *Berekoven et al.* 2006, S. 210–220; *Roth* 1995, S. 632–639).

Abbildung 36: Zusammenfassung einfache lineare Regressionsanalyse

Zielsetzung	Beschreibung und Erklärung eines Zusammenhangs zwischen zwei Variablen
Skalenniveau	unabhängige Variable = nominal, abhängige Variable = metrisch
Anwendungsgebiet	Vorhersage, Ursache- und Wirkungsanalysen, Zeitreihenanalysen, Testkonstruktion

6.5.2.3. Multivariate Verfahren

Man unterscheidet bei den **multivariaten Verfahren** in Abhängigkeit von der betrachteten Variablenart die **Interdepenzenanalyse** und **Dependenzanalyse**. Das Ziel der Dependenzanalyse ist die einseitige Analyse des Einflusses der unabhängigen Variablen auf die abhängige(-n) Variable(-n). Im Zuge der Interdepenzanalyse wird hingegen eine wechselseitige Beziehung zwischen den unabhängigen und den abhängigen Variablen ohne Richtungszusammenhang unterstellt. Zu den wichtigsten multivariaten Verfahren gehören die multiple Regressionsanalyse, die Faktorenanalyse, die Diskriminanzanalyse und die Clusteranalyse. Grundvoraussetzung für die Durchführung multivariater Verfahren ist jedoch in erster Linie die Klärung der Sinnhaftigkeit des zu untersuchenden Zusammenhangs. Multivariate Verfahren untersuchen nämlich ausschließlich mathematische Zusammenhänge und deren Stärke, die Interpretation der Sinnhaftigkeit bleibt dem Forschenden vorbehalten (vgl. *Berekoven et al.* 2006, S. 209).

Die **multiple Regressionsanalyse** (Mehrfachregression) ist das am häufigsten angewendete multivariate Analyseverfahren und kann zur Beschreibung und Erklärung von Zusammenhängen und zur Prognose eingesetzt werden. Im Gegensatz zur einfachen Regressionsanalyse wird bei der multiplen Regressionsanalyse der Zusammenhang zwischen einer intervallskalierten abhängigen (endogene, Prognosevariable, Regressand) von mehreren intervallskalierten (oder nominalskalierten) unabhängigen (exogene Variable, Prädiktorvariable, Regressoren) Variablen untersucht, z.B. der Einfluss der Mitarbeitermotivation und die Stimmlage des Call-Center-Mitarbeiters auf die Kundenzufriedenheit (vgl. *Backhaus et al.* 2005, S. 44–60; *Berekoven et al.* 2006, S. 210).

Abbildung 37: Zusammenfassung multiple Regressionsanalyse

Zielsetzung	Beschreibung und Erklärung von Zusammenhängen
Skalenniveau	unabhängige Variable = nominal, abhängige Variable = metrisch
Anwendungsgebiet	Vorhersage, Ursache- und Wirkungsanalysen, Zeitreihenanalysen, Testkonstruktion

Die **Diskriminanzanalyse** ist ein strukturprüfendes Verfahren zur Analyse von Gruppenunterschieden und eng mit der Regressionsanalyse verwandt. Das Ziel der Diskriminanzanalyse besteht in der Einordnung von Elementen in fest vorgegebene Kategorien, wie z.B. Risikoklasse oder den Verkaufserfolg. Die zuzuordnenden Elemente, d.h. die unabhängigen Variablen, weisen dabei ein metrisches und die abhängigen Variable(-n) (Gruppenvariable) ein nominales oder ordinales Skalenniveau auf. Ein typisches Beispiel in diesem Zusammenhang stellt die Einordnung von Kunden in Kreditrisikoklassen dar (vgl. *Backhaus et al.* 2005, S. 156–170; *Green/Tull* 2004, S. 355 f.).

Abbildung 38: Zusammenfassung Diskriminanzanalyse

Zielsetzung	Einordnung von Elementen in vorgegebene Kategorien
Skalenniveau	unabhängige Variable = metrisch, abhängige Variable = nominalskaliert
Anwendungsgebiet	Prognose der Gruppenzugehörigkeit

Die Sozial- und Wirtschaftswissenschaften beschäftigen sich mit menschlichen Verhaltensweisen und -mustern. Menschliches Verhalten und Entscheidungsweisen sind individuenabhängig und stark durch persönliche Einstellungen und Wertnormen geprägt. Eine formale Beschreibung ist daher oftmals schwer möglich. Das Ziel der **Faktorenanalyse** besteht in der Reduzierung (Variablenreduktion) vieler direkt messbarer/beobachtbarer Variablen auf einige bzw. eine indirekt messbare/nicht beobachtbare (latente) Variable(-n), um menschliche Verhaltensweisen und Entscheidungsmuster formal beschreibbar zu machen. Beispielhaft kann hier der Intelligenzquotient angeführt werden. Die Anwendung der Faktorenanalyse setzt prinzipiell ein metrisches Skalenniveau voraus und erfordert, dass die Stichprobe drei Mal so groß sein muss wie die Variablenanzahl.

In Abhängigkeit von der wissenschaftlichen Fragestellung, dem Vorwissen des Forschers und der Korrelationen der Variablen kann die Faktorenanalyse als ein exploratives oder ein konfirmatorisches Verfahren eingesetzt werden.

Bei der explorativen Faktorenanalyse wird davon ausgegangen, dass die Faktoren untereinander unkorreliert und standardisiert sind, d.h. es wird keine bestimmte Faktorenstruktur angenommen. Bei der konfirmatorischen Faktorenanalyse wird hingegen eine feste Faktorenstruktur unterstellt und diese auf Konsistenz anhand des vorliegenden Datenmaterials überprüft. Bei der Interpretation der Ergebnisse ist der Informationsverlust zu bedenken, der durch die Datenreduktion entsteht. Die Faktorenanalyse wird oftmals als Ergänzung zur Cluster- und Regressionsanalyse eingesetzt und eignet sich zur Image- und Einstellungsmessung sowie zur Entscheidungsunterstützung bei politischen Fragen (vgl. *Backhaus et al.* 2005, S. 250–270; *Berekoven et al.* 2006, S. 217–230).

Abbildung 39: Zusammenfassung Faktorenanalyse

Zielsetzung	Variablenreduktion
Skalenniveau	unabhängige Variable = metrisch, abhängige Variable = metrisch
Anwendungsgebiet	Image- und Einstellungsmessung, Entscheidungsunterstützung bei politischen Fragestellungen

Die **Clusteranalyse** (Ballungsanalyse) ist ein Gattungsbegriff für eine Vielzahl an Verfahren zur Bildung von homogenen Gruppen (Cluster, Typen). Das Ziel der Clusteranalyse besteht in der Gruppierung einer Menge von Objekten (z.B. Personen, Gegenstände, Unternehmen, Märkte) nach ihrer Ähnlichkeit (Proximität) bzw. Unähnlichkeit (Distanz). Die gebildeten Cluster sollen möglichst homogen und klar voneinander unterscheidbar sein, wobei die Ähnlichkeit der Objekte innerhalb eines Clusters maximiert und die Ähnlichkeit zwischen den Clustern minimiert werden sollte.

Prinzipiell unterscheidet man die Verfahren der Clusteranalyse in nicht-hierarchische (partitionierende) und hierarchische Verfahren. Bei den nicht-hierarchischen Verfahren wird die Anzahl der Cluster durch den Forscher vorgegeben. Hierarchische Verfahren ermitteln hingegen sukzessiv die optimale Clusteranzahl, indem entweder jedes Objekt ein eigenständiges Cluster darstellt und diese möglichst unter geringem Homogenitätsverlust zusammengefasst werden oder alle Objekte bilden ein Cluster und werden dann schrittweise aufgeteilt. Die Clusteranalyse wird bevorzugt zur Marktsegmentierung und Typenbildung, z.B. Kunden- und Produktgruppen, eingesetzt und findet in verschiedenen Wissenschaftsgebieten Anwendung (vgl. *Backhaus et al.* 2005, S. 480–542; *Green/Tull* 2004, S. 411–426).

Abbildung 40: Zusammenfassung Clusteranalyse

Zielsetzung	Bildung von Gruppen
Skalenniveau	unabhängige Variable = nominal, abhängige Variable = metrisch
Anwendungsgebiet	Marktsegmentierung, Typenbildung

6.5.3. Induktive Statistik

Die **induktive Statistik** (statistisches Prüfverfahren, Inferenzstatistik, schließende Statistik) wird in Schätz- und Testverfahren unterteilt und dient entweder dazu, anhand der Zufallsstichprobe auf die Parameter der unbekannten Grundgesamtheit zu schließen oder anhand der Zufallsstichprobe Annahmen (Hypothesen) über die unbekannte Grundgesamtheit zu überprüfen. Im Zusammenhang mit den multivariaten Analyseverfahren spielt die induktive Statistik auch bei der Überprüfung der notwendigen Voraussetzungen zur Anwendung der verschiedenen Verfahren eine wichtige Rolle (vgl. *Berekoven et al.* 2006; *Bleymüller et al.* 1998).

6.5.3.1. Schätzverfahren

Das Ziel von **Schätzverfahren** besteht in der Ableitung von Aussagen zur Grundgesamtheit anhand von statistischen Parametern (z.B. Mittelwert) aus der Zufallsstichprobe. Die Schätzverfahren können in Punkt- und Intervallschätzungen differenziert werden. Die Punktschätzung geht normalerweise der Intervallschätzung voraus. Bei einer Punktschätzung wird genau ein einziger Wert für die Grundgesamtheit angegeben (z.B. 40 Prozent der Bevölkerung essen einmal wöchentlich Wiener Schnitzel). Bedingt durch die Zufallsauswahl der Stichprobe ist eine 100 Prozent Übereinstimmung zwischen dem Wert der Grundgesamtheit und dem ermittelten Wert der Stichprobe sehr unwahrscheinlich. Resultierend aus dieser Unwahrscheinlichkeit wird deshalb ein Wertebereich berechnet, indem der wahre Wert der Grundgesamtheit mit einer bestimmten Wahrscheinlichkeit zu erwarten ist. Man spricht folglich von einer Intervallschätzung.

Der Bereich, in dem der wahre Wert der Grundgesamtheit zu erwarten ist, wird als **Konfidenzintervall** (Vertrauensbereich, Vertrauenswahrscheinlichkeit) und die zuvor festgelegte Irrtumswahrscheinlichkeit als Signifikanzniveau bezeichnet. Das Signifikanzniveau kann eigenständig festgelegt werden und wird normalerweise wird in Abhängigkeit von der gewünschten Aussagegenauigkeit mit 1 oder 5 Prozent gewählt. Eine beispielhafte Aussage in diesem Zusammenhang kann sich folgendermaßen darstellen: „Mit einer Wahrscheinlichkeit von 95 Prozent liegt das monatliche Einkommen eines Studierenden zwischen 500 und 800 Euro", d.h. bei 95 Studierenden von 100 wird der „wahre" Wert der Grundgesamtheit durch dieses Vertrauensintervall (500 bis 800 Euro) abgedeckt (vgl. *Hüttner* 1999, S. 53–70; *Klammer* 2006, S. 124–140; *Berekoven et al.* 2006, S. 231 f.).

6.5.3.2. Testverfahren

Das Ziel von **Testverfahren** besteht darin, aufgestellte Hypothesen aus der Zufallsstichprobe für die Grundgesamtheit zu bestätigen oder abzulehnen. In Abhängigkeit davon, ob Annahmen über bestimmte Parameter (Punktwerte) oder Annahmen über die Verteilungsform (Wertebereich) einer Grundgesamtheit geprüft werden, wird in **Parameter- oder Verteilungstests** differenziert. Auch bei Testverfahren gibt es aufgrund des Zufallsfehlers der Stichprobe keine hundertprozentige Sicherheit, sondern nur eine Wahrscheinlichkeit, mit der ein Ergebnis zu erwarten ist. Im Zusammenhang mit Testverfahren spricht man daher von einer Irrtumswahrscheinlichkeit (vgl. *Hüttner* 1999, S. 59–80; *Bleymüller et al.* 1995, S. 101–120).

Im Zuge von Testverfahren werden in einem ersten Schritt die Alternativhypothese (H1) und die Nullhypothese (H0) formuliert. Im zweiten und dritten Schritt werden das geeignete Testverfahren ausgewählt und das Signifikanzniveau und die Irrtumswahrscheinlichkeit festgelegt. Anschließend wird die Prüfgröße berechnet, verglichen und interpretiert.

Im Zuge der Hypothesenbildung wird die Alternativhypothese immer als **Unterschieds-** und die **Nullhypothese** als Nichtunterschiedshypothese formuliert. In Abhängigkeit davon, ob die Prüfgröße größer oder kleiner als der kritische Wert (p) ist, wird die Alternativ- oder die Nullhypothese gewählt. Die Alternativhypothese wird angenommen und die Nullhypothese entsprechend verworfen, wenn der Prüfwert kleiner ist als die angenommene Irrtumswahrscheinlichkeit. Man spricht in diesem Zusammenhang auch von einem signifikanten Ergebnis. Ist der Prüfwert jedoch größer als die angenommene Irrtumswahrscheinlichkeit, wird die Alternativhypothese abgelehnt und die Nullhypothese bestätigt. Wird die Nullhypothese bestätigt, ist das Ergebnis nicht signifikant.

Bei der Interpretation muss berücksichtigt werden, dass das Testergebnis letztendlich kein Beweis für die Richtigkeit der ausgewählten Hypothese ist. Grundsätzlich können bei Testverfahren zwei Fehlerarten auftreten. Der **Alpha-Fehler (Fehler 1. Art)** liegt vor, wenn die Alternativhypothese trotz Richtigkeit der Nullhypothese gewählt wird. Der **Beta-Fehler (Fehler 2. Art)** betrachtet den umgekehrten Fall, wenn die Nullhypothese trotz Richtigkeit der Alternativhypothese gewählt wird (vgl. *Weiß/Bauer* 2008, S. 96 f.).

Es gibt eine Vielzahl an statistischen Testverfahren, z.B. t-Test, f-Test, Welch-Test usw., für eine detaillierte Beschreibung der jeweiligen Testverfahren und deren Anwendungsmöglichkeiten siehe auch B*ortz; Green/Hull; Bleymüller et al.; Behnke/Behnke; Diehl/Arbinger* oder *Lammers*.

Weiterführende und zitierte Literatur

Atteslander, Peter (2006): Methoden der empirischen Sozialforschung, 11. neu bearbeitete und erweiterte Auflage, Berlin.

Atteslander, Peter (2008): Methoden der empirischen Sozialforschung, 12. Auflage, Berlin.

Backhaus, Klaus/Erichson, Bernd/Plinke, Wulff/Weiber, Rolf (2005): Multivariate Analysemethoden – Eine anwendungsorientierte Einführung, 10. Auflage, Berlin.

Berekoven, Ludwig/Eckert, Werner/Ellenrieder, Peter (2006): Marktforschung – Methodische Grundlagen und praktische Anwendung, 11. überarbeitete Auflage, Wiesbaden.

Bleymüller, Josef/Gehlert, Günther/Gülicher, Herbert (1998): Statistik für Wirtschaftswissenschaftler, 11. Auflage, Verlag Vahlen, München.

Böhler, Heymo (2004): Marktforschung, 3. völlig neu bearbeitete und erweiterte Auflage, Stuttgart.

Bortz, Jürgen/Döring, Nicola (2006): Forschungsmethoden und Evaluation für Sozialwissenschaftler, 4. überarbeitete Auflage, Berlin.

Bortz, Jürgen/Döring, Nicola (1995): Forschungsmethoden und Evaluation, 2. vollständig überarbeitete und aktualisierte Auflage, Berlin.

Brosius, Hans-Bernd/Koschel, Friederike (2005): Methoden der empirischen Kommunikationsforschung – Eine Einführung, 3. Auflage, Wiesbaden, S. 136–175.

Diekmann, Andreas (2003): Empirische Sozialforschung – Grundlagen, Methode, Anwendungen, 10. Auflage, Hamburg.

Diekmann, Andreas (2005): Empirische Sozialforschung – Grundlagen, Methoden, Anwendungen, 14. Auflage, Reinbek bei Hamburg.

Diekmann, Andreas (2008): Empirische Sozialforschung. Grundlagen, Methoden, Anwendung, 19. Auflage, Reinbek bei Hamburg.

Ebster, Claus/Stalzer, Lieselotte (2008): Wissenschaftliches Arbeiten für Wirtschafts- und Sozialwissenschaften, Wien.

Flick, Uwe (2004): Qualitative Sozialforschung – Eine Einführung, 2. Auflage, Reinbek bei Hamburg.

Friedrichs, Jürgen (1990): Methoden der empirischen Sozialforschung, 14. Auflage, Opladen.

Früh, Werner (2004): Inhaltsanalyse, Theorie und Praxis, 5. Auflage, Konstanz.

Gehrau, Volker (2002): Die Beobachtung in der Kommunikationswissenschaft, Methodische Ansätze und Beispielstudien, Konstanz.

Girtler, Roland (2001): Methoden der Feldforschung, 4. völlig neu bearbeitete Auflage, Wien/Köln/Weimar.

Green, Paul/Tull, Donald (2004): Methoden und Techniken der Marketingforschung, 4. Auflage, Stuttgart.

Hüttner, Manfred (1999): Grundzüge der Marktforschung, 6. unwesentlich veränderte Auflage, Wien.

Homburg, Christian/Krohmer, Harley (2007): Der Prozess der Marktforschung: Festlegung der Datenerhebungsmethode, Stichprobenbildung und Fragebogengestaltung. In: Herrmann, Andreas/Homburg, Christian/Klarmann, Martin (Hrsg.): Handbuch Marktforschung, 3. Auflage, Wiesbaden, S. 20–52.

Klammer, Peter (2006): Empirische Sozialforschung – Eine Einführung für Kommunikationswissenschaftler und Journalisten, Konstanz.

Kornmeier, Martin (2007): Wissenschaftstheorie und wissenschaftliches Arbeiten. Eine Einführung für Wirtschaftswissenschaftler, Heidelberg.

Lamnek, Siegfried (1995a): Qualitative Sozialforschung, Band 1 Methodologie, 3. korrigierte Auflage, Weinheim.

Lamnek, Siegfried (1995b): Qualitative Sozialforschung, Band 2 Methoden und Techniken, 3. korrigierte Auflage, Weinheim.

Lamnek, Siegfried (2005): Qualitative Sozialforschung, 4. vollständig überarbeitete Auflage, Weinheim/Basel.

Lueger, Manfred (2000): Grundlagen der qualitativen Feldforschung, Wien.

Lissmann, Urban (2001): Inhaltsanalyse von Texten – ein Lehrbuch zur computerunterstützten und konventionellen Inhaltsanalyse, 2. aktualisierte und erweiterte Auflage, Landau.

Mayring, Philipp (2002): Einführung in die qualitative Sozialforschung: Eine Anleitung zu qualitativem Denken, Weinheim/Basel.

Merten, Klaus (1995): Inhaltsanalyse – Eine Einführung in Theorie, Modelle und Praxis, Opladen.

Mikos, Lothar/Wegener, Claudia (Hrsg.) (2005): Qualitative Medienforschung – Ein Handbuch, Konstanz.

Oevermann, Ulrich (28. April 2008): „Krise und Routine" als analytisches Paradigma in den Sozialwissenschaften (Abschiedsvorlesung) Quelle: Homepage des Instituts für hermeneutische Sozial- und Kulturforschung e.V. (IHSK), www.ihsk.de

Rössler, Patrick (2005): Inhaltsanalyse, Konstanz.

Roth, Erwin (1995): Sozialwissenschaftliche Methoden – Lehr- und Handbuch für Forschung und Praxis, 4. durchgesehene Auflage, München/Wien.

Weiß, Christel/Bauer, Axel (2008): Die medizinische Doktorarbeit – von der Themensuche bis zur Dissertation, 3. Auflage, Stuttgart/New York.

Wirth, Werner/Lauf, Edmund (2001): Inhaltsanalyse – Perspektiven, Probleme, Potenziale, Köln

7. Kapitel: Schreiben und Argumentieren in wissenschaftlichen Arbeiten

Julia Halwax, Beate Huber, Daniela Süssenbacher

Lernziele

- Sie kennen die notwendigen Kompetenzen, die für das Schreiben einer wissenschaftlichen Arbeit notwendig sind.

- Sie kennen verschiedene Schreibstrategien und können sie anwenden.

- Sie kennen die verschiedenen Argumentationsebenen und -instrumente und können Ihre Arbeit argumentativ ansprechend und stilsicher aufbauen.

- Sie kennen die Anforderungen der sprachlichen Gestaltung eines wissenschaftlichen Textes und können sie an ihrem eigenen Text anwenden.

7. Schreiben und Argumentieren in wissenschaftlichen Arbeiten

7.1. Sinn und Zweck des wissenschaftlichen Schreibens

Schreiben ist ein wesentlicher Bestandteil des wissenschaftlichen Arbeitens. Es dient nicht nur der Kommunikation von Ergebnissen der Forschung an andere, sondern ist zugleich auch ein Instrument der Beschreibung, der Zusammenfassung, des Vergleichs, der Analyse, der Interpretation, der Bewertung und Argumentation sowie auch der Dokumentation (vgl. *Bünting et al.* 2004, S. 14; *Dahinden et al.* 2006, S. 136). Das Schreiben ist somit ein Instrument des Denkens im Zuge des wissenschaftlichen Arbeitens. Durch das Schreiben werden wichtige Erkenntnisse erlangt.

Das Schreiben erfolgt zunächst meist allein. Gleichzeitig ist das Produkt des Schreibens in ein Netz aus anderen Texten eingebunden. Der Prozess des Schreibens beginnt mit dem Recherchieren und Verstehen anderer Texte, die im eigenen Denken verarbeitet werden. Als erster Schritt entsteht daraus ein Textentwurf, dessen Sinn und Zweck manchmal nur dem eigenen Verstehen dient. Erst in einem zweiten Schritt, in dem der Text auch für andere verstehbar gemacht wird, erfolgt die Vernetzung nach außen zu den Lesern. In diesem zweiten Schritt zeigen sich die Ergebnisse des Verstehens und sie werden gleichzeitig dem Leser verständlich gemacht. Sich diese beiden Schritte als getrennte Vorgänge bewusst zu machen, hilft bei der Erstellung von Texten. Versucht man beim Schreiben des ersten Entwurfs zusätzlich zum eigenen Verstehen auch bereits für die Leser zu schreiben, kann das beim Schreiben überfordern.

7.2. Kompetenzen für das wissenschaftliche Schreiben

Die Tätigkeit des Schreibens für wissenschaftliche Arbeiten besteht aus zahlreichen Aspekten. Zum einen umfasst der Prozess des Schreibens zahlreiche Schritte, für die jeweils andere Kompetenzen notwendig sind, zum anderen ist der Prozess in ein komplexes Umfeld eingebettet.

Die Abbildung 41 zeigt die notwendigen Kompetenzen und Umfeldfaktoren im Prozessverlauf des wissenschaftlichen Schreibens.

Die Schreibkompetenzen orientieren sich am Prozessverlauf. Der erste Schritt ist die Auseinandersetzung mit dem Kontext, den Inhalten des gewählten Themas und der Art des zu schreibenden Textes. Um den Text in dieses Umfeld einordnen zu können, ist es notwendig, die Kompetenz der Orientierung zu haben.

Im zweiten Schritt wird der Text vorbereitet, in dem Inhalt aufgearbeitet wird. Die dafür notwendigen Kompetenzen sind, relevante Informationen und Materialien zu recherchieren sowie Texte lesen und auswerten zu können.

Im dritten Schritt wird das Material geordnet. Dafür ist es erforderlich, die Inhalte strukturieren zu können, um im vierten Schritt den Aufbau des Textes zu planen. Hier ist es wichtig, eine übergreifende Argumentation aufzubauen und daraus eine sinnvolle Gliederung zu erstellen. Einfluss nehmen dabei die Rahmenbedingungen des gewählten Publikationsmediums. Diese müssen erkannt und im eigenen Text umgesetzt werden.

Abbildung 41: Kompetenzen des wissenschaftlichen Schreibens im Prozessverlauf

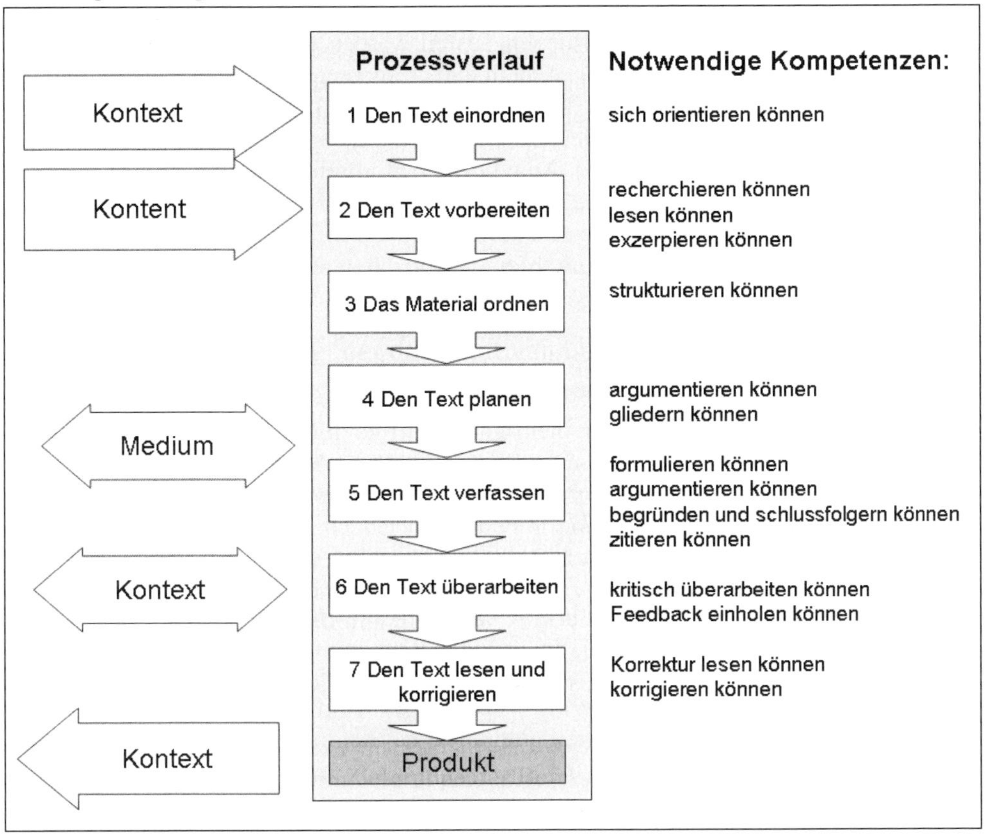

Prozessverlauf	Notwendige Kompetenzen:
Kontext	
1 Den Text einordnen	sich orientieren können
Kontent	
2 Den Text vorbereiten	recherchieren können lesen können exzerpieren können
3 Das Material ordnen	strukturieren können
4 Den Text planen	argumentieren können gliedern können
Medium	
5 Den Text verfassen	formulieren können argumentieren können begründen und schlussfolgern können zitieren können
Kontext	
6 Den Text überarbeiten	kritisch überarbeiten können Feedback einholen können
7 Den Text lesen und korrigieren	Korrektur lesen können korrigieren können
Kontext	
Produkt	

Quelle: In Anlehnung an *Bünting et al.* 2004, S. 20–23; *Kruse* 2007, S. 8

Der fünfte Schritt, der sich mit dem Schreiben im engeren Sinn befasst, beinhaltet zahlreiche Kompetenzen: das Formulieren des Textes, welches die Kompetenz zur Erstellung eines grammatikalisch und orthografisch korrekten Textes ebenso umfasst wie eine inhaltlich richtige, stilistisch adäquate und verständliche Ausformung. Weiters ist es notwendig, folgerichtig zu argumentieren, Argumente zu begründen und aus den Begründungen sinnvolle Schlussfolgerungen zu ziehen. Für die formale Ausgestaltung des Textes ist es unerlässlich, richtig zu zitieren und mit Quellen richtig umzugehen. Für die Überarbeitung ist zum einen die Kompetenz gefragt, den eigenen Text inhaltlich kritisch zu hinterfragen, zum anderen ist die Kompetenz notwendig, von anderen Personen Feedback einzuholen und damit vor Abschluss der Arbeit die Reaktion des Kontextes einzubeziehen.

Als letzter Schritt vor dem Abschluss der Arbeit ist das Lesen der Arbeit hinsichtlich grammatikalischer, orthografischer und formaler Aspekte und ihrer Korrektur unabdingbar. Nach der Fertigstellung des Textes ist die Kompetenz notwendig, den Text mit anderen zu teilen und ihn im Kontext zur kritischen Auseinandersetzung zur Verfügung zu stellen.

7.3. Anforderungen und Merkmale an wissenschaftliche Texte

An das Verfassen von wissenschaftlichen Texten werden die gleichen Anforderungen gestellt wie an das wissenschaftliche Arbeiten im Allgemeinen. Neben den Anforderungen der Objektivität, Validität und Reliabilität gelten auf Textebene zusätzlich die Anforderungen der Vollständigkeit, der Eindeutigkeit, der Systematik und der Formalia (vgl. *Dahinden et al.* 2006, S. 143). Aus diesen Anforderungen ergeben sich spezielle Merkmale, die für wissenschaftliche Texte typisch sind und diese von anderen Textarten abgrenzen.

Aus dem Postulat der Objektivität folgt, dass der Text Phänomene in sachlicher und nachvollziehbarer Art und Weise beschreibt. Dieses charakteristische Merkmal grenzt den wissenschaftlichen Text gegenüber dem Sachtext, wie zum Beispiel einem Management-Handbuch, ab. Auch bei dieser Textart werden Phänomene in sachlicher Form dargelegt. Im Sachtext wird jedoch nur das Ergebnis der Überlegungen, d.h. die Erkenntnis, beschrieben. Im wissenschaftlichen Text ist darüber hinaus die Darstellung des Erkenntniswegs unabdingbar. Ein weiterer Anspruch der Objektivität beinhaltet, dass die Darstellung von Daten, Fakten und Argumenten deutlich von der eigenen Meinung und Werturteilen zu trennen ist (vgl. *Rößl* 2008, S. 61).

Validität und Reliabilität finden sich auf Textebene in der Beschreibung und Interpretation der Ergebnisse sowie der Darstellung der Forschungsmethoden wieder. Die Anforderung der Vollständigkeit ist erfüllt, wenn alle Informationen vollständig und explizit dargestellt werden. Eindeutigkeit wird erreicht, indem diese Informationen so verfasst sind, dass sie nur auf eine Weise vom Leser interpretiert werden können (vgl. *Dahinden et al.* 2006, S. 141–142).

Die Forderung nach Systematik und Formalia stellt eine umfangreiche Anzahl von Teilgebieten dar,[31] die bei der Strukturierung der Arbeit in Form der Gliederung beginnt und bei der spezifischen Art der Zitierung endet. Weiters sind die sprachliche Formulierung und die Verwendung von Fachausdrücken bei gleichzeitiger Verständlichkeit zu nennen.

7.4. Schreibstrategien

Die Kriterien für wissenschaftliche Arbeiten sind – wie bereits dargestellt – weit gehend definiert. Der Weg zur Erstellung einer wissenschaftlichen Arbeit ist jedoch sehr individuell. Wie die Arbeit geschrieben und der Arbeitsprozess organisiert wird, liegt an der eigenen Persönlichkeit und den Arbeitsstrategien, die sich im Laufe der Zeit als erfolgreich herausgestellt haben. Die verschiedenen Schreibstrategien lassen sich anhand des Anfangspunkts des Schreibens, der Art der Überarbeitung, der Bevorzugung eines großen Plans oder der Arbeit im Detail, des Einsatzes von Inspiration, des Einsatzes von Zeit und dem Ort des Schreibens unterscheiden.

Eine der ersten Entscheidungen beim Schreiben ist, an welcher Stelle des Textes man mit dem Schreiben beginnt. Man kann beispielsweise mit der Einleitung beginnen, da die Einleitung einer wissenschaftlichen Arbeit die Fragestellung, ihre Einbettung in den wissenschaftlichen Zusammenhang und die Vorgehensweise beinhaltet. Somit ist es

---

[31] Siehe dazu Kapitel 5.

durchaus sinnvoll, damit zu beginnen und sich dann beispielsweise entlang der Gliederung zu schreiben. Allerdings wäre gerade hier ein hoher Perfektionsanspruch bei der ersten Version hinderlich, weil sich im Zuge des Forschungsprozesses zumindest die Vorgehensweise noch ändern kann. Eine andere Strategie ist es, das Spannende und Interessanteste bis zum Schluss aufzuheben. Diese Strategie, die im Umkehrschluss bedeutet, dass mit den weniger interessanten Kapiteln oder Arbeiten begonnen wird, verfolgt das Ziel, dass die Motivation bis zum Ende aufrecht bleibt. Eine Gefahr dabei ist, dass die Motivation nicht entsteht. Erfolgversprechender ist es daher, an der Stelle der Arbeit mit dem Schreiben zu beginnen, bei der das eigene Interesse am größten ist und das Schreiben damit am leichtesten gelingt. Das bedeutet in vielen Fällen, die empirische Arbeit nicht zu weit hinauszuzögern bis die gesamte Literatur bearbeitet ist, sondern sich alsbald ins Feld zu wagen.

Sobald die ersten Textteile vorliegen, ist zu entscheiden, wann mit dem Überarbeiten begonnen wird. Man kann mehrere oder alle Kapitel in einer Art Rohfassung schreiben und dann immer wieder überarbeiten. Jeweils zu Beginn jeder Schreibeinheit werden alle Gedanken und Erkenntnisse zu allen entsprechenden Kapiteln geschrieben. So können die Gedanken den dann folgenden strukturierten Schreibprozess nicht mehr blockieren. Die Überarbeitung erfolgt mindestens drei Mal (einmal je Kapitel, zweimalige Überarbeitung der gesamten Arbeit). Eine andere Strategie ist es, jedes Kapitel abzuschließen, bevor das nächste begonnen wird. Dieser stark strukturierte Ansatz setzt voraus, dass man sich nur auf einen Aspekt der Arbeit konzentriert und die Motivation bis zur Fertigstellung des Kapitels aufrecht bleibt. Das parallele Bearbeiten an mehreren Kapiteln erlaubt dagegen, zu einem anderen Kapitel zu springen, falls die Motivation für ein Thema sinkt.

Professionelle Schreiber sehen den ersten Schreibdurchgang in der Regel als ersten Entwurf, der jedenfalls noch überarbeitet wird. Dieser großzügige Zugang zum eigenen Schreiben ermöglicht es, flüssiger zu schreiben, Gedanken frei aufs Papier oder in den PC zu bringen, ohne sich hinsichtlich der Perfektion der Formulierungen selbst zu blockieren.

Ein weiterer Aspekt ist die Frage des „Chunking", d.h. ob man lieber große Pläne macht und die Detailarbeit für spätere Phase aufhebt oder ob man sich gern in die Details vertieft. Menschen, die sich mit dem großen Plan zuerst befassen, nennt man „Groß-Chunker". Sie sind in der Lage, schnell ein großes Gesamtkonzept zu erstellen. Die Schwierigkeit stellt für diese Menschen die Detailarbeit dar. In Arbeitsgruppen oder Seminaren beeindrucken sie andere Teilnehmer damit, dass sie schon sehr früh einen Plan mit Hand und Fuß präsentieren können. Die Gefahr besteht, dass ihnen im Lauf des Projektes die Begeisterung und das Durchhaltevermögen verloren gehen. Hilfreich ist, sich immer wieder mit anderen auszutauschen.

Menschen, die sich zuerst mit den Details befassen, nennt man „Klein-Chunker". Sie vertiefen sich in die Details, haben die Fähigkeit und Leidenschaft, die operative Umsetzung zu planen und durchzuführen. Die Entwicklung der Forschungsfrage, deren Einordnung in den größeren Zusammenhang und die Erstellung des Grobkonzeptes stellen für sie die größte Herausforderung im wissenschaftlichen Prozess dar. Hier hilft der Austausch mit der Betreuungsperson oder mit jemand anderem, der beim Weg aus den Details in die größeren Zusammenhänge führt.

Wissenschaftliches Arbeiten wird von vielen Studierenden als einsamer Prozess erlebt. Sie gehen davon aus, die Arbeit allein, das heißt auch ohne inhaltlichen Austausch mit anderen, erstellen zu müssen. Die Beobachtung von produktiven Wissenschaftlern zeigt, dass der regelmäßige Austausch mit anderen eine wichtige Inspirationsquelle des eigenen Arbeitens darstellt. Die Frage ist, wie dieser Austausch in den Arbeitsprozess integriert werden kann. Es gibt Menschen, die im Gespräch mit wohlwollenden Gesprächspartnern – Freunden – ihre Ideen weiterentwickeln können. Andere schätzen eher ein kritisches Infragestellen in Form einer fordernden Kontroverse. Beide Formen haben ihre Vorteile: das freundliche Gesprächsklima macht die freie Entwicklung von neuen Ideen möglich, die Auseinandersetzung mit Kritikern stellt die Arbeit immer wieder auf einen sinnvollen Prüfstand. Zu welchem Zeitpunkt welche Art von Gesprächspartner für den oder die Studierende(n) sinnvoll ist, hängt stark von der eigenen Persönlichkeit und dem Chunking ab. Groß-Chunker, die schnell zu einem Grobkonzept kommen, können sich gut zu einem frühen Zeitpunkt einer kritischen Auseinandersetzung stellen. Für sie ist eine Veränderung des Konzeptes keine große Herausforderung. Sie benötigen die wohlwollende Unterstützung vor allem in den Details. Klein-Chunker dagegen sollten in der ersten Phase eher positive Unterstützung suchen und sich der kontroversiellen Reflexion erst zu einem Zeitpunkt stellen, an dem sie sich in ihrem Konzept sicher fühlen.

Der Vorteil von Gesprächen in Gruppen ist die Vielfalt an Hinweisen und Informationen, den der oder die Studierende in kürzester Zeit erhält. Auch die Vorbereitung auf eine Präsentation vor einer Gruppe oder auch eine Gruppendiskussion bringt Klarheit in den eigenen Denkprozess.

Tipp

Eine sinnvolle Form der Gruppendiskussion stellt die Struktur des kollegialen Coachings dar.

- Nach der Präsentation des Forschungsstandes stellen die Studienkollegen Fragen, wobei jedoch keine Tipps gegeben oder Behauptungen aufgestellt werden.
- Wenn keine Fragen mehr im Raum stehen, folgen die Hypothesen. Die Studienkollegen formulieren ihre Sicht zum Forschungsprojekt in Form von Hypothesen, während der oder die Studierende ruhig zuhört und sich Notizen macht, dabei keinesfalls selbst spricht oder sich rechtfertigt.
- Abschließend kann der oder die Studierende der Gruppe Feedback geben, mit welchen Hypothesen er weiter arbeiten wird.

Wichtig ist dabei, die Hinweise und Informationen der anderen als Hilfestellung zu sehen und nicht als Sammlung von Aufträgen, die alle berücksichtigt werden müssen.

Auch Gespräche mit Fachfremden können eine wichtige Hilfestellung bieten, da es hier besonders darauf ankommt, die eigenen Gedankengänge so klar zu formulieren, dass sie auch für diese Gesprächspartner nachvollziehbar sind. Gerade Fachfremden fallen oft Brüche in der Logik besser auf als Personen, die stark in das Thema involviert sind. Experten können wichtige Anhaltspunkte liefern. Allerdings ist darauf zu achten, dass diese Personen immer einen eigenen persönlichen Hintergrund haben und damit häufig eine bestimmte Denkrichtung verstärken. Ihre Meinung, ihre Hinweise und Informationen sind genau so kritisch zu reflektieren wie bei allen anderen Quellen.

Ist die Arbeit weiter vorangeschritten, stellt sich die Frage, wann man den Text auch anderen zum Lesen gibt und Feedback einholt. Spätestens dann, wenn die Arbeit abgeschlossen ist, wird sie vom Betreuer gelesen. Viele Studierende schrecken davor zurück, bereits das nicht vollständige Werk lesen und sich Feedback dazu geben zu lassen. Aber gerade Feedback zur Einleitung kann sehr hilfreich für die weitere Arbeit sein, weil hier eventuell Lücken aufgedeckt werden, die den Forschungsprozess in weiterer Folge behindern können. Auch Feedback zu einzelnen Kapiteln kann vor allem bei der ersten wissenschaftlichen Arbeit sehr hilfreich sein, weil mögliche Formalfehler frühzeitig erkannt und damit zeitintensive Überarbeitungen am Ende verhindert werden können.

Auch im Umgang mit Literatur gibt es unterschiedliche Ansätze. Sie kann als Inspiration für die eigene Arbeit gesehen werden oder als Notwendigkeit zur Untermauerung der eigenen Gedanken. Viele Studierende beginnen ihre Projekte mit dem Anspruch, zuerst die gesamte Literatur lesen zu müssen, bevor sie zu schreiben beginnen. Dies stellt eines der größten Hemmnisse im Forschungsprozess dar. Je klarer die Forschungsfrage ist, desto effizienter kann mit der Literatur umgegangen werden. Mit Hilfe einer präzisen Forschungsfrage fällt es leichter, die relevanten Stellen aus der Literatur zu filtern. Die Forschungsfrage lässt sich jedoch oft nur präzisieren, wenn man bereits einen Einblick in die Literatur hat. Entsprechend muss man für sich selbst entscheiden, wann man genug Einblick in die Literatur hat, um die Forschungsfrage so präzise zu formulieren, sodass man die weitere Literatur bereits unter einem fokussierten Blickwinkel durchführen kann.

Für viele Studierende gestaltet sich die optimale zeitliche Organisation des Schreibens schwierig. In diesen Zusammenhang stellt sich die Frage, ob es besser ist, eine gewisse Zeit ausschließlich zu schreiben oder das Schreiben in kleinen Etappen in den Arbeitsalltag zu integrieren. Dabei zeigt sich, dass zum Einstieg in den Forschungsprozess ein intensiverer Zeitblock hilfreich ist. Später im laufenden Prozess ist ein permanentes Arbeiten in sinnvollen Zeitblöcken für die konsequente Verfolgung des Forschungszieles erfolgversprechender. Permanent heißt idealerweise täglich in sinnvollen Zeitblöcken ab 30 Minuten. Ein übertriebenes Schreiben am Stück führt bei vielen Studierenden dazu, dass danach die Lust am Schreiben verloren geht. Ideal ist es, mit dem Schreiben aufzuhören, solange es noch Freude macht und am nächsten Tag weiterzumachen. Diese Strategie gilt nicht für alle Menschen. Es gibt durchaus Schreibtypen, die in der Lage sind, in kurzer Zeit sehr intensiv und produktiv zu arbeiten oder erst in der letzten Minute produktiv werden. Bedenkt man, dass das Verfassen einer akademischen Abschlussarbeit im Normalfall einen Arbeitsumfang von etwa 600 Stunden hat, ist das mit dieser Strategie nicht zu bewerkstelligen. Hilfreich ist es auch, sich darüber klar zu werden, zu welchen Tageszeiten man selbst am besten schreiben, lesen oder recherchieren kann. Diese Tätigkeiten sind sehr unterschiedlich, was bei den meisten Menschen dazu führt, dass sie zu verschiedenen Tageszeiten besser oder schlechter durchführen können.

Die Wahl des Schreibplatzes ist genau so wichtig und individuell wie die eigene Zeitorganisation. Es ist sinnvoll auszutesten, ob man eher in Ruhe und allein schreiben möchte oder etwa in einer Bibliothek, wo auch viele andere derselben Tätigkeit nachgehen.

7.5. Argumentation

Die Argumentation eines wissenschaftlichen Textes ist der rote Faden, der alle Einzelteile zusammenhält. Der rote Faden beginnt mit den Forschungsfragen und endet mit deren Beantwortung. Zugleich webt sich dieser rote Faden durch alle Sätze, die zwischen diesen beiden Endstücken liegen. Sätze sind Aussagen über einen Sachverhalt. In einer wissenschaftlichen Arbeit ist damit ein objektiver Wahrheitsanspruch verbunden, der es notwendig macht, sich mit der Verknüpfung von Aussagen mittels Argumenten zu beschäftigen (vgl. *Stary/Kretschmer* 2004, S. 57–58). Zieht sich ein Argumentationsstrang über den gesamten Text hinweg, spricht man von der Makrostruktur der Argumentation. Befasst sich ein Argument nur mit einem Aspekt innerhalb eines Satzes oder Absatzes, spricht man von Mikrostruktur der Argumentation.

7.5.1. Makrostruktur der Argumentation

Die Makrostruktur der Argumentation durchzieht eine wissenschaftliche Arbeit vom Anfang bis zum Ende. Sie findet sich im Wesentlichen in der Gliederung der Arbeit wieder (vgl. *Ebster et al.* 2003, S. 97). Eine einfache Form der Makrostruktur ist die Gliederung der Arbeit in Einleitung, Hauptteil und Schlussteil.[32]

Tipp

Die Makrostruktur eines Textes kann man analysieren, wenn man den bereits vorgestellten Raster[33] zur Literaturauswertung verwendet.

Die Analyse der Makrostruktur einer wissenschaftlichen Arbeit kann anhand verschiedener Aspekte erfolgen. Mit Hilfe dieser Aspekte kann der Text kritisch reflektiert werden.

7.5.1.1. Thema und Schlussfolgerungen

Für einen ersten Überblick über den Text müssen das Thema und die vom Autor gezogenen Schlussfolgerungen identifiziert werden. Damit hat man den roten Faden des Textes vor sich. Dabei sollte beachtet werden, dass in jedem Text auch ein Überzeugungsversuch des Autors an die Leserschaft steckt. *Browne/Keeley* (vgl. 2007, S. 15–21) unterscheiden dabei zwei Arten von Themen: beschreibende Themen, die Aussagen über die Vergangenheit, die Gegenwart und die Zukunft treffen, und vorschreibende Themen, die Fragen aufwerfen, was getan werden soll oder was falsch und was richtig ist. Diese Themen sind nicht immer explizit zu finden, sondern müssen manchmal erst entdeckt werden. Die Schlussfolgerung ist das Ergebnis, das der Autor aus seiner Argumentation zieht. Wie kann diese gefunden werden? Zuerst sollte nach dem Thema gefragt werden, da die Schlussfolgerung mit dem Thema in engem Zusammenhang steht. Dann kann man nach Indikator-Wörtern suchen und den Kontext des Textes berücksichtigen. Folglich kann die Antwort auf die Frage „Und daher?" die Schlussfolgerungen aufzeigen (vgl. *Browne/Keeley* 2007, S. 15–21).

---

[32] Zum Aufbau der Makrostruktur in Form der Gliederung siehe Kapitel 5.1.
[33] Siehe Kapitel 4.3.

7.5.1.2. Argumente

Die Argumente sind Meinungen, Belege, Metaphern und Analogien, welche die Schlussfolgerungen unterstützen oder rechtfertigen sollen. Die Analyse und Bewertung der Argumente ist eine der Haupttätigkeiten im Zuge des Argumentierens. Hier werden bestimmte Wörter im Text gesucht, welche die Argumente kennzeichnen, wie „weil, da, denn". Die zentrale Frage dieses Aspektes ist, warum ein Autor zu den Schlussfolgerungen gelangt ist und ob der Leser diese Argumente akzeptieren oder zurückweisen soll (vgl. *Brown/Keeley* 2007, S. 25–35).

7.5.1.3. Mehrdeutige Begriffe und Phrasen

Bei diesem Aspekt werden die Details der Sprache näher betrachtet. Relevant dabei sind vor allem die genauen Bedeutungen von Schlüsselbegriffen. Insbesondere solche, die mehrdeutig sind, müssen hinsichtlich ihrer Bedeutungen und der Anwendung im Kontext des vorliegenden Textes untersucht werden. Mehrdeutigkeit kann sowohl unabsichtlich als auch absichtlich vorkommen (vgl. *Browne/Keeley* 2007, S. 37–49).

7.5.1.4. Wertkonflikte und Wertannahmen

Neben den in der Struktur des Textes offen präsentierten Argumenten gibt es immer auch Einstellungen oder Vorstellungen, die ungenannt bleiben, aber dennoch das Ergebnis beeinflussen. Das kann sein, weil der Autor sie nicht nennen will, sie als selbstverständlich ansieht oder sich ihrer nicht bewusst ist. Das Gleiche gilt für Werte und die daraus entstehenden Wertkonflikte wie Wettbewerb und Kooperation. In diesem Zusammenhang ist es wichtig, sich den Hintergrund des Autors und seine Werte bewusst zu machen (vgl. *Browne/Keeley* 2007, S. 53–61).

7.5.1.5. Beschreibende Annahmen

Beschreibende Annahmen geben wieder, wie sich die Welt aus Sicht des Autors darstellt. Im Gegensatz dazu geben vorschreibende Annahmen wieder, wie die Welt sein sollte. Das Erkennen dieser ungenannten Annahmen ist relevant für das Verstehen und kritische Analysieren des Textes. Für ihr Auffinden können folgende Methoden angewendet werden: die Lücken zwischen den Argumenten und den Schlussfolgerungen betrachten; sich fragen, welche Ideen die Argumente unterstützen; wiederum den Kontext des Autors betrachten; eine gegensätzliche Sichtweise zum Autor einnehmen (vgl. *Browne/Keeley* 2007, S. 71–75).

7.5.1.6. Trugschlüsse

Trugschlüsse können unabsichtlich oder absichtlich sein. Sie zeigen sich beispielsweise in Argumentationen, die auf falschen Annahmen aufbauen, auf nicht relevanten Informationen basieren oder deren Beweise davon abhängig sind, dass die Schlussfolgerung bereits als wahr angesehen wird. Trugschlüsse haben eine alte Tradition, daher gibt es für manche Typen Namen, die aus dem Lateinischen stammen. Der Trugschluss „Ad hominem" tritt auf, wenn jemand persönlich angegriffen wird statt seiner Argumente. Der Trugschluss „Ad populum" resultiert aus einer Argumentation, die als wahr angenommen wird, weil eine Mehrheit sie bevorzugt. Der „Entweder-Oder"-Trugschluss liegt dann vor, wenn angenommen wird, dass nur es nur zwei Alternativen gibt, wenn in Wirklichkeit mehrere existieren. Das „Ablenkungsmanöver" wird eingesetzt, wenn ein unwichtiges Thema aufgebracht wird, um die Aufmerksamkeit zu zerstreuen (vgl. *Brown/Keeley* 2007, S. 84–95). Diese Art der Argumentationsanalyse entspricht auch der Analyse der Mikrostruktur der Argumentation.

7.5.1.7. Belege und Beweismaterial

Belege und Beweise erhöhen die Glaubhaftigkeit der Argumentation, damit ist ihre Qualität und Stichhaltigkeit für die Analyse von Bedeutung. Sie sind explizite Informationen, die vom Autor mitgeteilt werden. Es gibt unterschiedliche Arten von Belegen: persönliche Erfahrung, Zeugnisse, Appelle an Autoritäten, persönliche Beobachtungen, Fallstudien, Forschungsstudien, Analogien. Die Stichhaltigkeit dieser Beweise wird unterschiedlich bewertet (vgl. *Browne/Keeley* 2007, S. 106–107).

7.5.1.8. Widersprüchliche Ursachen

Das Verstehen von Ursachen und Wirkungen ist zentrales Anliegen der Argumentation. Daher ist das Aufspüren von widersprüchlichen Ursachen von Bedeutung. Mittels der Textanalyse werden bestimmte Wörter und Phrasen gesucht, welche die Ursache-Wirkungsbeziehungen aufzeigen. Trugschlüsse können dabei entstehen, wenn Ursache und Wirkung irrtümlich vertauscht werden oder wenn zwei Ereignisse als Ursache und Wirkung bezeichnet werden, weil sie zeitlich nacheinander auftreten (vgl. *Browne/Keeley* 2007, S. 137–148).

7.5.1.9. Statistische Daten

Gerade weil statistische Daten so überzeugend wirken, ist ihre kritische Analyse von besonderer Bedeutung. Dabei muss untersucht werden, unter welchen Bedingungen sie erhoben wurden und in welchem Kontext sie als wahr gelten. Beispielsweise werden bevorzugt relative und absolute Werte vertauscht, was zu invaliden Aussagen führen kann (vgl. *Browne/Keeley* 2007, S. 156–191).

7.5.1.10. Nicht angeführte Informationen

Autoren lassen manchmal absichtlich oder unabsichtlich Informationen weg, welche negative Aspekte ihrer Schlussfolgerungen aufzeigen. Dabei sollte bedacht werden, dass niemals alle Informationen und Argumente aus verschiedenen Gründen vorgebracht werden können. Gründe hierfür können sein: limitierter Platz und Zeit, begrenzte Aufmerksamkeitsspanne der Leser, Unzulänglichkeiten im menschlichen Wissen und unterschiedliche Perspektiven (vgl. *Browne/Keeley* 2007, S. 167–169).

7.5.1.11. Angemessene Schlussfolgerungen

Meist wird ein Autor nur eine oder wenige Schlussfolgerungen aus dem von ihm präsentierten Argumenten ziehen. Die Aufgabe des kritischen Betrachters ist, alle sinnvollen Schlussfolgerungen zu eruieren und herauszufinden, ob wesentliche oder widersprüchliche übersehen wurden (vgl. *Browne/Keeley* 2007, S. 15–21).

Tipp

Die Analyse dieser Aspekte kann leicht anhand der folgenden Fragenliste durchgeführt werden (vgl. *Browne/Keeley* 2007, S. 13):

1. Was ist das Forschungsthema und welche Schlussfolgerungen werden gezogen?
2. Welche Argumente werden für die Schlussfolgerungen angeführt?
3. Welche Begriffe und Phrasen sind mehrdeutig?
4. Was sind die Annahmen und Konflikte in Hinsicht auf die Werte?
5. Was sind beschreibende Annahmen?
6. Was sind die Trugschlüsse in der Argumentation?
7. Wie gut sind die Belege und Beweise?
8. Wo gibt es Widersprüche in den Ursachen?
9. Welche statistischen Daten werden angeführt und sind diese valide?
10. Welche wichtigen Informationen werden nicht angeführt?
11. Welche angemessenen Schlussfolgerungen sind möglich?

7.5.2. Mikrostruktur der Argumentation

Die Mikrostruktur der Argumentation findet sich in einzelnen Sätzen und Satzgebilden wieder und bildet die Basis der einzelnen Aussagen eines argumentativen Gerüsts.

Ein Argument besteht jeweils aus einer Behauptung und einem Beweis oder Beleg. Die Behauptung ist eine Aussage über einen Sachverhalt in der Welt. Ein Beweis resultiert aus der eigenen empirischen Forschung, indem der Sachverhalt bestätigt wird. Ein Beleg entstammt immer einem anderen wissenschaftlichen Werk und ist nur zulässig, wenn dort der Beweis angetreten worden ist.

Beispiel

Die Behauptung „Wissensmanagement funktioniert in vielen Unternehmen nicht, weil die Wissenskultur des Unternehmens nicht berücksichtigt wird" darf nur dann aufgestellt werden, wenn ...

1) in einer empirischen Untersuchung, die im gleichen Text angeführt wird, diese Behauptung mit Hilfe von empirischen Untersuchungen in Unternehmen nachgewiesen werden kann (Beweis) oder

2) in anderen wissenschaftlichen Texten diese Beweise erfolgt sind und somit als Beleg angeführt werden können. Dann muss auf diese Quellen als Beleg hingewiesen werden.

7.6. Sprachliche Gestaltung

Das Gerücht, das wissenschaftliche Sprache in Wortwahl und Satzbau möglichst komplex, um nicht zu sagen verkomplizierend sein muss, hält sich hartnäckig. Es gibt Autoren, deren Satzkonstruktionen manchen Leser verzweifeln lassen, weil sich die Kernaussage nicht erschließen lässt. Gerade die deutschsprachige Fachwelt ist dafür bekannt. Nimmt man sich diese Autoren zum Vorbild, missversteht man das Handwerk des wissenschaftlichen Schreibens.

Die Kunst der Argumentation besteht darin, komplexe Sachverhalte möglichst nachvollziehbar darzustellen. Die Kunst der Sprache besteht folglich darin, der Intention des Argumentierens zu folgen und mittels Wortwahl und Satzbau das Verstehen oder den Widerspruch der Argumente zu ermöglichen. Argumentation und sprachlicher Stil sind nicht Selbstzweck, sie dienen der Vermittlung von Inhalten.

7.6.1. Kognitive Struktur und sprachliche Prägnanz

Die wissenschaftlichen Kriterien Vollständigkeit, Folgerichtigkeit und Widerspruchsfreiheit müssen sich in der sprachlichen Gestaltung wiederfinden. Im Sinne einer strukturierten Argumentation ist bei der Einbindung von Argumenten wichtig, dass immer jene zusammen dargestellt werden, die auch sachlich zusammengehören. Diese **Sachlogik** wird in die **Sprachlogik** überführt, daher müssen logische Bezüge durch den Satzbau und die Wortwahl deutlich gemacht werden (vgl. *Esselborn-Krumbiegel* 2004, S. 153). Verschiedene sprachliche Mittel können dabei helfen. Konjunktionen, wie beispielsweise weil, obwohl, während, sowie Adverbien und adverbiale Ausdrücke wie beispielsweise „trotzdem", „dagegen", „im Gegensatz dazu", „deshalb", „dennoch" zeigen argumentative Verbindungen auf. Auch der Rückgriff auf zentrale Wörter im vorangegangenen Satz oder vorausdeutende oder rückwirkende Verbindungswörter, wie „zwar", „damit hier", „folgende", können helfen, einen Text nachvollziehbar zu gestalten. Weiters können die Ergebnisse durch Zusammenfassungen am Ende der Kapitel, Überleitungen, grafische Darstellungen, Beispiele oder Leitbegriffe hervorgehoben werden und die Argumentation stützen (vgl. *Esselborn-Krumbiegel* 2004, S. 156–159).

Tipp

Die sprachliche Prägnanz entscheidet über die Verständlichkeit eines Textes. Sie wird erreicht über Genauigkeit, Eindeutigkeit und Knappheit. Die Sätze müssen den Gedanken- und Argumentationsgang für die Leserschaft verständlich aufeinander aufbauend wiedergeben. Es können daher kompromisslos alle Sätze weggelassen werden, die keinen wesentlichen Inhalt bzw. keine wesentliche Funktion innerhalb des Textes erfüllen. Sätze sollten so kurz wie möglich gehalten werden. Sätze mit mehreren Nebensätzen, darunter auch „dass-Konstruktionen", sind zu vermeiden.

7.6.2. Die Eindeutigkeit von Satzbezügen

Ein Satz sollte sich möglichst immer nur auf einen Gedanken beschränken. Ein Absatz hingegen sollte immer einen Gedankengang darstellen.

Beispiel

NICHT: Eine Veränderung der Parameter, deren Bedeutung noch zu erforschen ist, führt zu steigenden Transaktionskosten.

Besser: Eine Veränderung der Parameter führt zu steigenden Transaktionskosten. Welche Aspekte dabei eine besondere Rolle spielen, wird im Folgenden noch zu klären sein.

Tipp

Sätze lassen sich mit der simplen Frage „Was will ich jetzt aussagen?" prüfen. Auch das wiederholte Lesen der Arbeit kann hilfreich sein. Beim geringsten Zweifel sollte besser nach einem treffenderen Wort, einer prägnanteren Formulierung gesucht werden.

Der Hauptsatz stellt das Zentrum des Satzes dar und sollte die wichtigsten Informationen beinhalten (vgl. *Esselborn-Krumbiegel* 2004, S. 160–162). Die Kernaussagen sollten daher nicht in Nebensätzen platziert werden.

Beispiel

NICHT: Unternehmenskonzentration ist ein Begriff, der die Zusammenballung von Produktionskapazität kennzeichnet.

Besser: „Unternehmenskonzentration" bedeutet die Zusammenballung von Produktionskapazitäten.

Wenn im Hauptsatz wiederholt nur Nebensächliches steht, ist Misstrauen angesagt. Floskeln wie „Hier liegt es nahe…!" oder „es ist offensichtlich, dass…" sind deutliche Indikatoren dafür. Als Lösung für diesen Problemfall bietet sich an, zwei Sätze zu formulieren oder den Einleitungssatz durch ein Adverb zu ersetzen. „Es ist offensichtlich" wird dann zu „offensichtlich" und „es ist wahrscheinlich" zu „wahrscheinlich".

Ein gelungener wissenschaftlicher Text sollte aus überschaubaren Sätzen bestehen, da Fachbegriffe und inhaltliche Komplexität sonst nicht nachvollzogen werden können. Die Satzklammer sollte daher entlastet werden. Subjekt und Prädikat sollten dementsprechend so nahe wie möglich gesetzt werden. Nebensätze sollten besser angehängt werden.

Tipp

Wenn immer ein Hauptsatz zu Beginn steht, wird der Text eintönig. Es können daher durchaus manchmal Nebensätze zu einem Hauptsatz hinleiten. Dabei gilt: Ausnahmen bestätigen die Regel. Man sollte aber immer darauf achten, dass nicht mehr als zwei Nebensätze vor einem Hauptsatz stehen.

Bezüge in Sätzen wie „diese", „deren", „die", müssen sich eindeutig auf ein voranstehendes Hauptwort beziehen. Füll- oder Leimwörter, wie beispielsweise „nun", „übrigens", „also", „jetzt", „auch" suggerieren Unsicherheit und vergrößern die Satzklammer. Nominalisierungen, wie beispielsweise Verdeutlichung, Entgegensetzung, Erklärbarkeit, Interpretierbarkeit, Aufrechterhaltung, sollten sparsam verwendet werden. Auf Grund ihres hohen Informationsgehaltes und ihrer sprachlichen Präzision eignen sie sich besonders für wissenschaftliche Texte. Es sollte jedoch darauf geachtet werden, dass nicht mehrere Nomen in einem Satz auftreten (vgl. *Esselborn-Krumbiegel* 2004, S. 166–168).

Beispiel
NICHT: Dass der Begriff vieldeutig ist, zeigt sich daran, dass man ihn austauschen kann.

Besser: Die Vieldeutigkeit des Begriffs zeigt sich in seiner Austauschbarkeit.

Stilhandbücher raten meist vom Passiv ab. Im wissenschaftlichen Kontext interessiert aber weniger der Akteur, sondern vielmehr das Ergebnis. Passiva gezielt einzusetzen, ist eine erlernbare Kunst. Sie sollten immer dort eingesetzt werden, wo nur das Ergebnis interessiert (vgl. *Esselborn-Krumbiegel* 2004, S. 168–170).

Das Ich-Tabu besagt, dass in wissenschaftlichen Texten das Wort „ich" auf Grund des Postulates der Objektivität nicht verwendet werden darf. Dieses Tabu führt zur Verwendung von Passivkonstruktionen. Als Beispiele für gebräuchliche Passivformulierungen sind „Im Folgenden soll untersucht werden...", „Es ist zu zeigen...", „Hier ist hervorzuheben...", zu nennen.

Persönliche Bezüge durch den Einsatz von „ich" und „wir" sollten daher selten eingesetzt werden. Nur so gelingt eine Gratwanderung zwischen dem unsicher wirkenden „Ich" und dem gönnerhaft erscheinenden „Wir" (z.B. „So kommen wir zu dem Schluss..."). Letzteres ist nur angebracht, wenn es sich um mehrere Autoren handelt. Auch Floskeln wie „nach Meinung des Verfassers" wirken nicht selten unsicher und bieten eine überflüssige Zusatzinformation, da ohnedies davon ausgegangen wird, dass wissenschaftliche Texte auf Ansicht und Meinung des Autors beruhen.

7.6.3. Umgang mit Redewendungen

Die Sprache sollte sachlich und bildlich sein. Mit sachlich ist dabei gemeint, dass Begriffe – auch Fachausdrücke – wohlüberlegt, verständlich und erläuternd eingesetzt werden. Eine Überfrachtung mit Fremdwörtern ist unbedingt zu vermeiden. Metaphern und Ironie können auflockernd wirken und den Lesefluss anregen. Dennoch sollte die Anwendung planvoll durchgeführt werden. Trotzdem muss man nicht jede Redewendung, jedes Fremdwort oder jeder Fachterminus genau erklären. Übergenauigkeit kann auch als Unsicherheit interpretiert werden. Ausschweifende Erläuterungen können durch Verlust des roten Fadens mehr zur Verwirrung der Leserschaft als zum besseren Verständnis beitragen.

Tipp

Redewendungen und Floskeln werden von manchen Autoren gerne zur Anregung des Schreibflusses verwendet. Diese werden bei der letzten Überarbeitung des Textes dann wieder gestrichen und im endgültigen Text nur noch sofern argumentativ notwendig vorkommen. Als Fülltext sind diese unbedingt zu meiden. Besonders Einleitung und Schlusswort sind hiervon gefährdete Textteile.

Wendungen wie „Scherz beiseite", „Es ist logisch..." oder „Es leuchtet ein..." sind in wissenschaftlichen Arbeiten nicht angebracht. Der Text wirkt aufgebläht und unter Umständen unseriös und wenig lesenswert. Alltagssprachliche und anonyme Aussagen wie „so sagt man" sind unbedingt zu vermeiden.

Schwierigkeiten bei der Textgestaltung können sich auch beim Einsatz von Satzzeichen ergeben. Ausrufungszeichen und Fragesätze als rhetorische Hilfsmittel sind problematisch. Es empfiehlt sich, auf Ausrufungszeichen zu verzichten und Fragesätze in erster Linie in einleitenden Absätzen und sparsam einzusetzen.

Pausenfüllende Adverbien wie „beispielsweise", „natürlich", „logisch", „selbstverständlich", „wohl", „fast", „irgendwie", „an und für sich", „gewissermaßen", „leicht ersichtlich" sind zu vermeiden. Sie repräsentieren nicht selten Pseudo-Argumente. In einer wissenschaftlichen Arbeit sollte nichts selbstverständlich sein. Wenn man an die Problematisierungsfunktion von Wissenschaft denkt, wird dies deutlich. Besondere Vorsicht ist bei Phrasen geboten, die Übertreibungen und Verallgemeinerungen beinhalten. Verstärkende Adverbien und Superlative sind zu meiden. Beispiele dafür sind: „das einzig richtige Modell", „unglaublich falscher Ansatz", „leicht ersichtlich", „optimalste", „immens", „enorm" oder „erheblich".

Unscharfe Mengenangaben wie „hoch", „niedrig" oder Ausdrücke wie „einzig", „alle" oder „immer" stellen ein weiteres Problem dar. Wenn Angaben von Zahlen inhaltlich notwendig sind, sollte klargemacht werden, wozu der Beleg dient.

Allgemeine diffuse qualitative Aussagen und Bewertungen bedingen problematische Konnotationen, die meist nicht beabsichtigt werden. Beispiele dafür sind: „vernünftig", „geschickt", „ökologisch", „ethisch", „moralisch". Es sollten daher auch die dazugehörigen Bewertungsmaßstäbe offengelegt werden. Beispiel für eine Formulierungslösung: „Unter sozial soll hier verstanden werden, dass …".

Ergänzungen sollten bei einschränkenden Mengenangaben wie „zum Teil" oder „Haupteinfluss", geboten werden. Das Interesse für die anderen, ausgeblendeten Teile, Einflüsse und Hindernisse wird sonst geweckt, jedoch nicht befriedigt. Als Beispiel für eine Formulierungslösung kann gelten: „Neben … und … wirkt … als Haupteinfluss."

Zum Abschluss noch zur Frage nach der Bedeutung des Gendermainstreaming von wissenschaftlichen Texten. Im Falle von Abschlussarbeiten wird diese Frage meist als Geschmacksangelegenheit behandelt. Dies ist nicht korrekt. Es stimmt, dass die korrekten Formulierungen, gleich ob LeserInnen oder Leser und Leserinnen, den Lesefluss beeinträchtigen. Der Autor muss sich überlegen, ob der Einsatz inhaltlich Sinn macht bzw. ob er dadurch unter Umständen den Zugang der Leserschaft behindert. Die eleganteste Lösung stellen Formulierungen dar, die beiderlei Geschlecht einschließen. Der Einsatz eines Verweises auf der ersten Seite, dass im Text immer beiderlei Geschlechter gemeint sind, wird gerne gebraucht und stellt eine einfache Variante der Umgehung von Gendermainstreaming dar.

7.7. Darstellung von empirischen Ergebnissen

Die Darstellung der Ergebnisse der empirischen Forschung ist in einer wissenschaftlichen Arbeit das Kernstück des Textes. Hier zeigen sich die Resultate der Arbeit. Gleichzeitig ist dieser Teil der Arbeit die Basis für die Schlussfolgerungen und damit maßgeblich für den erfolgreichen Abschluss des Textes.

Bei der Darstellung der empirischen Ergebnisse gibt es Gemeinsamkeiten und Unterschiede bei qualitativen und quantitativen Arbeiten. Gemeinsam haben beide Arbeiten, dass folgende Aspekte dargestellt werden müssen:

- Gewählte Methode
- Begründung für die Wahl der Methode
- Eigene Vorgehensweise auf Basis der gewählten Methode
- Darstellung des Untersuchungsobjekts
- Darstellung der Ergebnisse
- Interpretation der Ergebnisse
- Gegenüberstellung der Ergebnisse der empirischen Forschung zu den Ergebnissen des theoretischen Teils

Diese Aspekte können jeweils in einem eigenen Kapitel dargestellt oder thematisch zusammengefasst werden, wie beispielsweise die gewählte Methode und ihre Begründung. Die oben vorgestellte Reihenfolge ist nicht verbindlich. Insbesondere bei den ersten vier Inhaltspunkten kann sie abgeändert werden. Jedenfalls sollten diese Inhaltspunkte zuerst genannt, dann die Ergebnisse vorgestellt und anschließend interpretiert werden.

Bei der gewählten Forschungsmethode ist zuerst darzulegen, ob mit Hilfe von qualitativen oder quantitativen Methoden gearbeitet wird, dann, mit welchen Forschungsmethoden konkret. Unterstützt von der entsprechenden Literatur zur Forschungsmethode ist die grundsätzliche Vorgehensweise vorzustellen. Bei qualitativen Interviews ist beispielsweise darzustellen, welche der zahlreichen Auswertungsmethoden angewendet wird und wie diese Auswertungsmethode vorgeht. Danach ist zu erklären, warum diese Forschungsmethode oder die Methodenkombination gewählt wurde. Dies wird auf Basis der Forschungsfragen, Hypothesen oder anderer Rahmenbedingungen begründet. Im Weiteren ist darzustellen, wie dies im Forschungsverlauf umgesetzt wird. Dabei ist auf die zuvor genannte theoretische Vorgehensweise Bezug zu nehmen.

Im Bereich der Darstellung des Untersuchungsobjekts gibt es Unterschiede bei qualitativen und quantitativen Arbeiten. In beiden Fällen wird das Untersuchungsobjekt zuerst in seiner Gesamtheit vorgestellt, z.B. das untersuchte Unternehmen oder die untersuchte Branche. Die für die Darstellung verwendeten Informationen sind mit entsprechenden Quellen zu belegen. Dies können zum Beispiel Unternehmensunterlagen sein. Bei qualitativen Arbeiten werden die befragten oder beobachteten Personen bzw. Objekte dargestellt und die verwendete Stichproben-Auswahl, z.B. theoretical sampling angeführt. Auch wenn die Personen anonym sind, können die für die Auswahl relevanten Merkmale genannt werden. Bei quantitativen Arbeiten sind die Grundgesamtheit, die Stichprobe und Stichprobenauswahl zu beschreiben.

Erst nach Darlegung dieser Voraussetzungen sind die Ergebnisse der empirischen Forschung darzustellen. Hier unterscheiden sich qualitative und quantitative Arbeiten erheblich.

Bei qualitativen Arbeiten ist die Vorbereitungsphase darzustellen. Wenn zum Beispieln qualitative Interviews durchgeführt wurden, sind das sensibilisierende Konzept, der Interviewleitfaden usw. herzuleiten und anzugeben. Transkripte von Interviews oder Aufzeichnungen von Beobachtungen können, müssen aber nicht, im Anhang eingebunden werden. Zwischenschritte der Auswertung wie Paraphrasierungen, Kategorisierungen und Generalisierungen werden zumeist in Absprache mit der betreuenden Person entweder nicht in der Arbeit dargestellt oder im Anhang eingebunden. Jedenfalls angeführt werden die Ergebnisse in Form von beschreibenden Zusammenfassungen, allenfalls Abbildungen. Dabei können auch direkte Zitate aus den Interviews eingebunden werden. Diese sollten dann entsprechend mit einem Quellenverweis gekennzeichnet sein.

Bei quantitativen Arbeiten werden die statistischen Auswertungen in Form von Abbildungen und Diagrammen dargestellt und von erläuternden Texten ergänzt, in denen auch erste Schlussfolgerungen gezogen werden können. Abbildungen und Diagramme müssen immer mit einer entsprechenden Nummerierung und einem Titel versehen werden.

Sowohl bei qualitativen wie auch quantitativen Arbeiten ist darauf zu achten, dass – nach Möglichkeit – die Darstellung von Ergebnissen von der Interpretation zu trennen ist. Im Bereich der qualitativen Arbeiten ist das nicht immer möglich. Das Ziel dabei ist, die Ergebnisse und daraus geschlussfolgerte Aussagen zu trennen, um die Entwicklung der Argumentation nachvollziehen zu können. In vielen Arbeiten werden anschließend an die Interpretation die Ergebnisse der Empirie mit jenen der Theorie verglichen und gegenübergestellt. Hier ist in quantitativen Arbeiten auch der Platz für die Bestätigung oder Falsifizierung der eingangs getätigten Hypothesen.

Weiterführende und zitierte Literatur

Boeglin, Martha (2007): Wissenschaftlich arbeiten Schritt für Schritt. Gelassen und effektiv studieren, München.

Browne, M. Neil/Keeley, Stuart M. (2007): Asking the right questions. A guide to critical thinking. 8th ed., Upper Saddle River, NJ.

Bünting, Karl-Dieter/Bitterlich, Axel/Pospiech, Ulrike (2004): Schreiben im Studium: mit Erfolg. Ein Leitfaden; präzise formulieren, Themen erarbeiten, 4. Auflage, Berlin.

Dahinden, Urs/Sturzenegger, Sabina/Neuroni, Alessia C. (2006): Wissenschaftliches Arbeiten in der Kommunikationswissenschaft, Bern.

Ebster, Claus/Stalzer, Lieselotte (2003): Wissenschaftliches Arbeiten für Wirtschafts- und Sozialwissenschaftler, 2., überarbeitete Auflage, Wien.

Esselborn-Krumbiegel, Helga (2004): Von der Idee zum Text. Eine Anleitung zum wissenschaftlichen Schreiben, 2. Auflage, Paderborn.

Fisher, Alec (2005): Critical thinking. An introduction. Cambridge.

Göttert, Karl-Heinz (2002): Kleine Schreibschule für Studierende, 2. Auflage, München.

Karmasin, Matthias/Ribing, Rainer (2006): Die Gestaltung wissenschaftlicher Arbeiten, 5. Auflage, Wien.

Kruse, Otto (2007): Keine Angst vor dem leeren Blatt – ohne Schreibblockade durchs Studium, 11. Auflage, Frankfurt/Main.

Rossig, Wolfram E./Prätsch, Joachim (2006): Wissenschaftliche Arbeiten. Ein Leitfaden für Haus-, und Seminararbeiten, Bachelor- und Masterthesis, Diplom- und Magisterarbeiten, Dissertationen, 6. erweiterte Auflage, Weyhe/Dreye.

Stary, Joachim/Kretschmer, Horst (2004): Umgang mit wissenschaftlicher Literatur. Eine Arbeitshilfe für das sozial- und geisteswissenschaftliche Studium, 3. Auflage, Berlin.

Theisen, Manuel René (1995): ABC des wissenschaftlichen Schreibens, 2. Auflage, München.

8. Kapitel: Formale Gestaltung

Anna Humenberger, Bernhard Kozljanic, Georg Pejrimovsky, Wolfgang Wagner

Lernziele

- Sie verstehen den Sinn und Zweck des Zitierens und sind in der Lage, die Urheberrechte von Dritten entsprechend zu würdigen.
- Sie können Ihre wissenschaftliche Arbeit formal korrekt zitieren und gestalten.

8. Formale Gestaltung

Die formale Gestaltung ist ein wesentliches Erkennungsmerkmal von wissenschaftlichen Arbeiten und grenzt diese eindeutig von anderen Textarten ab. Wesentliche Erkennungsmerkmale sind einerseits die Ausweisung fremden Gedankengutes in Form von Zitaten und andererseits die Einhaltung vorgegebener Layoutvorgaben. Das wissenschaftliche Arbeiten wurde durch die Globalisierung in vielen Bereichen standardisiert. Hinsichtlich der Zitierweise hat sich bisher kein internationaler Standard durchgesetzt.

8.1. Arten von Zitaten

Die Zitierung von Quellenangaben ist für die Klärung der Urheberschaft und für die intersubjektive Nachvollziehbarkeit unerlässlich. Fremde Gedanken sind im Sinne der wissenschaftlichen Redlichkeit immer auszuweisen, unabhängig davon, ob dies in Form eines direkten oder indirekten Zitates, erfolgt.

8.1.1. Direktes Zitat

Das direkte Zitat gibt den Inhalt einer Quellenangabe wortwörtlich, d.h. exakt wie im Original, wieder. Bei direkten Zitaten werden daher grammatikalische und orthographische Fehler sowie Texthervorhebungen (z.B. Fettschrift) übernommen. Der Beginn und das Ende des direkten Zitates sind dabei mit Anführungszeichen kenntlich zu machen.

> **Beispiel** *für ein* **direktes Zitat***, bei dem das Wort Event im Original fett gedruckt ist:*
> *Zitierung mit Quellenangabe direkt im Text der Arbeit:*
> *„Ein* **Event** *ist eine besondere Veranstaltung oder ein spezielles Ereignis, das multisensitiv vor Ort von ausgewählten Rezipienten erlebt und als Plattform zur Kommunikation von Unternehmen genutzt wird (Bruhn 2005, S. 417)."*
> *Zitierung mit Verweis auf eine Fußnote:*
> *„Ein* **Event** *ist eine besondere Veranstaltung oder ein spezielles Ereignis, das multisensitiv vor Ort von ausgewählten Rezipienten erlebt und als Plattform zur Kommunikation von Unternehmen genutzt wird."[34]*

Das direkte Zitat empfiehlt sich vor allem, wenn auf den Originalwortlaut des zitierten Autors ausdrücklich Wert gelegt wird. Dies kann beispielsweise der Fall sein, wenn Definitionen anderer Autoren vorgestellt werden, etwas besonders treffend oder originell formuliert ist, es sich um ein berühmtes Zitat handelt, man sich interpretativ mit dem Zitat selbst auseinandersetzen möchte oder wenn ein sinngemäßes Zitat den Sinn der Originalquelle verfälschen würde.

Prinzipiell sollten direkte Zitate eine Ausnahme darstellen, die bewusst und mit Bedacht eingesetzt werden sollten. Eine grobe Unart ist die Aneinanderreihung von direkten Zitaten, d.h. die Kompilierung, in wissenschaftlichen Arbeiten. Dies ist nicht nur ein Zeichen von Bequemlichkeit, Unsicherheit und fehlender Eigenständigkeit des

---

[34] *Bruhn* 2005, S. 417.

Autors, sondern auch für eine begrenzte Denkleistung und eine Themenverfehlung. Davon abgesehen kann kein durchgängiger Lese- und Argumentationsfluss entstehen.

Bei der Anwendung von direkten Zitaten sind einige Besonderheiten zu beachten. Besonderheiten bei direkten Zitaten stellen Auslassungen von Wörtern, grammatikalische Anpassungen durch eckige Klammern, Texthervorhebungen, Zitate im Zitat und Rechtschreibfehler dar. **Auslassungen** von Wörtern sind nur zulässig, wenn sie den Inhalt nicht verändern. Die Auslassung eines Wortes wird durch zwei Punkte [..], Auslassungen mehrerer Wörter durch drei Punkte [...] in einer eckigen Klammer gekennzeichnet.

Beispiel für Auslassungen mehrerer Wörter:

*„Ein **Event** ist eine besondere Veranstaltung oder ein spezielles Ereignis, das multisensitiv vor Ort von ausgewählten Rezipienten erlebt und [...] zur Kommunikation von Unternehmen genutzt wird. "*

Manchmal kann es notwendig sein, ein Zitat anzupassen, damit es grammatikalisch richtig in den Text der eigenen Arbeit passt. Entsprechende **grammatikalische Anpassungen** werden durch eckige Klammern [ ] erkenntlich gemacht.

*Beispiel für eine **grammatikalische Anpassung** (inkl. einer Auslassung eines Wortes):*

*Es ist besonders hervorzuheben, dass ein „**Event** [..] eine besondere Veranstaltung [ist]. "*

Werden **Texthervorhebungen** (z.B. **fett**, *kursiv*, <u>unterstrichen</u>) aus dem Original nicht übernommen, oder aber in den eigenen Text eingefügt, obwohl es im Original nicht der Fall ist, muss dies an der entsprechenden Stelle mit eckigen Klammern deutlich gemacht werden.

*Beispiel für eine aus dem Original **nicht** übernommene Hervorhebung:*

„Ein Event [im Original fett hervorgehoben] ist eine besondere Veranstaltung oder ein spezielles Ereignis, das multisensitiv vor Ort von ausgewählten Rezipienten erlebt und als Plattform zur Kommunikation von Unternehmen genutzt wird. "

*Beispiel für eine <u>eigene</u> Hervorhebung, die im Original **nicht** vorliegt:*

„Ein Event ist eine <u>besondere</u> [Hervorhebung d. Verf.] Veranstaltung oder ein spezielles Ereignis, das multisensitiv vor Ort von ausgewählten Rezipienten erlebt und als Plattform zur Kommunikation von Unternehmen genutzt wird. "

Es ist durchaus möglich, Zitate im direkten Zitat anzuführen. **Zitate im Zitat** werden mit einfachen Anführungszeichen (‚ … ‘) gekennzeichnet.

*Beispiel für ein **Zitat im Zitat**:*

„Eine Masterarbeit ‚ausschließlich mit Internet-Quellen und ohne Bibliotheksbesuch‘ zu schreiben, ist fast nicht möglich. "

Von den Ausnahmen abgesehen, werden direkte Zitate buchstabengenau, d.h. mit **Rechtschreibfehlern**, in alter oder neuer Rechtschreibung übernommen. Um darauf hinzuweisen, dass dies im Original genau so steht und nicht der Studierende schlampig zitiert hat, wird unmittelbar hinter das Wort [sic!] gesetzt (lat.; = „wirklich so!").

*Beispiel für eine **buchstabengetreue Übernahme von Fehlern:***
„Es ist nicht leicht, eine wisensaftliche[sic!] Arbeit hinzuknallen[sic!] und dabei auch noch ordentlich zu zitieren."

Tipp

Ein mehrzeiliges direktes Zitat sollte aus Übersichtlichkeitsgründen einzeilig, in kursiver Schrift, Schriftgröße 10 und 1 cm eingerückt dargestellt werden.

8.1.2. Indirektes Zitat

Indirekte Zitate geben den Inhalt der Originalquelle sinngemäß, d.h. mit eigenen Worten, wieder. Diese Form des Zitates wird hauptsächlich angewendet und ist gleichfalls wie das direkte Zitat durch eine genaue Quellenangabe kenntlich zu machen. Wichtig bei indirekten Zitaten ist, dass durch die Umformulierung der Originalquelle keine Aussagen verändert oder verfälscht werden. Im Unterschied zum direkten Zitat werden beim indirekten Zitat keine Anführungszeichen gesetzt und die Quellenangabe mit dem Zusatz „vgl." begonnen.

Beispiel
*Zitierung mit Quellenangabe **direkt im Text***
Ein Event ist eine Veranstaltung, die vor Ort besucht und zur Kommunikation von Unternehmen genutzt wird (vgl. Bruhn 2005, S. 417).
*Zitierung mit **Verweis auf eine Fußnote***
Ein Event ist eine Veranstaltung, die vor Ort besucht und zur Kommunikation von Unternehmen genutzt wird.[35]

Da bei den indirekten Zitaten die Anführungszeichen fehlen, ist es für den Leser oftmals nicht erkennbar, auf welche Textteile (Sätze oder Abschnitte) sich die Quelle bezieht. Es ist daher besondere Sorgfalt geboten und der Beginn und das Ende des indirekten Zitates für den Leser eindeutig ersichtlich zu machen.

8.1.3. Sekundärzitat

Grundsätzlich erfordert seriöses wissenschaftliches Arbeiten die Vorlage der Originalquelle. Dies ist jedoch aus verschiedenen Gründen nicht immer möglich. In diesen Ausnahmefällen können daher **Sekundärzitate** angewendet werden, wenn es unmöglich oder unzumutbar ist, die Primärquelle zu beschaffen. Beim Sekundärzitat gilt das Prinzip: Primärquelle „zitiert nach" Sekundärquelle!

*Beispiel für ein wörtliches **Sekundärzitat** mit dem Hinweis **„zitiert nach"***
(Illetschko 1966, S. 115, zitiert nach Faller 1990, S. 75)

---

[35] Vgl. *Bruhn* 2005, S. 417.

8.2. Zitierweisen

Die Zitierweise der Quellenangaben kann im Textteil unterschiedlich erfolgen. Prinzipiell unterscheidet man nach dem System der Quellenverweise im Text bzw. der Textstelle (Harvard-System), dem Fußnoten-System oder dem Index-System. Darüber hinaus kann zwischen der Kurzbeleg- und der Vollbeleg-Zitierweise differenziert werden. Wichtig ist bei der Erstellung einer wissenschaftlichen Arbeit, dass die gewählte Zitierweise in der gesamten Arbeit durchgängig eingehalten werden muss.

8.2.1. Zitierung im Textteil

8.2.1.1. Kurzbeleg im Textteil

Bei der Harvard-Zitierweise werden Literaturverweise in verkürzter Form direkt im Anschluss an die zitierte Textpassage unter Nennung des Autors (in kursiver Schrift), der Jahreszahl und der Seitenzahl angeführt. Die erforderlichen Angaben werden gleich im Fließtext als Klammerausdruck dargestellt. Zu beachten ist, dass das Satzzeichen nach dem Klammerausdruck gesetzt wird und auf Fußnoten als Quellenverweis verzichtet wird. Diese Methode wird auch als „Kurzbeleg im Text" oder als „Autor-Jahr-System" bezeichnet. Die vollständigen Quellenangaben werden dann im Literatur- und Quellenverzeichnis angeführt.

Beispiel
Zur Klärung, welche Personen als Touristen zu bezeichnen sind, grenzt die WTO Touristen von Ausflüglern ab (vgl. *Bieger* 2006, S. 35).

Werden Autoren im Text explizit genannt, folgt die Quellenangabe direkt nach der Nennung des Autorennamens und fängt mit der Jahreszahl an.

Beispiel
Nach Bieger (vgl. 2006, S. 35) *grenzt die WTO zur Klärung, welche Personen als Touristen zu bezeichnen sind, Touristen von Ausflüglern ab.*

Darüber hinaus haben sich aus Vereinfachungsgründen einige Variationen des Autor-Jahr-Systems herausgebildet. So kann beispielsweise bei indirekten Zitaten vgl., S. weggelassen werden. Auch die Trennzeichen zwischen den einzelnen Angaben können unterschiedlich gewählt werden.

Beispiele für Variationen Autor-Jahr-System
(vgl. *Bieger* 2006, 35); (*Bieger* 2006, S. 35); (*Bieger* 2006, 35); (*Bieger*, 2004, S. 35); (*Bieger* 2006:35); (*Bieger-04:35*).

Beispiel
(vgl. *Kaspar* 1996, S. 16, zitiert nach *Bieger* 2006, S. 35).

Bei der Anwendung der Kurzzitierweise sind einige Besonderheiten zu beachten. Diese Besonderheiten beruhen im Wesentlichen auf Vereinfachungsgründen. Die vollständige Quellenangabe wird im Literatur- und Quellenverzeichnis ersichtlich.

Beispiel

Zitierung der Autoren

*Kurzbeleg für Zitierung einer Quelle **mit einem** Autor:* (vgl. *Bieger* 2006, S. 35).

*Kurzbeleg für Zitierung einer Quelle **mit zwei** Autoren:* (vgl. *Hannig/Zwerger* 2002, S. 64).

*Kurzbeleg für Zitierung einer Quelle **mit mehr als zwei** Autoren:* (vgl. *Homburg et al.* 2008, S. 18).

Kurzbeleg für Werke, die keinen expliziten Autor, aber einen Herausgeber haben: (vgl. *AC Nielsen* 2008, S. 12).

Kurzbeleg für Textstellen, für die kein Verfasser oder Herausgeber zu eruieren ist: (vgl. *o.V.* 2008, S. 12).

Zitierung des Erscheinungsjahrs

*Kurzbeleg für Textstellen, für die **kein** Erscheinungsjahr eruierbar ist:* (vgl. *AC Nielsen* o.J., S. 1).

*Kurzbeleg für mehrere Quellen eines Autors im **selben** Erscheinungsjahr:* (vgl. *Bruhn* 2007a, S. 33). (vgl. *Bruhn* 2007b, S. 53). *Durch den Buchstaben-Zusatz zur Jahreszahl werden die Quellen unterscheidbar gemacht.*

Zitierung der Seitenangabe

*Kurzbeleg, wenn sich das Zitat auf **eine** Seite bezieht:* (vgl. *Kreuzer* 2007, S. 102).

*Kurzbeleg, wenn sich das Zitat auf **zwei** Seiten bezieht: (vgl. Kreuzer 2007, S. 102 f.). „f." bezieht sich nur auf die nächstfolgende Seite.*

*Kurzbeleg, wenn sich das Zitat auf **mehr als zwei** Seiten bezieht:* (vgl. *Kreuzer* 2007, S. 102–105).

*Kurzbeleg für die Zitierung von Textstellen, die **keine** Seitenangaben haben:* (vgl. *Müller* 2007, o.S.).

Zitierung von Internetquellen

Kurzbeleg der Internetquelle, wenn Autor bekannt ist (vgl. *Reidl* 2005).

Kurzbeleg der Internetquelle, wenn Autor unbekannt, aber Institution bekannt ist und von dieser im selben Jahr mehrere Quellen erschienen sind: (vgl. www.statistik.at 2008a)., (vgl. www.statistik.at 2008b).

Durch die Kleinbuchstaben wird erkennbar, dass es sich um verschiedene Internetseiten eines unbekannten Autors, aber der gleichen Institution handelt. Es sollte hier die Jahreszahl des letzten Updates eingetragen werden, falls diese nicht vorhanden ist, kann die Jahreszahl des Zugriffs verwendet werden.

Kurzbeleg von Internetquelle, wenn ohne www: (vgl. http://paedpsych.jk.uni-linz.ac.at 2008).

Kurzbeleg für Textstellen aus elektronischem Journal: (vgl. *Niemann/Sureth* 2008, S. 121 f.).

Beiträge aus elektronischen Zeitschriften werden wie eine gedruckte Literaturquelle behandelt. Falls sie keinen Autor aufweisen, werden sie wie Quellen ohne Verfasser (o.V.) zitiert.

Zitierung von Interviews, Expertengesprächen und Vorträgen

Bei Interviews, Expertengesprächen und Vorträgen ist anzuführen, ob es sich um ein Interview, ein Expertengespräch oder einen Vortrag handelt sowie die Person und die Jahresangabe: (vgl. Expertengespräch *Kreuzer*, 2009).

Zitierung von Gesetzen und Verordnungen

Gesetze werden im Text mit den entsprechenden Paragraphen und der Gesetzesbezeichnung zitiert. Bei häufiger Anwendung des gleichen Gesetzes kann die Abkürzung verwendet werden. Wird auf ein Bundesgesetzblatt (BGBl) verwiesen, ist die Jahreszahl, durch einen Schrägstrich (/) getrennt, vor der BGBl-Nummer anzuführen: (vgl. § 65 Aktiengesetz); (vgl. § 3 Wohnungseigentumsgesetz); (vgl. § 65 AktG); (vgl. § 3 WEG i.d.F. BGBl I 2002/70).

Zitierung von Normen

Im Text werden Normen mit der Bezeichnung und der Ausgabe der Norm angeführt. (vgl. DIN 1422-1, 1984-02); (vgl. ÖNORM A 2721, 1976-08-01).

8.2.1.2. Kurzbeleg in der Fußnote

Die Zitierweise Kurzbeleg in der Fußnote ist ähnlich der Zitierweise Kurzbeleg im Text. Hierbei wird allerdings der Kurzverweis auf die Quelle in einer Fußnote platziert. Während Name und Seitenangabe nicht in Klammern stehen, wird die Jahreszahl ev. in einen Klammerausdruck gesetzt. Im laufenden Text findet sich die Fußnoten-Nummer an der entsprechenden Textstelle (Satz-, Abschnitts- oder Seitenende). Diese Zitierweise ist auch als modifizierte Harvard-Methode bekannt, weil sie an die Arbeitsweisen und Gewohnheiten deutscher Wissenschaftler angepasst wurde. Die Nummerierung der Fußnoten sollte fortlaufend erfolgen. Bei längeren Arbeiten kann wegen der besseren Übersichtlichkeit die Fußnoten-Nummerierung in jedem Kapitel neu begonnen werden.

Beispiel

Zur Klärung, welche Personen als Touristen zu bezeichnen sind, grenzt die WTO Touristen von Ausflüglern ab.[2]

---

[2] Vgl. *Bieger* 2006, S. 35.

Eine Variante des Kurzbelegs stellt das Autor-Stichwort-Jahr-System dar. Die Autor-Jahr-Zitierweise wird um ein prägnantes Stichwort, beispielsweise den Kurztitel der Quelle, ergänzt. Diese Zitierweise soll dem Leser die Zuordnung zu den vollständigen bibliografischen Angaben im Literatur- und Quellenverzeichnis erleichtern (vgl. *Balzert et al.* 2008, S. 116 f.).

Beispiel

Zur Klärung, welche Personen als Touristen zu bezeichnen sind, grenzt die WTO Touristen von Ausflüglern ab.[2]

---

[2] Vgl. *Bieger* (Tourismuslehre 2006), S. 35.

Neben der Zuordnungsfunktion bietet diese Zitierweise den Vorteil, dass durch das Stichwort weitere Informationen zum Thema bekannt gegeben werden. Da der Verfasser der Arbeit das Stichwort auswählt, können u.U. abweichende Assoziationen beim Leser entstehen. Durch eine solche Fehlvermittlung an Zusatzinformationen kann der erwünschte Effekt der Stichwortsetzung verloren gehen. Hierbei handelt es sich um einen möglichen negativen Nebeneffekt, den es abzuwägen gilt.

8.2.1.3. Kurzzitierweise mit numerischem Index

Eine sehr kompakte und ökonomische Zitierweise stellt die Kurzzitierweise mit numerischem Index dar. Hierfür werden zuerst alle Quellen alphabetisch sortiert und im Literatur- und Quellenverzeichnis aufsteigend durchnummeriert. Danach kennzeichnet die entsprechende Index-Nummer im Fließtext die jeweilige Quelle (vgl. *Balzert et al.* 2008, S. 117). Nachteilig bei dieser Zitierweise ist, dass sich aus der Index-Nummer keine weiteren Informationen (z.B. Autor, Jahr, Kurztitel) zur verwendeten Quelle ablesen lassen.

8.2.1.4. Vollbeleg

Beim Vollbeleg werden die gesamten bibliografischen Informationen im Textteil genau wie im Literaturverzeichnis angeführt. Aufgrund der umfassenden Angaben wird dies im Fußnoten-System erbracht. Diese Zitierweise findet eher selten Anwendung, da die Quellenangaben sehr viel Platz einnehmen, und ist für studentische Arbeiten nicht sehr relevant. Vorteilhaft ist diese Zitierweise, wenn kein Literaturverzeichnis angefügt ist oder angefügt werden kann.

Beispiel

Zur Klärung, welche Personen als Touristen zu bezeichnen sind, grenzt die WTO Touristen von Ausflüglern ab.[2]

---

[2] Vgl. *Bieger, Thomas* (2006): Tourismuslehre – Ein Grundriss. Bern.

8.2.2. Zitierung im Literatur- und Quellenverzeichnis

Die vollständige und formal richtige Auflistung der Literaturquellen im Literatur- und Quellenverzeichnis ist eine sehr wichtige Aufgabe im Zuge der Erstellung einer wissenschaftlichen Arbeit. Das Literatur- und Quellenverzeichnis wird alphabetisch nach dem Nachnamen des Autors erstellt. Grundsätzlich sind nur solche Werke aufzunehmen, die in der Arbeit zitiert werden. Während im Text die Quelle im Regelfall in Kurzform belegt wird, finden sich im Literatur- und Quellenverzeichnis alle Werke mit ihren vollständigen bibliografischen Angaben. Daher müssen in das Literatur- und Quellenverzeichnis sowohl Originalquellen als auch Sekundärquellen aufgenommen werden. Aus Übersichtlichkeitsgründen kann im Literatur- und Quellenverzeichnis eine separate Auflistung der sekundär zitierten Werke erfolgen, um ein schnelles Auffinden und eine einfache Nachvollziehbarkeit der verwendeten Quellen zu gewährleisten.

Eine zu starke Untergliederung des Literatur- und Quellenverzeichnisses, beispielsweise in Monografien, Sammelbände, Zeitschriftenartikel etc., ist nicht zu empfehlen, da dem Leser dadurch die schnelle Zuordnung vom Kurzbeleg zur vollständigen Quellenangabe im Literatur- und Quellenverzeichnis erschwert wird. Quellen ohne Verfasser werden in die jeweilige Rubrik unter „*o.V.*" alphabetisch eingeordnet. Zur besseren Übersichtlichkeit können optische Elemente wie Autoren-Nachnamen in Kursivdruck oder in Großbuchstaben, Abstände zwischen den bibliografischen Einträgen oder Einzüge verwendet werden. Bei den Angaben zum Autor ist auf akademische Grade oder Berufstitel (z.B. Dr., Prof., Ministerialrat etc.) zu verzichten. Werke mit mehr als zwei Autoren werden hier im Gegensatz zum Kurzbeleg mit allen Autorennamen angeführt.

Beispiel Literaturquellen
Bücher

Nachname(n), Vorname(n) (Erscheinungsjahr): Titel. Auflage (wenn nicht die erste), Erscheinungsort

Bieger, Thomas (2006): Tourismuslehre – Ein Grundriss. 2. Aufl., Bern Beiträge in Sammelbänden

Homburg, Christian/Schäfer, Heiko/Schneider, Janna (2008): Sales Excellence. 5. Aufl., Wiesbaden

Sammelbände und Herausgeberwerke

Nachname(n), Vorname(n) (Erscheinungsjahr): Titel. In: *Nachname(n), Vorname(n)* (Hrsg.): Titel. Auflage (wenn nicht die erste), Erscheinungsort, Seite(n)

Klaus, Elisabeth (2004): Von Subjekt zu System zur Kultur. Theorien zur Analyse der Geschlechterverhältnisse im Journalismus. In: *Löffelholz, Martin* (Hrsg.): Theorien des Journalismus. Ein diskursives Handbuch, Wiesbaden, VS Verlag, (2. völlig überarbeitete und erweiterte Aufl.), S. 377–393

Ortner, Tulia/Janous, Gerald (2006): Zur Nützlichkeit des Einsatzes eines objektiven Persönlichkeitstests für die Auswahl von Fachhochschul-Studierenden. In: *Ortner, Tulia/Proyer, René/Kubinger, Klaus* (Hrsg.): Theorie und Praxis Objektiver Persönlichkeitstests. Bern, S. 244–253

Aufsätze in Zeitschriften

Nachname(n), Vorname(n) (Erscheinungsjahr): Titel. In: Zeitschriftentitel. Erscheinungsnummer oder Ausgabe/Erscheinungsjahr, Seite(n)

Mulki, Jay Prakash/Locander, William B./Marshall, Greg W./Harris, Eric G./Hensel, James (2008): Workplace Isolation, Salesperson Comitment, and job performance. In: Journal of Personal Selling & Sales Management, vol. XXVIII, no. 1, p. 67–78

Hienerth, Claudia/Öhler, Christina (2007): Adgamer: Eine Spielertypologie zur Unterstützung des marketingpolitischen Instrumentariums. In: Der Markt. 2007/4, Nr. 183, 46. Jg., S. 157–167

Studien ohne Autor, aber mit Herausgeber

Herausgeber (Erscheinungsjahr, Hrsg.): Titel der Studien. Erscheinungsort

AC Nielsen (2008, Hrsg.): Statistisches Jahrbuch 2008 Österreich. Wien

Habilitationsschriften und Dissertationen

Nachname(n), Vorname(n) (Erscheinungsjahr): Titel. Habilitationsschrift oder Dissertation, Name der Hochschule, an der die Arbeit vorgelegt wurde, Erscheinungsort

Hienerth, Claudia (2007): Kennzahlenmodell zur Erfolgsbewertung des E-Commerce bei einem Mehrkanaleinzelhändler unter besonderer Berücksichtigung von Vergleichsmöglichkeiten zum stationären Einzelhandel. Dissertation an der Wirtschafts-universität Wien, Wien

Wissenschaftliche Arbeitspapiere

Nachname(n), Vorname(n) (Erscheinungsjahr): Titel. Arbeitspapier Nr., Institution. Erscheinungsort

Bauer, Hans/Exler, Stefanie/Schäfer, Jennifer (2008): Determinanten der Einstellung und Kaufbereitschaft gegenüber Markenfälschungen. Wissenschaftliches Arbeitspa-pier W122. Institut für marktorientierte Unternehmensführung, Universität Mann-heim. Mannheim

Konferenzbeiträge

Nachname(n), Vorname(n) (Erscheinungsjahr): Titel. In: Titel des Konferenzbandes, Konferenzveranstaltende Institution, Zeitraum der Konferenz, Erscheinungsort

Huber, Beate/Konecna, Zdenka/Zinecker, Marek (2008): Wirkungsweise der Unter-nehmenskultur auf die Effizienz von multinationalen Unternehmen in der Tschechi-schen Republik und in Österreich. In: 2. Forschungsforum der österreichischen Fach-hochschulen, FHK, 26.–27.3.2008, Aachen

Artikel in einem elektronischen Journal

Nachname(n), Vorname(n) (Erscheinungsjahr): Titel. In: Journaltitel, Erscheinungs-nummer, Seite (sofern vorhanden), [WWW], Adresse, [Datum des Zugriffs]

Niemann, Rainer/Sureth, Caren (2008): Steuern und Risikobereitschaft in Modellen irreversibler Investitionen. In: Journal für Betriebswirtschaft, vol. 58, Nr. 3/2008, Seite 121–169, [WWW], http://springerlink.metapress.com/content/h761268h3272/ ?p=f619e4d6a40d4975825150b6665b2be0&pi=0 [Stand: 06.02.2009]]

Sonstige Quellen

Expertengespräche

Nachname(n), Vorname(n) (Jahr): Expertengespräch mit *Vorname Nachname,* Funk-tion, geführt von *Vorname(n) Nachname(n)* am Datum des Gesprächs in Ort

Kreuzer, Christian (2008): Expertengespräch mit *Christian Kreuzer,* Institutsleiter Financial Management, geführt von *Franz Meier* am 12.12.2008 in Wien

Vorträge

Nachname(n), Vorname(n) (Jahr): Vortragstitel. Vortrag von *Vorname Nachname,* Funktion, gehalten am Datum des Vortrags in Ort

Bauer, Thomas A. (2005): Culture of Diversity. Vortrag von *Thomas A. Bauer,* o. Univ. Professor für Neue Medien am IPKW Wien, gehalten im Rahmen der GPI-Tagung am 10.10.2005

Gesetze und Verordnungen

Gemäß den Regeln für juristisches Zitieren werden die Gesetzesquellen NICHT im Literatur- und Quellenverzeichnis angeführt. Im Abkürzungsverzeichnis wird jedoch die Gesetzesabkürzung erklärt: AktG – Aktiengesetz

Normen

Die Auflistung von Normen erfolgt nach aufsteigenden DIN-Nummern.

DIN-Norm: vollständige Bezeichnung der Norm. Ausgabe

DIN 1422-1: Veröffentlichungen aus Wissenschaft, Technik, Wirtschaft und Verwaltung, Teil 1: Gestaltung von Manuskripten und Typoskripten. Ausgabe 1984-02

WWW-Dokument

Nachname(n), Vorname(n) (Erscheinungsjahr): Titel [WWW], Adresse [Datum des Zugriffs], (Erscheinungsjahr bzw. letztes Änderungsdatum – sofern eines vorhanden)

Reidl, Andreas (2005): Neue Wege und Inhalte: Kommunikation mit der Generation Silber [WWW], http://www.gfk-verein.de/index.php?article=act_03_06&lang= englisch&f=congress05 [Stand: 1.3.2007], (10.03.2005)

WWW-Dokument (wenn kein Autor bekannt ist bzw. sich es um eine Institution handelt)

Kurzadresse: Herausgeber, vollständige Adresse [Datum des Zugriffs], (Erscheinungsjahr bzw. letztes Änderungsdatum – sofern eines vorhanden)

www.ba-ca.com 2002a: Bank Austria Creditanstalt, http://www.ba-ca.com/de/index. html [Stand: 1.9.2002], (12.03.2002)

www.ba-ca.com 2002b: Bank Austria Creditanstalt, http://www.ba-ca.com/de/4491. html [Stand: 1.9.2002], (12.03.2002)

CD-ROM

Nachname(n), Vorname(n) (Erscheinungsjahr): Titel. [CD-ROM] Titel der CD-ROM (Version/bzw. Datum des Erscheinens)

o.V. (1992): Oxford English Dictionary Computer File: On Compact Disc. [CD-ROM] Oxford English Dictionary (2. Auflage/1992)

E-Mail

Nachname(n), Vorname(n) <E-Mail-Adresse> (Datum): Titel/Subject. [E-Mail] Persönliches E-Mail an *Vorname Nachname* <E-Mail-Adresse> (Datum des Versendens)

Smith, John <xxx.xxx@xxx.xx> (2008): Information on Forth Bridge history. [E-Mail] Persönliches E-Mail an *Max Musterstudent* <xxx.xxx@xxx.xx> (12.11.2008)

Aussage in einer Fernseh- oder Radiosendung

Nachname(n), Vorname(n) (Jahr): Titel der Sendung. Hinweis auf Medium. Ort und Datum der Ausstrahlung.

Ortner, Christian (2008): ZiB 20. ORF 1, Wien, 12.10.2008

8.2.3. Zitierung von Abbildungen

Abbildungen, Tabellen und Graphiken unterstützen die Aussagekraft von Texten und erleichtern das Textverständnis. Um dies zu erreichen, sind die Abbildungen richtig zu zitieren und ansprechend und verständlich zu gestalten. In diesem Zusammenhang ist es wichtig, dass Abbildungen nie unerklärt oder ohne Textbezug aufscheinen. Die inhaltliche Verbindung zwischen Text und Abbildung muss klar hervorgehen. Dies kann durch Verweise, wie beispielsweise „Wie aus Abbildung 1 ersichtlich, …" oder durch zusätzliche Erläuterungen im Text erfolgen. Bei komplexen Darstellungen empfiehlt sich ein näheres Eingehen auf die wichtigsten Aspekte der Abbildung, sodass der Leser den relevanten Sachverhalt schneller erfassen und nachvollziehen kann.

Darüber hinaus müssen Abbildungen im Sinne der wissenschaftlichen Nachvollzieh-barkeit immer mit einer Titelbezeichnung und ggf. mit dem Quellenbeleg versehen wer-den. Diese Angaben können, sofern es keine Vorgaben gibt, grundsätzlich ober- oder un-terhalb der Abbildung platziert werden. Da Abbildungen den Text bildlich ergänzen und erklärend wirken sollen, sind sie gut aufzubereiten. Das bedeutet, dass Achsen oder Spalten eindeutig zu beschriften sind und im Bedarfsfall eine Legende anzuführen ist.

Bei der Quellenzitierung von Abbildungen kommt es oftmals auf Grund der Eigen-leistung zu Unklarheiten. Prinzipiell sind drei Arten der Quellenzitierung von Abbildun-gen zu unterscheiden. Bei der originalgetreuen Übernahme der Abbildung wird der Kurzbeleg in Form des direkten Zitates angeführt. Wird eine Abbildung aus der Quelle mit Änderungen übernommen oder wird eine eigene Abbildung auf Basis fremden Da-tenmaterials erstellt, wird in der Quellenangabe der Zusatz „In Anlehnung an" oder vgl. angeführt. Die modifizierte Übernahme von Abbildungen entspricht einer indirekten Zitierung. Erstellt der Autor eine Abbildung auf Basis selbst erhobener Daten, visuali-siert er ein eigenes Konzept oder einen selbst erdachten Ablauf, bringt er damit seine selbständige Leistung zum Ausdruck. Beim Quellennachweis bei der Abbildung steht daher „Eigene Darstellung". Auf das Copyright-Zeichen ist zu verzichten. Diese Form der Erstellung von Abbildungen ist in Hinblick auf den wertschöpferischen Eigenanteil am höchsten einzustufen (vgl. *Ebster/Stalzer* 2003, S. 112).

8.2.4. Zitierung von Internetquellen

Das Internet hat sich auf Grund vieler Vorteile zu einem wichtigen Recherche- und Pu-blikationsmedium entwickelt. Trotz dieser Vorteile treten vor allem bei der Recherche und der Zitierung von Internetquellen einige Probleme auf, die vorab zu bedenken sind. Einerseits es ist möglich, dass der Autor der Internetquelle nicht angegeben ist. Im Sin-ne der wissenschaftlichen Objektivität und Nachvollziehbarkeit empfiehlt es sich, diese Internetquelle nicht zu zitieren und auf andere Literaturquellen auszuweichen. Anderer-seits erschwert mittlerweile die Vielzahl an elektronischen Dokumenten die Suche und Auswahl an geeigneten und wissenschaftlich-angemessenen Literaturquellen. Die Kri-terien von wissenschaftlichen Quellen können hierfür eine gute Hilfestellung bieten und zur ersten Orientierung herangezogen werden.[34] Aus diesen Gründen kann das Internet zwar als Suchmedium eingesetzt werden, die herkömmliche Literatursuche kann durch dadurch jedoch nicht ersetzt werden.

Aus diesen Gründen hat die Verwendung von Internetquellen mit großer Sorgfalt zu erfolgen. Die Zitierfähigkeit der Internetquellen ist vorab unbedingt zu prüfen. Dies be-trifft sowohl die wissenschaftliche Fundierung der Aussagen, die Motivation der Veröf-fentlichung als auch die Aktualität von Inhalten (vgl. *Leopold-Wildburger/Schütze* 2002, S. 117). Internetquellen wie Wissensplattformen, die durch unbekannte Personen betreut werden und oft keine nachvollziehbaren Zitierungen aufweisen, sind wissenschaftlich nicht anerkannt und daher auch nicht zu verwenden.

Im Text werden Internetquellen wie alle anderen Quellen zitiert, im Kurzbeleg mit Nachname des Autors und Erscheinungsjahr. Internetquellen verfügen in der Regel über

---

[34]   Siehe dazu Kapitel 4.2.3.

keine Seitenangabe, daher ist der Zusatz o.S. anzugeben. Weisen elektronische Quellen keinen Autor aus, kann wahlweise der Herausgeber (z.B. Unternehmen oder die Institution) der Webseite zitiert. Nachdem die Inhalte im Internet häufigen Änderungen unterliegen, zeitlich nur beschränkt verfügbar sind oder aufgrund mangelnder Betreuung nicht aktuell gehalten werden, sind alle verwendeten Internetquellen mit Zugriffsdatum zu zitieren und zum Zweck der Nachvollziehbarkeit zu archivieren. Die vollständige Quellenangabe unter Anführung des kompletten Links erfolgt im Literatur- und Quellenverzeichnis.

8.3. Plagiate

Wie bereits dargelegt, liegt der Sinn des Zitierens in der Achtung des geistigen Eigentums anderer. Gerade dieses fremde geistige Eigentum wird oft auf unterschiedliche Weise missachtet und führt zu einem Plagiat.

8.3.1. Definition und Arten von Plagiaten

Grundsätzlich versteht man unter einem Plagiat die Aneignung von fremdem Gedankengut ohne einen Hinweis zu geben, woher dieses stammt. Die Alpen-Adria-Universität Klagenfurt hat Plagiate wie folgt definiert:

„Plagiat ist die unrechtmäßige Aneignung von geistigem Eigentum oder Erkenntnissen anderer und ihre Verwendung zum eigenen Vorteil." (*www.uni-klu.ac.at* 2008)

Prinzipiell kann zwischen verschiedenen Plagiatarten unterschieden werden. Ein Textplagiat liegt vor, wenn eine oder mehrere Textpassage(-n) ohne Quellenangabe wortwörtlich übernommen wird (werden). Am häufigsten liegen Ideenplagiate vor. Dabei werden sinngemäße Zitate nicht als solche ausgewiesen und die betreffende Textstelle erweckt den Anschein, als wäre sie vom Autor selbst verfasst. Weiters werden oft Zitatplagiate begangen, bei denen Sekundärzitate als Primärzitate ausgewiesen werden. Gleichfalls gelten die Übersetzung von Ideen und Textpassagen aus fremdsprachigen Werken ohne Quellenangabe sowie die Übernahme von Metaphern, Idiomen oder eleganten sprachlichen Schöpfungen ohne Quellenangabe als Plagiate (vgl. *www.wu.ac.at/* 2008).

8.3.2. Konsequenzen von Plagiaten

Obwohl oft als banal angesehen, ist das Plagiieren kein Kavaliersdelikt. Plagiieren verstößt nicht nur gegen die Ethik und die Kriterien des wissenschaftlichen Arbeitens, sondern hat auch weitreichende rechtliche Folgen.

Aus juristischer Sicht stellt ein Plagiat einen Verstoß gegen das Urheberrecht und das Hochschulrecht dar. Auf Grund des Urheberrechtes können privatrechtliche Unterlassungs- und Beseitigungsansprüche geltend gemacht sowie Forderungen auf Schadenersatz erhoben werden. Die Rechtsansprüche müssen in diesem Fall durch den Urheber angestrebt werden. Der Plagiatsschutz auf Basis des Hochschulrechts zielt darauf ab, die Eigenständigkeit der wissenschaftlichen Arbeit und die Anwendung von wissenschaftlichen Techniken zu gewährleisten (vgl. *Putzer* 2007).

Die Konsequenzen eines Verstoßes gegen den hochschulrechtlichen Plagiatsschutz sind sehr unterschiedlich und hängen vom Ausmaß des Verstoßes ab. Die Konsequen-

zen reichen von der Herabsetzung der Note über die Beurteilung mit „Nicht genügend"
bis hin zum Ausschluss vom Studium oder der Aberkennung des durch ein Plagiat er-
schlichenen akademischen Titels.

Zur Auffindung von Plagiaten setzen Universitäten und Hochschulen unterschiedliche Softwarelösungen ein. Dabei wird die Arbeit mit elektronisch vorhandenen Dokumenten verglichen. Handelt es sich nicht um elektronisch vorhandene Dokumente, kann
ein Plagiat auch am Textfluss oder an plötzlich auffällig gut formulierten Textpassagen
erkannt werden.

8.4. Formale Gestaltung

Nicht nur der Inhalt und die Sprache orientieren sich an einem wissenschaftlichen
Anspruchsniveau, sondern auch die Beachtung der Formvorschriften hat Einfluss auf
die Gesamtqualität und den Eindruck einer Arbeit (vgl. *Karmasin/Ribing* 2006, S. 38 f.).

8.4.1. Gestaltung mit textverarbeitenden Programmen

Die schnelle Entwicklung und Verbreitung von textverarbeitenden Programmen hat die
formale Gestaltung von wissenschaftlichen Arbeiten in den letzten Jahren wesentlich
vereinfacht. Die nachfolgenden Gestaltungshinweise beziehen sich auf das am weitesten
verbreitete Textverarbeitungsprogramm Microsoft Word 2007, wobei bei anderen Soft-
wareanwendungen die erforderlichen Schritte und Funktionen meistens analog anwend-
bar sind.

8.4.2. Layout

An vielen Hochschulen gibt es einheitliche Formrichtlinien für Bachelor- und Masterarbeiten. Die nachfolgend genannten Gestaltungshinweise sind daher als mögliche Richt-
linie zu verstehen. In diesem Zusammenhang ist es wichtig zu erwähnen, dass ein einmal gewähltes Layout durchgehend beibehalten werden sollte.

8.4.2.1. Seitenränder, Schriftart, Schriftgröße, Zeilenabstand und Seitennummerierung

Die Lesbarkeit einer wissenschaftlichen Arbeit wird durch den gewählten Satzspiegel
beeinflusst. Als Seitenformat von wissenschaftlichen Arbeiten ist DIN A4 Hochformat
einseitig üblich. Als Seitenrandformate haben sich links 3–4 cm, rechts 2–3 cm und
oben/unten 2–3 cm bewährt. Bei gebundenen Arbeiten werden die Seitenränder meistens noch glatt beschnitten, deshalb sollte bei der Breite der Seitenränder ein Schnittver-
lust einkalkuliert werden.

> Microsoft Word 2007:   Registerkarte Seitenlayout > Gruppe Seite einrichten

Üblicherweise gelangen zur leserfreundlichen Gestaltung des Schriftbildes Proportio-
nalschriften mit Serifen zur Anwendung. Für wissenschaftliche Arbeiten wird normalerweise die Schriftart Times New Roman in Schriftgröße 12 pt im Schriftsatz Blocksatz
empfohlen. Um einen unschönen Schriftsatz durch zu große Zwischenräume bei der Anwendung von Blocksatz vermeiden zu können, sind Worttrennungen durchzuführen.

Microsoft Word 2007: Registerkarte Start > Gruppe Schriftart

Microsoft Word 2007: Registerkarte Start > Gruppe Absatz

Microsoft Word 2007: Registerkarte Seitenlayout > Gruppe Seite einrichten > Silbentrennung

Der Zeilenabstand ist eineinhalbfach (1,5). Um die inhaltliche Trennung von Argumenten übersichtlich darzustellen, sind Absätze einzufügen. Dies kann entweder durch eine Leerzeile oder durch die Einrückung der ersten Zeile des nachfolgenden Absatzes erfolgen. Hierbei empfiehlt es sich, in der Formatvorlage bei der Formatierung für den Standardtext 6 pt „vor Absatz" einzustellen. Die Seitennummerierung ist ein wesentliches Orientierungselement und erfolgt meistens in der Fußzeile mittig oder rechtsbündig.

Zur grafischen Unterstützung der Gliederung einer wissenschaftlichen Arbeit können Kopf- und Fußzeilen mit der Seitennummer, der Kapitel- oder Abschnittsüberschrift, evtl. auch dem Autor des Kapitels oder dem Titel der Arbeit versehen werden.

Microsoft Word 2007: Registerkarte Einfügen > Gruppe Kopf- und Fußzeile

Microsoft Word 2007: Registerkarte Einfügen > Gruppe Kopf- und Fußzeile > Seitenzahl

Tipp

Wenn man zum ersten Mal vor der Aufgabe steht, eine wissenschaftliche Arbeit selbst zu gestalten, ist es ratsam, in der Bibliothek gute Beispiele als Grundlage heranzuziehen. Beim Vergleich mehrerer Arbeiten findet man sehr schnell heraus, welche Formatierungen die sachliche und übersichtliche Präsentation der Arbeit entsprechend unterstützen.

8.4.2.2. Überschriften

Überschriften geben durch ihre Formatierung die im Inhaltsverzeichnis dargestellte Gliederung auf den verschiedenen Gliederungsebenen wieder. Überschriften werden durch einen deutlichen Abstand vom vorgehenden und nachfolgenden Text getrennt, wobei zu beachten ist, dass eine Seite niemals mit einer Überschrift enden und ein neues Kapitel immer auf einer neuen Seite beginnen sollte. Darüber hinaus empfiehlt es sich, die Überschriften linksbündig zu formatieren.

Tipp

Erste Gliederungsebene Schriftgröße: 14–16 pt, fett
Zweite Gliederungsebene Schriftgröße: 12–14 pt, fett
Ab der dritten Gliederungsebene Schriftgröße: 12 pt

8.4.2.3. Seiten- und Abschnittsumbruch

Ein wesentlicher Schritt zu einem korrekten Layout ist der Seiten- und Abschnittsumbruch. Aus Gründen der Rationalität sollte dieser Arbeitsschritt erst zum Ende der

Arbeiten nach Fertigstellung und Korrektur sämtlicher Textpassagen durchgeführt werden.

Grundlegende Gestaltungsregeln dafür sind, dass neue Kapitel immer auf einer neuen Seite beginnen und eine Seite niemals mit einer Überschrift endet. Auch Seiten mit kurzem Text (1–5 Zeilen) sind nach Möglichkeit zu vermeiden.

Einen wesentlichen Einfluss auf den Seitenumbruch und die Lesbarkeit hat der gewählte Schriftsatz. Beim Blocksatz kann dies durch das Setzen von automatischen Worttrennungen wesentlich verbessert werden. Dieser Arbeitsschritt sollte am Ende durchgeführt werden.

Microsoft Word 2007:   Registerkarte Seitenlayout > Gruppe Seite einrichten > Umbrüche >
Seitenumbrüche

Microsoft Word 2007:   Registerkarte Seitenlayout > Gruppe Seite einrichten > Umbrüche >
Abschnittsumbrüche

8.4.2.4. Textkörper

Um die inhaltlichen Zusammenhänge und damit die Struktur des Textes besser zu verdeutlichen, gibt es verschiedene Textgestaltungsmöglichkeiten. Eine einfache Möglichkeit der Textgestaltung ist die Hervorhebung von Begriffen in kursiver, fetter oder unterstrichener Form. Auch Aufzählungs- und Stichpunkte können zum besseren Textverständnis beitragen. Generell gilt, dass mit diesen Gestaltungselementen aus Gründen der Übersichtlichkeit sehr sparsam umzugehen ist. Besonders Aufzählungs- und Stichpunkte sind nur zu verwenden, wenn diese keiner weiteren inhaltlichen Erklärung bedürfen. Unterstreichungen oder Grauhinterlegungen der Schrift sollten auf Grund schlechter Lesbarkeit vermieden werden.

8.4.2.5. Zahlen und Formeln

Die Zahlen 1 bis 12 werden üblicherweise ausgeschrieben. Zahlen größer als 12 werden in Ziffernform dargestellt. Dies gilt nicht für Seiten- und Kapitelangaben, bei Zitaten oder bei der Bezugnahme auf technische Werte und Paragraphen in Rechtsquellen. Auf die korrekte Anwendung von Maßeinheiten nach den geltenden internationalen Standards ist zu achten.

Formeln werden in den Fließtext integriert. Wenn dies bei komplexeren Formeln aufgrund des Textbildes nicht möglich ist, sind Formeln durch eine eingerückte Darstellung deutlich aus dem Schriftbild herauszuheben. In Arbeiten, in welchen eine große Anzahl von Formeln dargestellt wird, sind diese fortlaufend nummeriert und bei Bedarf auch in einem eigenen Formelverzeichnis aufgeführt.

Beispiel

$$(1)\quad Px = \int_{n=1}^{\approx} \frac{\eta^2 - xy}{(3z \cdot \varphi) - \sigma}$$

Microsoft Word 2007:   Registerkarte Einfügen > Gruppe Symbole > Formel

8.4.2.6. Fußnoten

Anmerkungen, welche den Lesefluss stören und keinen wesentlichen Bestandteil der Argumentation darstellen, können in Fußnoten ausgelagert werden. Gleiches gilt für Hinweise auf weiterführende Literatur sowie bei entsprechender Zitierung für Zitate. Hinweise auf die Fußnote an der entsprechenden Stelle im Text werden durch eine hochgestellte Ziffer gekennzeichnet. Der Fußnotentext (Schriftgröße: 9–10 pt) beginnt stets mit einem Großbuchstaben und endet mit einem Satzzeichen und wird am jeweiligen Seitenende durch einen dünnen Strich getrennt angezeigt. Üblicherweise werden sämtliche Fußnoten über den gesamten Text fortlaufend durchnummeriert.

Microsoft Word 2007:   Registerkarte Verweise > Gruppe Fußnoten

8.4.2.7. Gestaltung von Abbildungen und Tabellen

Abbildungen und Tabellen stellen Informationen in verdichteter Form als Ergänzung zum Text bereit und steigern somit die Verständlichkeit der verbalen Beschreibung. Prinzipiell sollten Abbildungen übersichtlich und anschaulich gestaltet sein und sich auf die zentrale Aussage konzentrieren. Wesentlich bei der Gestaltung von Abbildungen ist die genaue Beschriftung der Achsen und Abbildungsköpfe. Die Schriftgröße für Abbildungen sollte nicht kleiner als 8–9 pt sein. Darüber hinaus empfiehlt es sich, die Abbildung zu zentrieren und mit einem Rahmen zu versehen.

Microsoft Word 2007:   Registerkarte Verweise > Gruppe Beschriftungen > Beschriftung einfügen

8.4.2.8. Rechtschreibung und Grammatik

Auch für wissenschaftliche Arbeiten gilt, dass sie grundsätzlich nach der neuen deutschen Rechtschreibung zu verfassen sind. Microsoft Word bietet eine automatische Rechtschreibprüfung als Unterstützung an, wobei man dabei die Grenzen der Zuverlässigkeit stets beachten sollte.

Microsoft Word 2007:   Registerkarte Überprüfen > Gruppe Dokumentprüfung >
                        Rechtschreibung und Grammatik

8.4.2.9. Arbeit mit Format- und Dokumentvorlagen

Die Verwendung von Formatvorlagen ermöglicht es, beschriebene Formatanweisungen wie z.B. Schriftart, Schriftgröße oder Zeilenabstand für verschiedene Bereiche des Textes zuzuweisen. In diesem Fall spricht man auch von indirekter Textformatierung (vgl. *Sesink* 2007, S. 162 f.). Eine Dokumentvorlage ist demnach ein Satz mehrerer zusammenhängender Formatvorlagen.

Gebräuchliche Formatvorlagen sind
<Überschrift1>, <Überschrift2>, <...> für die Überschriften auf den verschiedenen
    Gliederungsebenen
<Standard> für den Fließtext
<Fußnotentext>
<Beschriftung> für die Beschriftung von Abbildungen und Tabellen

Durch den Einsatz von Formatvorlagen lässt sich viel Zeit einsparen und die Möglichkeit einer einfachen nachträglichen Umgestaltung des gesamten Manuskriptes sowie des Verschiebens ganzer Textpassagen bleibt bestehen. Änderungen des Layouts können auf diesem Weg in einem Arbeitsschritt auf das gesamte Dokument angewendet werden.

Tipp

Es empfiehlt sich, eine Formatvorlage für wissenschaftliche Arbeiten fix zu definieren und diese dann für alle weiteren zu verwenden.

Microsoft Word 2007:   Registerkarte Start > Gruppe Formatvorlagen

8.4.3. Datensicherung

Es gibt verschiedene Ursachen für den Verlust oder die Beschädigung von Daten und Dateien. Um nervenschonend zu arbeiten und unnötigen Stress in zeitkritischen Phasen zu vermeiden, sollten in regelmäßigen Abständen Sicherungskopien auf verschiedenen externen Speichermedien und an verschiedenen Orten angelegt werden.

8.4.4. Endfertigung und Abgabe einer wissenschaftlichen Arbeit

Fixer Bestandteil des wissenschaftlichen Arbeitens ist die Veröffentlichung oder Einreichung zur Begutachtung. Die Art der Endfertigung ist daher abhängig vom jeweiligen Veröffentlichungsmedium und dem entsprechenden Anspruchsniveau.

An Hochschulen ist es üblich, die verschiedenen wissenschaftlichen Arbeiten gebunden und in mehrfacher Ausfertigung zur Begutachtung und Benotung einzureichen. Bei Seminar- und Bachelorarbeiten reicht zumeist eine einfache und kostengünstige Spiralbindung.

Demgegenüber werden Diplomarbeiten meistens durch Aufnahme in den Bibliotheksbestand öffentlich zugänglich gemacht, daher ist eine Buchbindung üblich. Ergänzend dazu wird oft die Abgabe einer elektronischen Volltextversion (Format PDF) eingefordert.

Tipp

Um sich nachträglichen Ärger durch vermeidbare Fehler zu ersparen, sollten vor dem Ausdruck der Arbeit und dem Weg in den Copy-Shop oder zum Buchbinder nochmals folgende Aspekte kontrolliert werden:

- Layout, Seitenumbruch und Silbentrennung
- Tippfehler und Rechtschreibung
- automatische Nummerierung von Überschriften und Abbildungen
- Aktualität der automatischen Verzeichnisse

Eine Endkontrolle sollte auf jeden Fall auch am Ausdruck erfolgen, da sich hier meist mehr Fehler als am Bildschirm finden.

Weiterführende und zitierte Literatur

Ascheron, Klaus (2007): Die Kunst des wissenschaftlichen Präsentierens und Publizierens. Ein Praxisleitfaden für junge Wissenschaftler, Spektrum Akademischer Verlag, Heidelberg.

Balzert, Helmut/Schäfer, Christian/Schröder, Marion/Kern, Uwe (2008): Wissenschaftliches Arbeiten – Wissenschaft, Quellen, Artefakte, Organisation, Präsentation, Herdecke/Witten.

Brauner, Detlef Jürgen/Vollmer Hans-Ulrich (2007): Erfolgreiches wissenschaftliches Arbeiten, 3. Auflage, Sternenfels.

Bänsch, Axel (1999): Wissenschaftliches Arbeiten, 7. Auflage, München/Wien.

Ebster, Claus/Stalzer, Lieselotte (2003): Wissenschaftliches Arbeiten für Wirtschafts- und Sozialwissenschaftler. 2. überarbeitete Auflage, Wien.

Höge, Holger (2006): Schriftliche Arbeiten in Studium und Beruf. Ein Leitfaden, 3. Auflage, Stuttgart.

Karmasin, Matthias/Ribing, Rainer (2006): Die Gestaltung wissenschaftlicher Arbeiten, Wien.

Karmasin, Matthias/Ribing, Rainer (2002): Die Gestaltung wissenschaftlicher Arbeiten, 3. Auflage, Wien.

Leopold-Wildburger, Ulrike/Schütze, Jörg (2002): Verfassen und Vortragen, Berlin/Heidelberg.

Putzer, Alexander (2007): Hochschulrecht: Schlecht zitiert ist nicht stets gleich plagiiert, aber wo liegen die Grenzen [WWW] In: www.diepresse.com, http://diepresse.com/home/recht/rechtallgemein/313092/index.do [16.01.2009], (26.06.2007).

Redman, Peter (2002): Good Essay Writing. Second, reprinted edition, London/Thousand Oaks/New Delhi.

Rössig, Wolfram/Prätsch, Joachim (2006): Wissenschaftliche Arbeiten, 6. Auflage, Weyhe.

Rößl, Dietmar (2008): Hinweise zur formalen Gestaltung. In: Rößl, Dietmar (2008, Hrsg.): Die Diplomarbeit in der Betriebswirtschaftslehre, 4. Auflage, Wien, 138–174.

Rößl, Dietmar (2008): Die Diplomarbeit in der Betriebswirtschaftslehre – Ein Leitfaden, 4. Auflage, Wien.

Sesink, Werner (2007): Einführung in das wissenschaftliche Arbeiten. 7. Auflage, München.

Stickel-Wolf, Christine/Wolf, Joachim (2002): Wissenschaftliches Arbeiten und Lerntechniken, 2. Auflage, Wiesbaden.

www.uni-klu.ac.at 2008: Alpen-Adria-Universität Klagenfurt, http://www.uni-klu.ac.at/main/inhalt/843.htm [16.01.2009]

www.wu-wien.ac.at 2008: Wirtschaftsuniversität Wien, http://www.wu-wien.ac.at/lehre/support/schreiben_zitieren/plagiate [16.01.2009]

9. Kapitel: Tipps und Tricks zur Erstellung und Veröffentlichung von wissenschaftlichen Arbeiten

Erwin Graf, Claudia Hienerth, Anna Humenberger, Carina Pusemann

Lernziele

- Sie kennen die möglichen Probleme und Herausforderungen, die bei der Erstellung einer wissenschaftlichen Arbeit auftreten und sind in der Lage, Gegenmaßnahmen zu setzen.

- Sie kennen Möglichkeiten zur Veröffentlichung einer wissenschaftlichen Arbeit und können diese zur Publikation Ihrer Arbeit heranziehen.

9. Tipps und Tricks zur Erstellung und Veröffentlichung von wissenschaftlichen Arbeiten

Die Erstellung einer wissenschaftlichen Arbeit wird von vielen Rahmenbedingungen und persönlichen Vorlieben beeinflusst. Im folgenden Kapitel werden zur Frage der zeitlichen Planung, der Arbeitsumgebung, der Zusammenarbeit mit dem Betreuer, dem Umgang mit Feedback sowie der abschließenden Veröffentlichung zahlreiche Tipps gegeben.

9.1. Zeitmanagement

Die Erstellung einer wissenschaftlichen Arbeit setzt ein gutes Zeitmanagement voraus. Beim Zeitmanagement kann von zwei verschiedenen Ebenen ausgegangen werden. Die strategische Ebene umfasst den gesamten Zeitraum von den ersten Ideen der wissenschaftlichen Arbeit bis hin zu deren Abschluss. Die operative Ebene geht von kleineren Zeiteinheiten wie Tagen und Stunden aus und dient der Ausführung und Umsetzung einzelner Kapitel und Abschnitte.

Ausgehend von einem vorgegebenen Termin, an dem die wissenschaftliche Arbeit abgegeben werden muss, gilt es die Arbeitspakete und Projektphasen zu planen. Für eine wissenschaftliche Arbeit bedeutet dies zunächst die Formulierung und Abgrenzung des Themas, die Planung des Forschungsdesigns, die Literaturrecherche, die Formulierung der theoretischen Bezugstexte, die Realisierung und Auswertung der Empirie sowie die Durchführung der formalen Abschlussarbeiten.

Für die strategische Zeitplanung von wissenschaftlichen Arbeiten können Balkenplänen eingesetzt werden. Jedes Arbeitspaket wird durch einen Balken dargestellt. Der Balkenplan kann auf Papier oder mittels eines Kalkulationsprogramms gestaltet werden (wie in Abbildung 42 zu sehen). Bei komplexeren Forschungsprojekten kann mit Hilfe von Projektmanagement-Software die strategische Zeitplanung erfolgen.

Abbildung 42: Balkenplan zur Zeitplanung einer wissenschaftlichen Arbeit

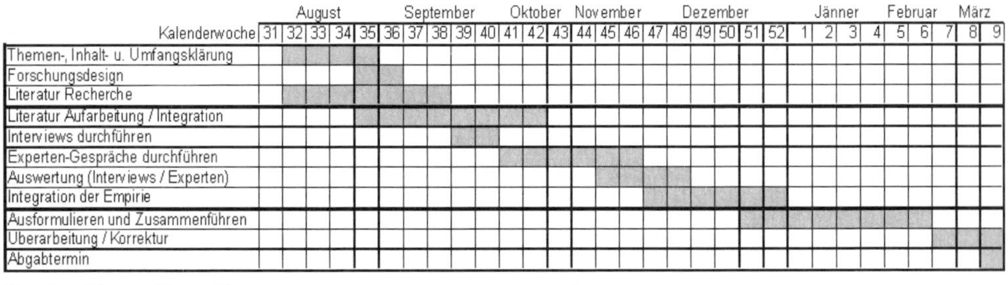

Quelle: Eigene Darstellung

Ein **Balkenplan** ist aufgrund seiner einfachen Erstellbarkeit das praktisch am weitesten verbreitete grafische Hilfsmittel für die Planung von Aufgaben in Zeitabläufen und eines der ältesten Terminplanungsinstrumente. Durch die Schätzung des zu erwartenden Zeitaufwands für einzelne **Arbeitspakete** können die Vorgänge als Balken auf einer Zeitachse aufgetragen und deren Bearbeitungsbeginn und -ende genauer definiert werden.

Der Fortschritt der Bearbeitung eines Pakets kann somit auf der Zeitachse beobachtet werden. Wichtige Meilensteine können ebenfalls eingetragen werden, wodurch die Verknüpfung einzelner Vorgänge sichtbar wird.

Abbildung 43 zeigt das *Beispiel* eines Balkenplans für die Erstellung einer Bachelorarbeit.

Abbildung 43: Balkendiagramm

Nr.	Vorgangsname	Dauer	Anfang	Ende
1	Literatursuche	10 Tage	Mi 01.04.09	Di 14.04.09
2	Literatursichtung	14 Tage	Mo 06.04.09	Do 23.04.09
3	Analyse der Relevanz	11 Tage	Do 09.04.09	Do 23.04.09
4	Strukturierung der Daten	14 Tage	Mo 13.04.09	Do 30.04.09
5	Erarbeitung der Grobstruktur	3 Tage	Mi 15.04.09	Fr 17.04.09
6	Ausarbeitung der Rohfassung	8 Tage	Mo 20.04.09	Mi 29.04.09
7	Besprechung mit dem Betreuer	0 Tage	Do 30.04.09	Do 30.04.09
8	Fertigstellung der Disposition	2 Tage	Fr 01.05.09	Mo 04.05.09
9	Erarbeitung Kapitel 1	8 Tage	Di 05.05.09	Do 14.05.09
10	Erarbeitung Kapitel 2	14 Tage	Fr 15.05.09	Mi 03.06.09
11	Erarbeitung Kapitel 3	11 Tage	Do 04.06.09	Do 18.06.09
12	Fehlerkorrektur	1 Tag	Fr 19.06.09	Fr 19.06.09
13	Erstellung des Literaturverzeichnis	2 Tage	Mo 22.06.09	Di 23.06.09
14	Abgabe der Rohfassung	0 Tage	Mi 24.06.09	Mi 24.06.09
15	Besprechung mit dem Betreuer	1 Tag	Di 30.06.09	Di 30.06.09
16	Überarbeitung der Rohfassung	5 Tage	Mi 01.07.09	Di 07.07.09
17	Implementierung der Vorschläge des Betreue	5 Tage	Mi 01.07.09	Di 07.07.09
18	Druck der Arbeit	1 Tag	Mi 08.07.09	Mi 08.07.09
19	Binden	1 Tag	Mi 08.07.09	Mi 08.07.09
20	Abgabe	0 Tage	Mo 13.07.09	Mo 13.07.09

Quelle: Eigene Darstellung

In der Phase der Bearbeitung ist ein laufender Check des Arbeitsfortschritts und der Einhaltung der selbst gesetzten Termine sinnvoll und wichtig, um die geplante Qualität der Arbeit in allen Teilen der Arbeit einzuhalten.

Bei der Leistungskontrolle werden die Leistungen der einzelnen Aufgaben zwecks rechtzeitigem Erkennen von Abweichungen und zeitlichen Engpässen kontrolliert, was anhand eines Stichtags oder Meilensteins erfolgen kann (vgl. *Jung* 2002, S. 637).

Wenn die strategische Planung abgeschlossen ist, gilt es zu klären, wie viel Stunden pro Woche und Tag für die Beschäftigung mit einer bestimmten Arbeit zur Verfügung stehen. Bei dieser Planung sind Zeiten für andere Tätigkeiten (persönliche Schlafzeiten, die Zeiten für Vorlesungen und Arbeit, eventuelle Fahrtzeiten, sonstige Notwendigkeiten) zu berücksichtigen und das jeweilige Tagespensum festzulegen. Keinesfalls sollten mehr als 50 Prozent des Tages verplant werden. Vielmehr gilt es zeitliche Reserven für unerwartete Aufgaben und Probleme zu reservieren (vgl. *Seiwert* 2006, S. 89).

Tipp

Als Autor einer wissenschaftlichen Arbeit hat man die institutionellen Fristen der Hochschule und die zeitlichen Vorgaben des Betreuers bei der Planung zu berücksichtigen. Es empfiehlt sich vorab entsprechende Meilensteine (Abgabe des fertigen Konzeptes inkl. Forschungsdesign, Übermittlung von fertigen Kapiteln, Übergabe einer fertigen Rohfassung usw.) mit dem Betreuer festzulegen. Darüber hinaus ist z.B. die zeitliche Verfügbarkeit von Interviewpartnern in die Planung einzubeziehen.

Darüber hinaus bestimmt der persönliche Zeittyp wesentlich die erfolgreiche Erarbeitung der wissenschaftlichen Arbeit. Dazu ist es erforderlich, den eigenen Zeittyp zu kennen. Diese Selbsterkenntnis kann durchaus auch auf die strategische Zeitplanung übertragen werden. Denn hier lassen sich Studierende beobachten, welche es nicht erwarten können, ihre wissenschaftliche Arbeit voranzutreiben, während andere wichtige Termine verstreichen lassen. Da mögen triftige Gründe durchaus ihre Geltung besitzen, in den meisten Fällen steckt jedoch systematische (‚typenhafte‘) Bewältigung von Aufgaben dahinter. Hier gilt es von Anfang an diszipliniert zu arbeiten, sich der eigenen Eigenschaften bewusst zu sein und schließlich angemessen damit umzugehen.

9.2. Umgang mit zeitlichen Problemen

Zunächst ist es wichtig, sich der Ursachen für die zeitlichen Probleme bewusst zu werden, um danach die geeigneten Maßnahmen abzuleiten. Es kann sich beispielsweise herausstellen, dass die geplante Zeit für einzelne Arbeitsabschnitte über die ursprünglich geplante Zeit hinausreicht, die Zeit nicht entsprechend genutzt wurde oder zu wenig Augenmerk auf die Zeitplanung gelegt wurde. Somit wird deutlich, dass eine andere Herangehensweise notwendig wird, um die verlorene Zeit aufzuholen.

Die Anwendung der ABC-Analyse zur Feststellung der Wertigkeit von Aufgaben bietet einen guten Ansatzpunkt. Hierbei stellen sich die Fragen, welche Aufgaben zu erledigen sind und welchen Stellenwert diese in Bezug auf die wissenschaftliche Arbeit haben. Man unterteilt die Aufgaben dazu in A-Aufgaben (Muss-Aufgabe), B-Aufgaben (Soll-Aufgaben) und C-Aufgaben (Aufgaben von geringer Bedeutung). Dabei dürfen private Aufgaben nicht ausgeklammert werden, denn oft haben diese einen gleichwertigen Muss-Stellenwert. Das Ziel der ABC-Analyse ist, eine Fokussierung auf die A-Aufgaben zu erreichen und Zeitfallen zu erfassen.

Eine weitere Möglichkeit ist die Klassifizierung der zu erledigenden Aufgaben nach einer „Dringlichkeits-Wichtigkeits-Matrix". Dabei ist zu beachten, dass eine Klärung hinsichtlich der Begrifflichkeiten notwendig ist.

Abbildung 44: Dringlichkeits-Wichtigkeits-Matrix

	nicht dringend	dringend
wichtig	durchaus einen gewissen Raum für Planung zulassen, jedoch hintanstellen; (Quadrant der Qualität)	volle Konzentration auf diese Kategorie; (Quadrant der Notwendigkeit)
nicht wichtig	absagen, auf einen späteren Zeitpunkt verschieben; (Quadrant der Verschwendung)	möglichst zügige Erledigung ist hier erforderlich; (Quadrant der Täuschung)

Quelle: In Anlehnung an *Covey* 2007, S. 36 f.

9.3. Gestaltung des Arbeitsortes und des Arbeitsplatzes

Die optimale Gestaltung des Arbeitsortes und des Arbeitsplatzes ist eine wichtige Voraussetzung, um ein ungestörtes, effektives und effizientes Arbeiten zu ermöglichen. Dabei sollte der Autor einer wissenschaftlichen Arbeit seine eigenen Präferenzen in den Vordergrund stellen. So unterschiedlich wie die Schreibstile sind auch die Anforderungen an die Umgebung, die zum Schreiben gebraucht wird. Grundvoraussetzung für konsequentes Arbeiten ist, dass der Arbeitsort und Arbeitsplatz rechtzeitig gewählt wurden, um nicht während des Schreibens Gedanken daran verlieren zu müssen, wo der optimale Ort ist. Egal welche Präferenzen der Schreibende hat, sollte der Arbeitsplatz ein störungsfreies Arbeiten über einen längeren Zeitraum ermöglichen (vgl. *Brauner* 2007, S. 42; *Leopold-Wildburger* 2001, S. 12).

Der Arbeitsort ist von persönlichen Vorlieben abhängig. Manche Autoren brauchen die ruhige und konzentrationsfördernde Umgebung einer Bibliothek. Darüber hinaus ermöglicht die zur Verfügung stehende Literatur ein effizientes Arbeiten. Die eingeschränkten Öffnungszeiten, die Anreise sowie die Mitnahme weiterer Arbeitsmaterialien können als nachteilig betrachtet werden. Viele Schreibende brauchen einen fixen Arbeitsplatz, an dem Unterlagen liegengelassen werden können, um sich nach einer Unterbrechung schnell wieder in die Thematik einzufinden. Dies ist in einer Bibliothek nicht möglich, da der Arbeitsplatz ständig wechselt und die Arbeitsunterlagen täglich weggeräumt werden müssen.

Die eigene Wohnung oder das eigene Zimmer sind als Arbeitsort auf Grund der zeitlichen Flexibilität sehr beliebt. Der größte Nachteil am Arbeiten zu Hause ist, dass sämtliche benötigte Literatur in der Bibliothek ausgeborgt oder kopiert werden muss. Dies kann besonders zeit- und kostenaufwändig werden. Besonderes Augenmerk sollte auf die Störfaktoren in der eigenen Wohnung gelegt werden. Lärmende Nachbarn oder Mitbewohner, Baustellen oder Straßenlärm beeinflussen die Konzentration. Neben diesen Einflussfaktoren existieren in der eigenen Wohnung noch eine Vielzahl anderer Ablenkungsmöglichkeiten (wie Fernsehgerät, Internet etc.) (vgl. *Brauner* 2007, S. 42).

Die Anforderungen an den Arbeitsplatz sind ebenso wie der Arbeitsort personenabhängig. Einige Faktoren sollten jedoch zwingend erfüllt sein. Wenn die eigene Wohnung als Arbeitsort gewählt wird, muss sichergestellt sein, dass der Arbeitsbereich vom Wohnbereich getrennt werden kann, um Ablenkungsquellen zu minimieren. Der gewählte Arbeitsplatz sollte in jedem Fall ausschließlich von der Person benutzt werden, welche die Arbeit verfasst, damit die bewusst gewählte Strukturierung des Arbeitsplatzes über die Zeit des Verfassens der Arbeit beibehalten werden kann.

Beachtenswert sind auch die Lichtverhältnisse. Diese müssen ein augenschonendes Arbeiten ermöglichen. Bei Sonnenlicht muss der Arbeitsplatz so angeordnet sein, dass etwaige Blendungen nicht vorkommen. Bei Kunstlicht sollte eine gewisse Leuchtwirkung gegeben sein, um einer vorzeitigen Ermüdung vorzubeugen.

Eine ausreichende Belüftung des Arbeitsplatzes muss gesichert sein, um eine angenehme Arbeitsatmosphäre zu schaffen. Ein offenes oder geschlossenes Fenster kann Vor- und Nachteile haben, weshalb der Schreibende selbst seine Präferenz herausfinden muss.

Der Arbeitsplatz muss ausreichend Platz bieten. Dies bezieht sich nicht nur auf die Arbeitsfläche des Tisches, sondern auch auf die Regale und Schränke, in denen die Arbeitsmaterialien und die Literatur aufbewahrt werden. Diese Ablageflächen sollten nahe dem Arbeitsplatz sein, um die Utensilien griffbereit zu haben (vgl. *Brauner* 2007, S. 4 f.; *Leopold-Wildburger* 2001, S. 12).

Die Ausstattung des Arbeitsplatzes ist sehr wichtig für die Schreibarbeit. Verschiedene Utensilien sind unumgänglich. Ohne einen Computer ist wissenschaftliches Arbeiten heute kaum mehr möglich. Ob dabei ein Standcomputer oder Laptop zur Anwendung kommt, liegt wieder im Ermessen des Autors. Standgeräte haben den Vorteil, dass das Arbeiten im Gegensatz zum Laptop, aufgrund der ergonomischeren Tastatur und Maus, angenehmer ist. Der Bildschirm sollte möglichst groß gewählt werden, weil dies für Augen und Konzentration besser ist als das Display eines tragbaren Gerätes. Moderne Bildschirme bieten verschiedene Einstellmöglichkeiten, wodurch ein ermüdungsfreies Schreiben gewährleistet wird. Laptops haben wiederum den Vorteil, dass sie flexibel eingesetzt werden können. Vielfach ist die Verwendung von zwei Bildschirmen sinnvoll. Auf dem einen Bildschirm können Quellen gelesen werden, während auf dem anderen geschrieben werden kann (vgl. *Brauner* 2007, S. 43 f.).

Auch beim Mobiliar ist einiges zu beachten. Der Schreibtisch sollte nicht zu klein sein und ein ermüdungsfreies Schreiben ermöglichen. Doch nicht nur die Abmessungen sind zu beachten, auch der Fußraum sollte frei und nicht durch Stützen eingeschränkt oder durch abgestellte Materialien beengt sein. Der Stuhl sollte höhenverstellbar sein. Die Fußsohlen sollen am Boden flach aufgestellt und die Unterarme im rechten Winkel auf der Tischplatte abgestützt werden können. Um optimal zu sitzen, empfiehlt sich eine dynamische Rückenlehne (vgl. *Sesink* 2007, S. 100).

Neben dieser Grundausstattung obliegt es dem Schreibenden, weitere Hilfsmittel einzusetzen. Flip Charts und White Boards helfen den Überblick zu behalten. Um zu strukturieren, können verschiedene Themen einzeln auf Haftnotizen geschrieben werden.

9.4. Umgang mit dem Betreuer

9.4.1. Wahl des Betreuers

Im Regelfall wird die Erstellung der Arbeit von einem Betreuer begleitet. Studierende und Betreuer können an die Zusammenarbeit jedoch sehr unterschiedliche Erwartungen legen. Weiters stellt der Erstellungsprozess für den Studierenden oft nicht nur eine Weiterentwicklung und Vertiefung im Fachlichen dar, sondern er geht auch mit einem persönlichen Reifeprozess einher. Während dieser Zeit ist der Betreuer die wichtigste Ansprechperson für die Arbeit (vgl. *Ebster/Stalzer* 2008, S. 23). Aufgrund der intensiven Auseinandersetzung mit einem fokussierten Thema und der geleiteten Zusammenarbeit mit einem Betreuer während einer speziellen Zeit im Studium gehen die Besprechungen manchmal über den eigentlichen Gegenstand hinaus und betreffen auch berufliche oder private Themen. Daher ist es ratsam, sich vor der Wahl des Betreuers über den eigenen Bedarf an einen Betreuer klar zu werden und gemeinsam das Verständnis über die Betreuung abzuklären.

Vorab stellt sich die Frage, ob eine freie Betreuerwahl möglich ist oder ob der Betreuer von der jeweiligen Hochschule zugeteilt wird. Wenn der Betreuer grundsätzlich frei gewählt werden kann, ist abzuklären, aus welchem Kreis die Auswahl getroffen werden kann. Daher ist schon frühzeitig zu prüfen, wer die Betreuung wissenschaftlicher Arbeiten übernehmen darf und ob die gewünschte Person noch Betreuungskapazitäten frei hat.

Weiters beeinflussen die Methoden- und Fachkompetenz die Betreuerauswahl. Die Zusage zur Betreuung fällt einem potentiellen Betreuer im Regelfall leichter, wenn das gewählte Thema auch für ihn von besonderem Interesse ist. Es ist daher für Studierende ratsam, im Vorfeld abzuklären, welche Forschungsschwerpunkte der ins Auge gefasste Betreuer hat und welche Themen schon bisher betreut wurden. Auch die Art und Weise der Betreuung kann an den verschiedenen Hochschulen oder Instituten stark variieren. Dies kann von einer sehr intensiven formellen Zusammenarbeit über den gesamten Prozess hinweg bis zu einer eher losen Betreuung mit sehr viel Eigenverantwortung und Selbstständigkeit gehen. Der Studierende sollte daher im Vorfeld Informationen über die Betreuungspraxis einholen (vgl. *Brink* 2005, S. 131).

Für eine solide Zusammenarbeit mit dem Betreuer und eine erfolgreiche Erstellung der wissenschaftlichen Arbeit ist eine gute Kommunikationsbasis sehr förderlich. Ein professioneller Umgang ist dafür die Grundlage.

9.4.2. Funktion des Betreuers

Die Bachelor- oder Diplomarbeit stellt die Befähigung zum wissenschaftlichen Arbeiten dar und hat die Eigenleistung des Studierenden zu sein. Der Betreuer macht oft einen Spagat zwischen seiner eigenen Leistung und der des Studierenden. Es kann nicht die Aufgabe des Betreuers sein, dem Studierenden die Arbeit abzunehmen oder die Arbeit so lange überarbeiten zu lassen, bis aus Sicht des Betreuers das beste Ergebnis erreicht ist (vgl. *Balzert et al* 2008, S. 227). Das mag manchem Studierenden wünschenswert erscheinen, widerspricht jedoch der Qualifikation zum eigenständigen wissenschaftlichen Arbeiten.

Die Rolle des Betreuers liegt in der Anleitung im wissenschaftlichen Arbeiten, in einer Hilfestellung bei Fragen und Problemen, die auch nach Recherche nicht eigenständig gelöst werden können und in einem konstruktiven Feedback (vgl. *Balzert et al* 2008, S. 228). Der Betreuer sollte nur für jene Fragen herangezogen werden, für die der Studierende selbst keine Lösung findet, und nicht, weil es der einfachste Weg ist. Gemeint ist mit Betreuung somit die Hilfe zur Selbsthilfe.

Der Betreuer kann die Rolle des Begutachters der Arbeit einnehmen. Betreuung und Begutachtung müssen nicht durch dieselbe Person erfolgen.

9.4.3. Kommunikation mit dem Betreuer

Die Kommunikation mit dem Betreuer kann persönlich, per E-Mail oder telefonisch erfolgen.

Tipp

Es empfiehlt sich, im Rahmen der ersten Besprechung mit dem Betreuer abzuklären, wie und nach welchem Zeitplan die weitere Kommunikation erfolgen soll, welche Erwartungen an die Zusammenarbeit und die Ansprüche an die Arbeit gestellt werden.

Ein persönlicher Termin ist geeignet, um auf den Studierenden einzugehen und ein umfassendes Feedback zu geben. Hilfreich ist es dabei, dem Betreuer bereits einige Tage vor dem Termin jene Teile der Arbeit sowie Fragen, die Inhalt des Gesprächs sein sollen, zu übermitteln. So fühlt sich der Betreuer nicht überfallen und kann sich vorbereiten. Frühzeitig sind berufliche Verhinderungen oder Urlaube des Betreuers abzuklären, da von seiner permanenten Erreichbarkeit nicht ausgegangen werden kann.

Tipp

- Für persönliche Treffen mit dem Betreuer empfiehlt sich eine umfassende Vorbereitung.
- Die Themenstellung sollte bereits in einem ersten Gliederungsentwurf inklusive Seitenanzahl strukturiert und schriftlich festgehalten sein.
- Ein Termin ist zu vereinbaren.
- Fragen an den Betreuer schriftlich formulieren.
- Auf mögliche Fragen des Betreuers hinsichtlich Vorgehensweise, Gliederung, Problem- und Forschungsfragestellung, Abgrenzungen, Definitionen, Literaturrecherche, Methodik etc. muss man sich vorbereiten.
- Teile der Arbeit und Fragen können je nach Vereinbarung mit dem Betreuer vorab übermittelt werden.
- Die ausgedruckten Unterlagen sollten zu den Terminen mit dem Betreuer mitgenommen werden.

Ein Telefonat eignet sich für kurze, wichtige und zeitkritische Anfragen. Alles was darüber hinaus geht, wird in der Regel persönlich besprochen oder per E-Mail behandelt. Da sich ein Betreuer nicht aussuchen kann, in welcher (un-)passende Situation ihn der Anruf des Studierenden erreicht, sollte vorab genau abgeklärt werden, wann ein **Telefonat** passend ist und ob dies vom Betreuer akzeptiert wird. Die Kommunikation per **E-Mail** erweist sich in der Schreib- und Recherchephase als sehr geeignet und ermöglicht auch eine Betreuung auf Distanz. Die Grundregeln einer höflichen schriftlichen Kommunikation gelten auch für E-Mails. Eine aussagekräftige Betreffzeile, eine korrekte Anrede und Grußformel sowie eine Signatur (Name, Matrikelnummer, Adresse, Telefonnummer) sind ein Zeichen für professionellen Umgang. Für Notfälle sollte der Studierende dem Betreuer eine alternative Kontaktmöglichkeit bekannt geben. Von der Verwendung von Dringlichkeitsstufen im E-Mail wird abgeraten. E-Mails sind schnell erstellt und abgesendet. Nicht immer hat der Betreuer sofort Zugang oder Zeit zum Lesen und Bearbeiten. Deshalb müssen Antwortzeiten von durchaus einer Woche einkalkuliert werden. Bei Dienstreisen, Urlaub oder Krankheit des Betreuers wird sich diese Zeitspanne noch erhöhen. Bei Dateianhängen ist die Dateigröße zu beachten. Dateien mit einer Dateigröße über einem Megabit sollten komprimiert werden. Weiters gilt es das gewünschte Dateiformat (txt, doc, pdf, ...) des Betreuer vorab abzuklären (vgl. *Balzert et al* 2008, S. 232 f.).

9.5. Umgang mit Selbstzweifeln und Demotivation

Die Erarbeitung einer wissenschaftlichen Arbeit ist mit großen Stimmungsschwankungen verbunden. Neben Momenten der Motivation, des Glücksgefühls und des „Über sich Hinauswachsens" begleiten auch Selbstzweifel und Demotivation den Erarbeitungsprozess. Selbstzweifel sind typische Begleiter im Zuge des Schreibens einer wissenschaftlichen Arbeit und können dazu beitragen, dass der Erarbeitungsprozess in einem unvergesslichen Leidensprozess endet. Selbstzweifel treten in unterschiedlicher Intensität auf und hängen wesentlich von den bisherigen Erfahrungen im Umgang mit wissenschaftlichen Arbeiten ab. Im besten Fall äußern sich Selbstzweifel in Gedanken wie „Wo finde ich Literatur?", „Was mache ich als Erstes?", „Die anderen sind schon viel weiter". Im schlimmsten Fall spiegeln sie sich in Gedanken wie „Das schaffe ich nie" oder „Ich bin so dumm", „Wann hat das alles ein Ende?", „Das liest sowieso niemand", „Das hat die Welt nicht gebraucht".

Besonders in der Anfangsphase treten Selbstzweifel auf. In dieser Phase erscheint jede wissenschaftliche Arbeit als unüberbrückbare Hürde. Es ist daher ratsam, sich nicht beirren zu lassen, und daran zu denken, dass auch andere diese Hürde genommen haben. Darüber hinaus sollten Selbstzweifel nicht unbedingt als negativ angesehen werden, sondern vielmehr als permanenter unterbewusster Denkmotor, der zur inhaltlichen Auseinandersetzung und zur Selbstreflexion beiträgt.

Die Phasen des Selbstzweifels werden oftmals durch Phasen der Demotivation begleitet oder noch verstärkt. Demotivationsphasen können in unterschiedlicher Zeitlänge auftreten. Untertags helfen kleine Pausen, ein Telefonat mit einer Freundin, joggen, Hausarbeit oder ein Spaziergang, die Demotivation zu überbrücken. Auf keinen Fall sollten diese Phasen jedoch über mehrere Wochen andauern, da man sonst Gefahr läuft, den Faden und die Lust am Arbeiten zu verlieren. In diesem Fall ist es ratsam, sich einen Zeitplan zu erstellen und diesen genau zu befolgen oder sich Schreibgruppen anzuschließen.

Tipp

Durchhalten – Nicht aufgeben – Der Weg ist das Ziel. Denken in kleinen Schritten unterstützt den Erarbeitungsprozess einer wissenschaftlichen Arbeit.

9.6. Umgang mit Feedback

9.6.1. Umgang mit Feedback vom Betreuer

Studierende gehen mit dem Feedback vom Betreuer zu ihrer wissenschaftlichen Arbeit unterschiedlich um. Einige betrachten das Feedback als eine persönliche Kritik. Andere hingegen nehmen das Feedback als Verbesserungs- und Lernchance wahr und nutzen den Erfahrungsschatz und das Wissen des Betreuers. Dieser Zugang ist der richtige und unterstützt dabei, die wissenschaftliche Arbeit schnell und effizient zu erstellen. Um von diesen Feedbackgesprächen mit dem Betreuer bestmöglich zu profitieren, ist eine sorgfältige Gesprächsvorbereitung in Form von gezielten Fragen und eine rechtzeitige (nicht einen Tag vorher!) Übermittlung der erforderlichen Unterlagen in einer ansprechenden und grammatikalisch einwandfreien Form Grundvoraussetzung.

Während des Gespräches ist es erfolgsversprechend, aktiv zu zuhören, sich Notizen zu machen und keine Scheu davor zu haben, bei Unklarheit Fragen zu stellen. Das Gespräch sollte als Diskussionsrunde und nicht als Monolog des Betreuers betrachtet werden. Seitens des Studierenden unterstützen das Zeigen von Lernbereitschaft und Interesse das Ergebnis und die Stimmung des Gespräches. Nichts ist für einen Betreuer unerfreulicher als ein Studierender, der sich über alles erhaben fühlt und das Gespräch als eine lästige Pflicht empfindet.

Die Verantwortung für die Arbeit liegt in der Hand des Studierenden und nicht in der des Betreuers. Viele Studierende versuchen im Zuge dieser Gespräche, Entscheidungen – wie z.B. die Länge des Kapitels oder die Anzahl der zu befragenden Experten – die ihnen selbst obliegen, an den Betreuer zu delegieren. Ab einem bestimmten Zeitpunkt wird der Betreuer den Studierenden als unselbstständig wahrnehmen und dies bei der Benotung der Arbeit einfließen lassen. Darüber hinaus ist zu bedenken, dass der Betreuer in vielen Fällen selbst nicht von Beginn an eine klare Vorstellung von der Arbeit hat und gleichfalls davon lernen möchte.

Am Ende des Gespräches sollte im gemeinsamen Interesse der nächste Besprechungstermin vereinbart und die weitere Vorgehensweise besprochen werden. Professionalität kann der Studierende dadurch zeigen, indem er ein Gesprächsprotokoll erstellt, welches innerhalb der nächsten Tage an den Betreuer übermittelt wird. Darüber hinaus dient das Gesprächsprotokoll als Erinnerungshilfe und Reflexionsgrundlage.

Tipp

Das Feedback des Betreuers ist eine Verbesserungs- und Lernchance und keine persönliche Kritik. Trotz alledem liegt die Verantwortung für die zeitliche und inhaltliche Gestaltung der Arbeit beim Studierenden.

9.6.2. Umgang mit Feedback von Korrekturlesern

In der Endphase der Arbeit werden oftmals Familie, Freunde und Studienkollegen gebeten, die Arbeit zu lesen. Korrekturleser sind neben dem Betreuer die wichtigsten Feedbackgeber. Mit ihrem Feedback sollte man in zweifacher Hinsicht sehr sorgfältig umgehen. Einerseits lesen diese Personen die Arbeit freiwillig sehr genau und gründlich, da ihnen auf Grund des persönlichen Bezugs zum Studierenden sein Erfolg am Herzen liegt. Andererseits fallen ihnen Fehler in der Argumentation und im Aufbau wesentlich besser auf, da ihnen die Thematik der Arbeit meistens unbekannt ist.

Es ist auf jeden Fall ratsam, die Kapitel unter den Korrekturlesern aufzuteilen (nur sehr guten Freunden gibt man die gesamte Arbeit zum Korrekturlesen, ansonsten können sich bald Freundschaften reduzieren) und entsprechend Korrekturlesezeit von mindestens ein bis zwei Wochen einzuräumen. In jedem Fall sollten Korrekturleser vorab genau instruiert und auf persönliche Schwächen, wie z.B. Probleme bei der Kommasetzung, hingewiesen werden. Oftmals verstehen Korrekturleser einzelne Absätze oder Abschnitte nicht und machen entsprechende Anmerkungen im Text. Mit diesen Anmerkungen ist besonders sensibel umzugehen. Unnötige Rechtfertigungen gegenüber dem Korrekturleser oder innere Gedanken wie „Der hat ja keine Ahnung vom Thema" hemmen die Verbesserung der Arbeit. In vielen Fällen merkt der Betreuer die gleichen Absätze und Abschnitte mit Bitte um Überarbeitung wie der Korrekturleser an.

9.7. Möglichkeiten zur Veröffentlichung von wissenschaftlichen Arbeiten

Es gibt verschiedene Möglichkeiten der Publikation von wissenschaftlichen Arbeiten. Diese ist abhängig von der Art und der Qualität der Arbeit. Die Veröffentlichung einer wissenschaftlichen Arbeit kommt nicht nur der eigenen Belohnung für die vergangenen Anstrengungen zu Gute, sondern unterstützt auch die Verbreitung und Qualitätssicherung von Forschungsergebnissen.

9.7.1. Veröffentlichung über Buchverlage

Eine Möglichkeit zur Veröffentlichung der wissenschaftlichen Arbeit stellt die Publikation über einen **Buchverlag** dar. Dazu muss ein Manuskript der Arbeit an einen themenbezogenen Buchverlag gesendet werden, welches daraufhin hinsichtlich verschiedener Gesichtspunkte, wie z.B. Eignung des Themas für den Verkauf an eine größere Zielgruppe, geprüft wird. Hält das Manuskript der Prüfung stand, kommt es zu einem Herausgebervertrag. In diesem Vertrag werden sowohl die **Urheber-** als auch die **Veröffentlichungs- und Nutzungsrechte** festgelegt. Prinzipiell verbleiben die Urheberrechte immer beim Autor. In Bezug auf die Veröffentlichungs- und Nutzungsrechte (Verwertungsrechte) bieten sich unterschiedliche Ausgestaltungsmöglichkeiten an, die möglichst genau zu überprüfen und festzulegen sind. Die Vereinbarung eines Autorenhonorars hängt wesentlich von der Zielgruppe und der damit verbundenen Auflagenhöhe ab. Ein Autorenhonorar ist normalerweise eher eine Ausnahme. Häufig wird ein Druckkostenbeitrag in beachtlicher Höhe vom Autor verlangt. Aus diesen Gründen ist die Veröffentlichung der wissenschaftlichen Arbeit über einen Buchverlag meistens schwierig und gut zu überlegen. Es gibt allerdings einige Fachverlage, die die Veröffentlichung von wissenschaftlichen Arbeiten fördern und unterstützen.

Tipp

Einige Fachverlage mit einer Spezialisierung auf die Veröffentlichung wissenschaftlicher Arbeiten sind:

- Dr. Kovac (www.verlagdrkovac.de)
- Tectum Verlag (www.tectum-verlag.de)
- Novum Verlag (www.novumverlag.de)
- Lit Verlag (www.lit-verlag.de)
- Wissenschaftlicher Verlag Berlin (WUV) (www.wv-verlage.de)

9.7.2. Books on Demand

Wie bereits beschrieben, ist die Veröffentlichung einer wissenschaftlichen Arbeit auf Grund der geringen Auflagenmenge über einen Buchverlag schwierig. Eine schnellere und meist sehr kostengünstige Variante bietet das Herstellungsverfahren „**Books on demand**", welches auch bereits von vielen Verlagen genutzt wird. Bei diesem Publikationsverfahren ist die wissenschaftliche Arbeit als eine elektronische Druckvorlage bei einem Internetserver gespeichert und wird erst bei Bestellung produziert und ausgeliefert.

Tipp

Einige Books-on-Demand-Anbieter im Internet sind:

- www.bod.de
- www.bookstation.de
- www.epubli.de
- www.grin.com
- www.buchwerft.de
- www.ruckzuckbuch.de
- www.book-on-demand.de
- www.mv-verlag.de

9.7.3. Veröffentlichung im Internet

Der Weg zur Veröffentlichung der eigenen Abschlussarbeit wird mittlerweile immer häufiger über das Internet beschritten. Vermittlungsdienste oder so genannte **Diplomarbeitsagenturen** sind im Veröffentlichungsprozess entscheidende Schnittstellen zwischen Autor und Leser. Um diese Servicedienstleistung zu finanzieren, beteiligen sich Diplomarbeitsagenturen in der Regel am Verkaufserlös. Der Autorenanteil am Gewinn wird erfahrungsgemäß als Honorar ausbezahlt, das wiederum auf Basis eines festgelegten Prozentsatzes vom Nettoverkaufspreis (Bruttoverkaufspreis abzüglich der gesetzlichen MwSt) berechnet wird.

Damit die Veröffentlichung gewinnbringend wird, sollten die im Internet angebote-
nen Diplomarbeitsagenturen genau angesehen und miteinander verglichen werden (vgl.
Charbel 2007, S. 235 f.).

Tipp

Folgende Aspekte sind bei der Auswahl einer geeigneten Diplomarbeitsagentur zu
berücksichtigen:

- Inhaltliche Orientierung (innerhalb welcher Fachbereiche werden Abschlussarbei-
ten veröffentlicht)
- Servicedienstleitungen (Freiexemplare, Zurverfügungstellung einer ISBN, Auf-
nahme in Bibliothekskataloge)
- Honorare (Höhe des Gewinnanteils, Abrechnung und Auszahlung des Honorars)
- Vertriebspartner

Die Zusammenarbeit zwischen dem Autor und der Diplomarbeitsagentur wird mittels
Vertrag geregelt, worin die erläuterten Aspekte detaillierter ausgeführt und fixiert sind.
Die Urheber- und Nutzungsrechte spielen im Vertrag ebenfalls eine bedeutende Rolle
und geben Auskunft darüber, ob die Abschlussarbeit auch anderweitig publiziert werden
kann.

Tipp

Diplomarbeitsagenturen im Internet:

- www.diplom.de
- www.diplomarbeit.de
- www.diplomaxx.de
- www.diplom-online.de
- www.examicus.de

9.7.4. Fachartikel

Fachartikel sind einer der wichtigsten Zugänge, um am aktuellen wissenschaftlichen
Diskurs teilzunehmen. Eine effektive und vergleichsweise schnelle Verbreitung von
Forschungsergebnissen wird über Publikationen in renommierten Fachzeitschriften
erreicht. Zudem stellen die Auswahlkriterien sowie das Gutachtersystem (auch **peer
reviewing** genannt) der wissenschaftlichen Zeitschrift eine Qualitätskontrolle des Artikels dar (vgl. *Ascheron* 2007, S. 140).

Sobald man sich für eine Fachzeitschrift entschieden hat, sollte man sich beim entsprechenden Herausgeber über die genauen Instruktionen für Autoren informieren. Gewöhnlich werden die Publikationsanforderungen wie z.B. Zitierung, Formatierung sowie der maximale Umfang des Textes vorgegeben.

Die Struktur eines wissenschaftlichen Artikels ist grundsätzlich hierarchisch konzi-
piert. Der **Titel** sollte kurz gehalten werden und sich auf das Wesentliche konzentrieren.
Der **Autornennung** folgt eine **Kurzzusammenfassung** (Abstract). Anders als beim
Abstract für die Abschlussarbeit beschränkt sich der Umfang der Kurzzusammenfas-

sung auf maximal fünf Zeilen. Im Anschluss daran stellt die **Einführung** die Basis für weiterführende Argumentationen dar. In diesem Teil werden die behandelten Themen, die persönliche Motivation, der wissenschaftliche Zugang sowie die Relevanz der durchgeführten Untersuchungen erläutert. Darauffolgend werden die angewendeten **Erhebungs- und Auswertungsmethoden** beschrieben, um die Forschungsergebnisse nachvollziehen und überprüfen zu können. Im **Hauptteil** des Artikels werden die Ergebnisse vorgestellt und kritisch diskutiert. Hierbei sollte darauf geachtet werden, die Ergebnisse in den bereits existierenden wissenschaftlichen Diskurs zu integrieren und mögliche Widersprüche aufzuklären. Zur Abrundung des Fachartikels gibt es zwei Möglichkeiten, die je nach Stil der Fachzeitschrift Anwendung finden. Eine **Zusammenfassung** am Ende des Artikels gibt dem Leser die Möglichkeit, einen Überblick über den Inhalt zu erhalten. **Schlussfolgerungen** bieten jedoch vielmehr die Gelegenheit, die Ergebnisse nochmals in einen größeren Kontext einzufügen. Das **Literaturverzeichnis** bildet den letzten Bestandteil des Fachartikels. Die formale Gestaltung wird vom Herausgeber der Fachzeitschrift vorgegeben (vgl. *Ascheron* 2007, S. 184–187).

Weiterführende und zitierte Literatur

Ascheron, Claus (2007): Die Kunst des wissenschaftlichen Präsentierens und Publizierens. Ein Praxisleitfaden für junge Wissenschaftler, 1. Auflage, München.

Balzert, Helmut/Schäffer, Christian/Schröder, Mario/Kern, Uwe (2008): Wissenschaftliches Arbeiten. Wissenschaft, Quellen, Artefakte, Organisation, Präsentation, Herdecke/Witten.

Brink, Alfred (2007): Anfertigung wissenschaftlicher Arbeiten. Ein prozessorientierter Leitfaden zur Erstellung von Bachelor-, Master- und Diplomarbeiten in acht Lerneinheiten, München/Wien.

Charbel, Ariane (2007): Schnell und einfach zur Diplomarbeit. Der praktische Ratgeber für Studenten, 6. Auflage, Nürnberg.

Covey, Stephen R./Roethe, Angela (2007): Die 7 Wege zur Effektivität. Prinzipien für persönlichen und beruflichen Erfolg, erw. und überarbeitete Neuausgabe, 8. Auflage, Offenbach.

Ebster, Claus/Stalzer, Liselotte (2008): Wissenschaftliches Arbeiten für Wirtschafts- und Sozialwissenschaftler, Wien.

Löhndorf, Harald (2006) Monochrone und polychrone Zeitverständnisse http://www.ziitboersa.ch/downloads/Zeitverstaendnisse.pdf (Zugriff am 17.09.2008)

Seiwert, Lothar (1997) Welcher Zeit-Typ Sind Sie? http://www.seiwert.de/download/ Sales.ProfiZeitmanagement.pdf (Zugriff am 17.09.2008)

Seiwert, Lothar (2005): Alles im Griff http://www.seiwert.de/download/TK_Journal_ 2005.pdf (Zugriff am 17.09.2008)

Seiwert, Lothar (2006): Noch mehr Zeit für das Wesentliche. Zeitmanagement neu entdecken, Kreuzlingen/Hugendubel.

Sesink, Werner (2007): Einführung in das wissenschaftliche Arbeiten. Internet, Textverarbeitung, Präsentation, 7. Auflage, München.

Anhang

Beispiel für ein Konzept

Marketingkonzepte
im öffentlichen Personennahverkehr

Abkürzungsverzeichnis

Aufl.   Auflage
d.h.   das heißt
IV   Individualverkehr
MIV   Motorisierter Individualverkehr
NÖ   Niederösterreich
ÖPNV   Öffentlicher Personennahverkehr
PKW   Personenkraftwagen
S.   Seite
SPNV   Schienenpersonennahverkehr
u.a.   unter anderem
vgl.   vergleiche

Abbildungsverzeichnis

Vorläufiges Inhaltsverzeichnis

1. Einleitung

1.1. Problemstellung

Das Bedürfnis nach Mobilität lässt sich auf gewisse Daseinsgrundfunktionen zurückführen. Der Berufsverkehr ist durch seine Regelmäßigkeit weitgehend planbar. Daraus ergeben sich Potentiale für den öffentlichen Verkehr. Aus unternehmerischer und verkehrspolitischer Sicht liegt der Schwerpunkt auf mengenmäßig großen Nachfragergruppen. Verkehrsunternehmen verfolgen eine große Auslastung der Kapazität, die Allgemeinheit erhofft sich gesamtwirtschaftliche Kosteneinsparungen und die Entlastung des Straßenverkehrs. Daher sind vor allem Berufspendler eine wichtige Zielgruppe (vgl. *Höhnscheid* 2004, S. 49).

Die negative Entwicklung der Marktanteile des schienengebundenen Verkehrs in Europa ist bei Betrachtung der letzten Jahrzehnte dramatisch (vgl. *Kirschner* 2002, S. 1). Im täglichen Pendlerverkehr nach Wien ist der IV zu Lasten des öffentlichen Verkehrs gestiegen. 59% der Einpendler nach Wien benutzen nur ein Verkehrsmittel. Davon geben 56% an, ausschließlich den eigenen PKW zu benutzen (vgl. *Wolf-Eberl* 2006, S. 6). Der Verkehrsmarkt wird sich in den nächsten Jahren stärker verändern als in den vergangenen zwanzig Jahren. Die Bedürfnisse und Anforderungen der Kunden an Mobilitätsdienstleister werden vielfältiger sein. Der Schwerpunkt muss auf eine grundlegende Qualitätsverbesserung und auf noch stärker kundenorientierte Produkte und Dienstleistungen sowie auf die Zuverlässigkeit des gesamten Systems gelegt werden (vgl. *Sparmann* 2004, S. 79).

Unternehmen im ÖPNV bezeichnen Marketing und Kundenorientierung als Unternehmensphilosophie und legen großen Wert darauf. Es zeigt sich, dass im Vergleich mit anderen Branchen die Bedeutung von Marketing geringer ist. Sämtliche ÖPNV-Anbieter erwarten zukünftig eine Zunahme der Bedeutung und neue Aufgaben im Marketing. Besonders die Emotionalisierung der Kundenansprache und die Schaffung von Erlebniswelten und Geschichten werden stark an Wichtigkeit gewinnen. Das Image des ÖPNV als Verkehrsmittel der sozialen Unterschicht soll endgültig entfernt werden. Kundenerwartungen gerade zu erfüllen, reicht nicht aus. Begeisterte Kunden ermöglichen durch Mundpropaganda die Verbreitung eines positiven Images (vgl. *Hunecke et al.* 2007, S. 30–34).

Das Auto genießt einen hohen Stellenwert in unserer Gesellschaft. Es ist u.a. Symbol für uneingeschränkte Mobilität, Freiheit, Unabhängigkeit und Macht. Die Wahl des Verkehrsmittels beruht nicht oder nicht nur auf rationalen Motiven. Aufgrund der Zunahme des PKW-Verkehrs stellt sich immer häufiger die Frage nach dem idealen Verkehrsmittel. Der Rückstand öffentlicher Verkehrsmittel im Vergleich zum PKW ist keinesfalls unaufholbar (vgl. *Haid* 2004, S. 5–41). Zwei Drittel der hauptsächlichen PKW-Pendler können es sich vorstellen nach einer Verbesserung des Angebots auf öffentliche Verkehrsmittel umzusteigen (vgl. *Wolf-Eberl* 2006, S. 8).

Marketing versucht das Verhalten von Menschen zu verändern, um bestimmte Wirkungen zu erreichen. Es sollen Images erzeugt werden, um die Markentreue, Kundenbindung und die Nachfrage nach dem Produkt sowie den Verkauf zu steigern (vgl. *Haid* 2004, S. 65). Um die Effektivität von Maßnahmen zur Veränderung des Verhaltens zu erhöhen, sollten diese auf spezifische Zielgruppen angepasst werden (vgl. *Hunecke* 2006, 31–37).

In vorliegender Arbeit soll die Bedeutung der Marktsegmentierung und kundenorientierten Ansprache hervorgehoben werden. Die Kenntnis von Bedürfnissen und Motiven der Kunden und potentiellen Kunden scheint essentiell für erfolgreiches Marketing und für den Unternehmenserfolg zu sein. Es stellt sich die Frage, ob die von ÖPNV-Unternehmen angesprochenen Bedürfnisse den tatsächlichen Bedürfnissen der Kunden, besonders jener der Berufspendler, entsprechen.

Allein die Tatsache, dass sich zwei Drittel der derzeitigen PKW-Pendler einen Umstieg auf den öffentlichen Verkehr vorstellen können, eröffnet ein großes Potential. Trotz der Diskrepanz zwischen Willensäußerung und eigentlicher Durchführung bleibt eine hohe Chance für den ÖPNV (vgl. *Wolf-Eberl* 2006, S. 97).

1.2. Forschungsziel und Forschungsfragestellungen

Das ÖPNV-Potential bildet eine wichtige Gruppe zur Gewinnung neuer Kunden für Unternehmen im ÖPNV. Dies ist jene Zielgruppe, die über einen PKW verfügt und nur seltener als wöchentlich den ÖPNV nutzt, trotzdem sie ihre Ziele mit diesem laut eigener Einschätzung gut oder sehr gut erreichen kann (vgl. *Hunecke et al.* 2007, S.14).

Ziel dieser Arbeit ist die Gegenüberstellung der Marketingkonzepte österreichischer Mobilitätsdienstleister und die darin angesprochenen Mobilitätsbedürfnisse mit den tatsächlichen Bedürfnissen der Konsumenten. Dabei konzentriert sich diese Arbeit auf einen Teilbereich des ÖPNV-Potentials, nämlich auf die Gruppe der Berufspendler. Es sollen Parallelen und Abweichungen zwischen der Ansicht der Unternehmen und der Berufspendler aufgezeigt werden. Dies soll am Beispiel von ausgewählten österreichischen Mobilitätsdienstleistungsunternehmen erfolgen.

Es sollen die ausschlaggebenden Mobilitätsbedürfnisse und -motive für die Verkehrsmittelwahl von PKW- und ÖPNV-Pendlern aufgezeigt und die Unterschiede hervorgehoben werden. Die gegenwärtig durchgeführten Marketingaktivitäten von Mobilitätsanbietern, welche auf die Gewinnung von Kunden aus der Gruppe Berufspendler abzielen, sollen dargebracht werden. Durch den Vergleich der derzeitigen Maßnahmen der Unternehmen mit den Bedürfnissen und Motiven der Kunden und potentiellen Kunden sollen Verbesserungsmöglichkeiten und zukünftige Entwicklungen aufgedeckt werden.

Anhand der Ergebnisse sollen marketingpolitische Handlungsempfehlungen für Mobilitätsanbieter im ÖPNV zur zielorientierten Ansprache der Bedürfnisse von Berufspendlern abgeleitet werden. Dies soll die Berufspendler zum Umstieg vom PKW zum ÖPNV bewegen und eine Neukundengewinnung aus dieser Gruppe für Unternehmen im öffentlichen Verkehr bewirken. Langfristig kann dadurch das PKW-Verkehrsaufkommen reduziert werden.

Die Arbeit dient Unternehmen im ÖPNV, ihre Marketingpolitik noch mehr an die Bedürfnisse und Motive der österreichischen Konsumenten, besonders an die der Berufspendler, anzupassen. Dadurch ergibt sich die Möglichkeit, neue Kunden aus dem ÖPNV-Potential zu gewinnen.

Aus dieser Zielsetzung ergeben sich folgende Forschungsfragestellungen:

Welche Mobilitätsbedürfnisse und -motive wollen Unternehmen im ÖPNV durch ihre Marketingmaßnahmen ansprechen? Gibt es eine Besonderheit bei der Ansprache der Bedürfnisse und Motive von Berufspendlern?

Inwiefern entsprechen diese angesprochenen Bedürfnisse und Motive denen der ÖPNV- und PKW-Berufspendler? Wo bestehen Möglichkeiten zur Entwicklung und Verbesserung der Kommunikation?

Wie unterscheiden sich die Bedürfnisse von ÖPNV- und PKW-Berufspendlern?

1.3. Forschungsmethode

Die gesamte Arbeit basiert auf wissenschaftlichen Methoden und unterteilt sich in einen theoretischen und empirischen Teil. Die Grundlage für den theoretischen Teil bildet eine intensive Literaturrecherche in Fachbüchern, Fachzeitschriften, Dissertationen, Habilitationen und im Internet. Es wird Literatur zu den Themen ÖPNV, Pendlerwesen, Mobilitätspsychologie und -verhalten sowie Marketingpolitik im ÖPNV herangezogen. Verwandte Studien und statistische Daten von Statistik Austria und verschiedenen ÖPNV-Unternehmen dienen zur Abrundung der einzelnen Kapitel. Die tiefe theoretische Auseinandersetzung mit dem Thema soll als Unterstützung für die empirische Untersuchung dienen.

Der empirische Teil gliedert sich in zwei Untersuchungsbereiche. Zur Konzentration der Untersuchung wird der Schwerpunkt nicht auf den gesamten ÖPNV, sondern auf einen Teilbereich, den SPNV, gelegt. Das Hauptaugenmerk liegt auf Berufspendlern im Raum Hollabrunn – Korneuburg – Wien. Diese Strecke ist sowohl mit dem SPNV als auch mit dem PKW leicht zu bewältigen. Einerseits werden in Experteninterviews Unternehmen zur Marketingpolitik im SPNV befragt und andererseits wird eine schriftliche Befragung von Berufspendlern durchgeführt.

Zur Untersuchung der Marketingpolitik von Unternehmen im SPNV wird die Methode des Experteninterviews angewandt. Dies dient als Voruntersuchung für den zweiten Bereich der Empirie. Als Experten dienen Marketing- und Kommunikationsverantwortliche in österreichischen SPNV-Unternehmen. Die Ansprache soll per Telefon oder E-Mail erfolgen. Diese Methode soll die Gestaltung der Marketingpolitik im SPNV und die Unterschiede zwischen den Marketingmaßnahmen für die Zielgruppen SPNV- und PKW-Berufspendler aufzeigen. Es sollen die Mobilitätsbedürfnisse, welche die Unternehmen im Zuge ihrer Marketingaktivitäten ansprechen, aufgelistet werden. Die Experteninterviews werden mithilfe eines Interviewleitfadens mit offener Fragestellung geführt. Alle Bereiche des Leitfadens sind im Zuge des Interviews abzudecken, wobei die genaue Reihenfolge der Fragen irrelevant ist. Als Auswertungsmethode dient die qualitative Inhaltsanalyse. Die Ergebnisse dieser Untersuchung bilden die Grundlage für die Erstellung des Fragebogens im zweiten empirischen Teil.

Um die tatsächlichen Mobilitätsbedürfnisse von Berufspendlern mit den ausgewählten Bedürfnissen von SPNV-Unternehmen zu vergleichen, wird eine schriftliche Befragung mit einem standardisierten Fragebogen durchgeführt. Es sollen mögliche Unterschiede zwischen SPNV- und PKW-Berufspendlern aufgedeckt werden. Als Zielgruppe dienen Berufspendler im Raum Hollabrunn – Korneuburg – Wien. Die SPNV-Pendler sollen direkt im Verkehrsmittel, d.h. im Zug, angesprochen werden. Die PKW-Berufspendler sollen mittels Schneeballprinzip über das Internet, per E-Mail oder Mundpropaganda erreicht werden. Der Fragebogen wird je nach Zielgruppe in Papierform oder online auszufüllen sein. Die Auswertung erfolgt mit dem Statistikprogramm SPSS 15.0 für Windows anhand von Methoden der beschreibenden Statistik.

Die Ergebnisse beider Untersuchungen werden einander gegenübergestellt, um Parallelen und Abweichungen festzustellen. Anhand dieses Vergleiches werden marketingpolitische Handlungsempfehlungen für Unternehmen im ÖPNV abgeleitet.

1.4. Aufbau der Arbeit

Abbildung 1 zeigt den Aufbau dieser Arbeit. Diese unterteilt sich in drei Abschnitte, in den theoretischen und empirischen Teil sowie die Schlussbetrachtung.

Der erste Abschnitt bereitet das zentrale Thema theoretisch auf. Nach einer Einleitung wird im zweiten Kapitel auf die Besonderheiten von ÖPNV und IV eingegangen. Es werden die Verkehrssituation in Niederösterreich erläutert und Einflussfaktoren für das Verkehrsaufkommen genannt. Das Pendlerwesen in NÖ und in den politischen Bezirken Hollabrunn und Korneuburg wird im dritten Kapitel beschrieben. Die Grundlage dafür bilden Daten diverser Pendleruntersuchungen und von Statistik Austria. Das vierte Kapitel setzt sich mit der Mobilitätspsychologie auseinander. Das Verhalten bei der Verkehrsmittelwahl und die primären Mobilitätsmotive- und -bedürfnisse werden dargestellt. Das letzte Kapitel des theoretischen Teils beschäftigt sich mit einem Kernbereich des Hauptthemas, das Marketing im ÖPNV. Neben einer kurzen Erläuterung der Grundlagen des Marketings wird speziell auf die Marketingpolitik von Unternehmen im ÖPNV eingegangen. Dieses Kapitel bringt ein praktisches Beispiel anhand der Wiener Linien.

Im zweiten Abschnitt, der Empirie, werden im sechsten Kapitel die Ziele und der Aufbau der beiden Untersuchungen erläutert. Es werden die Vorgehensweise und die

Auswertung von den Experteninterviews und Befragungen beschrieben. Die Untersuchungsergebnisse werden dargebracht und einander gegenübergestellt. Im siebenten Kapitel erfolgt die Interpretation der erhaltenen Ergebnisse. Anhand dieser werden marketingpolitische Handlungsempfehlungen für Unternehmen im ÖPNV abgeleitet.

Die Arbeit schließt mit dem dritten Abschnitt. Dieser enthält das achte Kapitel, welches die Erkenntnisse der Arbeit zusammenfasst und einen Ausblick auf mögliche Entwicklungen gewährt.

Abbildung 1: Aufbau der Arbeit

Quelle: Eigene Darstellung

Literatur- und Quellenverzeichnis

Bisher verwendete Literatur und Quellen

Haid, Karin (2004): Werbung für Bus, Bahn und Bim. Wien

Höhnscheid, Heike (2004): SPNV im gesamtwirtschaftlichen Kontext: Effekte leistungsfähigere Angebote. In: *Verband Deutscher Verkehrsunternehmen* (Hrsg.): Schienenpersonennahverkehr. Düsseldorf, S. 43–54

Hunecke, Marcel (2006): Zwischen Wollen und Müssen. Ansatzpunkte zur Veränderung der Verkehrsmittelnutzung. In: Technikfolgenabschätzung Theorie und Praxis. Nr. 3 / 15. Jahrgang, S. 31–37

Hunecke, Marcel/Beckmann, Klaus J./Langweg, Armin (2007): Symbolisch-emotionales Marketing für den ÖPNV. Düsseldorf

Kirschner, Uwe C. M. (2002): Positionierungsperspektiven schienengebundener Anbieter im Mobilitätsmarkt der Zukunft. München

Sparmann, Volker (2004): Vom Aufgabenträgerverbund zum Mobilitätsdienstleister. In: *Verband Deutscher Verkehrsunternehmen* (Hrsg.): Schienenpersonennahverkehr. Düsseldorf, S. 79-88

Wolf-Eberl, Susanne (2006): Pendleruntersuchung 2005. Wien

Gesichtete Literatur und Quellen

Bovy, Piet H.L./Van Wee, Bert (2002): Infrastructure and congestion: Can rail save the road? Can public transport replace the car? In: *Stern, Eliahu/Salomon, Ilan/Bovy, Piet H.L.* (Hrsg.): Travel Behaviour. Cheltenham, S. 123–142

Gläser, Jochen/Laudel, Grit (2008): Experteninterviews und qualitative Inhaltsanalyse. 3. Aufl., Wiesbaden

Gorr, Harald (1997): Die Logik der individuellen Verkehrsmittelwahl. Gießen

Günther, Johann (2002): Die neue Mobilität der Gesellschaft. Innsbruck

Hüttner, Manfred/Schwarting, Ulf (2002): Grundzüge der Marktforschung. 7. Aufl., München

Knapp, Frank D. (1998): Determinanten der Verkehrsmittelwahl. Berlin

Kronister, Thomas (2005): Pendleranalyse NÖ 2005. Wien

Meffert, Heribert (2006): Dienstleistungsmarketing. 5. Aufl., Wiesbaden

Meyer, Uli (2005): Entwicklungsperspektiven von ÖV und MIV – Von der Divergenz zur Konvergenz? In: *Schöller, Oliver* (Hrsg.): Öffentliche Mobilität. Wiesbaden, S. 194–215

Ortúzar, Juan de Dios (2001): Modelling Transport. 3. Aufl., Chichester

Rauh, Wolfgang (2000): Kommunikation und Marketing für sichere, umweltorientierte Mobilität. Wien

Rauh, Wolfgang/Blum, Martin (2003): Mobilität 2020. Trends – Ziele – Visionen. Wien

Rauh, Wolfgang/Buschbacher, Harald (2005): Öffentlicher Verkehr mit Zukunft. Wien

Schellhase, Ralf (2000): Mobilitätsverhalten im Stadtverkehr. Wiesbaden

Stötzer, Sandra (2006): Kriterien erfolgreicher Kommunikationspolitik im öffentlichen Personennahverkehr. Linz

Vester, Frederic (1995): Crashtest Mobilität. München

Zängler, Thomas W. (2000): Mikroanalyse des Mobilitätsverhaltens in Alltag und Freizeit. Berlin

Sonstige Quellen

www.statistik.at 2008: Statistik Austria, http://www.statistik.at/web_de/statistiken/bevoelkerung/volkszaehlungen/pendler/index.html [Stand: 12.06.2008], (18.03.2008)

www.umweltbundesamt.de 2006: Umweltbundesamt Dessau-Roßlau, http://www.umweltbundesamt.de/verkehr/mobil/mobilitaetsverhalten.htm [Stand: 17.03.2008], (01.09.2006)

Zeitplan der Arbeit

Abbildung 2: Zeitplan der Arbeit

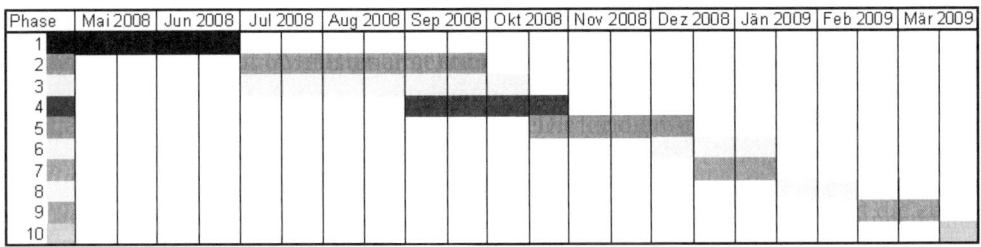

Quelle: Eigene Darstellung

Phase 1:   Grobe Literaturrecherche, Verfassen und Abgabe des Konzeptes
Phase 2:   Tiefe Literaturrecherche
Phase 3:   Verfassung und Beendigung des theoretischen Teils
Phase 4:   Empirie Experteninterviews, Konzeption des Interviewleitfadens, Durchfüh-
           rung, Transkription und Auswertung
Phase 5:   Empirie Pendlerbefragungen, Konzeption des Fragebogens, Durchführung
           der Befragung, Auswertung
Phase 6:   Darstellung und Gegenüberstellung der Ergebnisse, Diskussion der Ergebnis-
           se, Ableitung von Handlungsempfehlungen
Phase 7:   Überarbeitung der Inhalte, Zusammenfassung und Ausblick
Phase 8:   Überarbeitung und Korrekturlesen
Phase 9:   Bewertung durch Betreuer
Phase 10: Ausdrucken, Binden und Abgabe der Arbeit

Autorenverzeichnis

Mag. Priska Bobolik
Forschungskoordinatorin der FHWien-Studiengänge der WKW
Lehr- und Forschungsschwerpunkte: Kommunikationsmanagement,
Organisations- und Personalentwicklung, Gruppendynamik

Ing. Mag. (FH) Erwin Graf
Fachbereichsleiter Betriebswirtschaft und Projekte am Institut für Unternehmensführung der FHW-Studiengänge der WKW
Lehr- und Forschungsschwerpunkte: Betriebswirtschaftslehre, Projektmanagement, Materialwirtschaft, Supply Chain Management; Betreuung von Diplom- und Bachelorarbeiten

Mag. (FH) Patrick Hainzl
Fachbereichsleiter für Betriebswirtschaftslehre am Institut für Immobi-
lienwirtschaft (bis 2008)
Lehr- und Forschungsschwerpunkte: Marketing, Immobilienmarketing
und betriebswirtschaftliche Themen

FH-Doz. Mag. Julia Halwax
Stellvertretende Studiengangsleiterin am Institut für Personal- und Wissensmanagement der FHWien-Studiengänge der WKW
Lehr- und Forschungsschwerpunkte: Kommunikation, Führung, Personalentwicklung, Organisation, Coaching, Teamentwicklung

FH-Prof. Dr. Claudia Hienerth
Fachhochschulprofessorin, IMC Fachhochschule Krems
Lehr- und Forschungsschwerpunkte: Wissenschaftliches Arbeiten, Projektmanagement, E-Business, Web-Controlling, Multi-Channel Retai-
ling; Betreuung von Bachelor- und Diplomarbeiten

Mag. Anna Humenberger

Leiterin des Instituts für Marketing- und Salesmanagement an den FHW-Studiengängen der WKW

Lehr- und Forschungsschwerpunkte: Wissenschaftliches Arbeiten, Marketing, BWL, Integration von Marketing und Vertrieb, Anforderungen an Verkaufsmitarbeiter und Salesmanager, Vertriebsorganisation, CSR, Betreuung von Diplom- und Bachelorarbeiten

Mag. Beate Huber

Leiterin des Instituts für Personal- und Wissensmanagement an den FHW-Studiengängen der WKW

Lehr- und Forschungsschwerpunkte: Wissenschaftliches Arbeiten, Wissenskultur, Wissensmanagement, Unternehmenskultur, E-Learning; Betreuung von Diplom- und Bachelorarbeiten

MMag. Gerald Janous

Stellvertretender Leiter BA-/MA-/DP-Studiengang am Institut für Marketing und Salesmanagement

Lehre und Forschungsschwerpunkte: Wissenschaftliches Arbeiten, Marktforschung, psychologische Diagnostik, Behavioral Finance

Mag. Monika Kovarova-Simecek

FH-Assistentin am Institut für Financial Management der FHW-Studiengänge der WKW

Lehr- und Forschungsschwerpunkte: Controlling, Unternehmensführung, Financial Leadership, Wissenschaftliches Arbeiten; Betreuung von Diplom- und Bachelorarbeiten

Dipl.-Kfm. Bernhard Kozljanic

Fachbereichsleiter Wirtschaft und Recht am Institut für Kommunikationsmanagement der FHWien-Studiengänge der WKW

Lehr- und Forschungsschwerpunkte: Buchhaltung, Kostenrechnung, Controlling und Budgetierung, Investition, Betreuung von wissenschaftlichen Arbeiten

Mag. Georg Pejrimovsky

Fachbereichsleiter Marketing im Tourismus am Institut für Tourismus-Management der FHW-Studiengänge der WKW

Lehr- und Forschungsschwerpunkte: Wissenschaftliches Arbeiten, Kompetenzdiagnose und -Entwicklung, Tourismus und Regionalentwicklung; Betreuung von Diplom- und Bachelorarbeiten

Mag. Martin Pittner, MA
Assistent am FHWien-Studiengang Marketing- und Salesmanagement
der WKW
Lehr- und Forschungsschwerpunkte: Electronic und Mobile Marketing,
Marketingkommunikation, Fundraising, CRM

Mag. Carina Pusemann
Leiterin der Bibliothek, Assistentin Zentrale Services und Qualitätsmanagement an den FHWien-Studiengängen der WKW
Arbeitsschwerpunkte: Literaturbestandserweiterung, Digitale Bibliothek, Konzeption von Schulungsangeboten zum Erwerb von Informati-
onskompetenzen, Prozessmanagement

Mag. Dr. Helmut Siller
Fachbereichsleiter Rechnungswesen und Controlling am Institut für
Unternehmensführung der FHW-Studiengänge der WKW
Lehr- und Forschungsschwerpunkte: Buchhaltung und Bilanzierung,
Kostenmanagement, Controlling, Reporting, Risikomanagement, Un-
ternehmensfinanzierung; Betreuung von Diplom- und Bachelorarbeiten

Mag. Daniela Süssenbacher
Fachbereichsleiterin am Institut für Journalismus und Medienmanage-
ment der FHW-Studiengänge der WKW
Lehr- und Forschungsschwerpunkte: Wissenschaftliches Arbeiten, em-
pirische Sozialforschung, Journalistik, Medieninhalts-, Redaktions- und
Publikumsforschung; Betreuung von Diplom- und Bachelorarbeiten

Dipl.-Ing. Wolfgang Wagner
Leiter Zentrale Services und Qualitätsmanagement, zuvor Wissen-
schaftlicher Mitarbeiter am Institut für Tourismus-Management der
FHW-Studiengänge der WKW
Arbeitsschwerpunkte: Interne und externe Qualitätssicherung, Akkredi-
tierung und Evaluierung, Prozessmanagement

Stichwortverzeichnis